新时代海上工程创新技术与实践丛书编委会

主　任

邱大洪

副主任

练继建

编　委

（以姓氏笔画为序）

吕卫清　刘　勇　孙林云　吴　澎　张华庆

罗先启　季则舟　郑金海　董国海　程泽坤

内容提要

新时代海上工程创新技术与实践丛书
水运工程新型桶式基础结构技术与实践

　　本书介绍了新型桶式基础结构的设计方法、施工技术、检验标准及在水运工程中的应用实践,内容主要包括不同类型桶式基础结构特性的离心模型试验、数值模拟分析成果;桶式基础结构计算、验算的前提条件、计算工况及计算方法;桶式基础结构的主尺度、细部构造及结构防腐设计方法等;桶式基础结构制作场地、制作工艺、运输技术、安装工艺及施工监测技术等成套施工方法;桶式基础结构质量检验标准;连云港港徐圩港区防波堤工程设计、施工及监测检测等成套设计施工技术。

　　本书是一本系统介绍桶式基础结构应用的专著,可供水运工程领域港航专业技术人员和科研人员参考,也可供高等院校相关专业的师生参考。

重大工程建设关键技术研究 编委会

总主编

孙 钧　同济大学教授，中国科学院院士

学术顾问

邱大洪　大连理工大学教授，中国科学院院士
钱七虎　中国人民解放军陆军工程大学教授，中国工程院院士
郑皆连　广西大学教授，中国工程院院士
陈政清　湖南大学教授，中国工程院院士
吴志强　同济大学教授，中国工程院院士
王　平　西南交通大学教授
刘斯宏　河海大学教授
杨东援　同济大学教授

新时代海上工程创新技术与实践丛书编委会

主　任

邱大洪

副主任

练继建

编　委
（以姓氏笔画为序）

吕卫清　刘　勇　孙林云　吴　澎　张华庆
罗先启　季则舟　郑金海　董国海　程泽坤

总序 | 重大工程建设关键技术研究

近年来,我国各项基础设施建设的发展如火如荼,"一带一路"建设持续推进,许多重大工程项目如雨后春笋般蓬勃兴建,诸如三峡工程、青藏铁路、南水北调、三纵四横高铁网、港珠澳大桥、上海中心大厦,以及由我国援建的雅万高铁、中老铁路、中泰铁路、瓜达尔港、比雷埃夫斯港,等等,不一而足。毋庸置疑,我国已成为世界上建设重大工程最多的国家之一。这些重大工程项目就其建设规模、技术难度和资金投入等而言,不仅在国内,即使在全球范围也都位居前茅,甚至名列世界第一。在这些工程的建设过程中涌现的一系列重大关键性技术难题,通过分析探索创新,很多都得到了很好的优化和解决,有的甚至在原来的理论、技术基础上创造出了新的技术手段和方法,申请了大量的技术专利。例如,632 m 的上海中心大厦,作为世界最高的绿色建筑,其建设在超高层设计、绿色施工、施工监理、建筑信息化模型(BIM)技术等多方面取得了多项科研成果,申请到 8 项发明专利、授权 12 项实用新型技术。仅在结构工程方面,就应用到了超深基坑支护技术、超高泵送混凝土技术、复杂钢结构安装技术及结构裂缝控制技术等许多创新性的技术革新成果,有的达到了世界先进水平。这些优化、突破和创新,对我国工程技术人员将是非常宝贵的参考和借鉴。

在 2016 年 3 月初召开的全国人大全体会议期间,很多代表谈到,极大量的技术创新与发展是"十三五"时期我国宏观经济实现战略性调整的一项关键性驱动因素,是实现国家总体布局下全面发展的根本支撑和关键动力。

同时,在新一轮科技革命的机遇面前,也只有在关键核心技术上一个个地进行创新突破,才能实现社会生产力的全面跃升,使我国的科研成果和工程技术掌控两者的水平和能力尽早、尽快地全面进入发达国家行列,从而在国际上不断提升技术竞争力,而国力将更加强大!当前,许多工程技术创新得到了广泛的认可,但在创新成果的推广应用中却还存在不少问题。在重大工程建设领域,关键工程技术难题在实践中得到突破和解决后,需要把新的理论或方法进一步梳理总结,再一次次地广泛应用于生产实践,反过来又将再次推动技术的更进一步的创新和发展,是为技术的可持续发展之巨大推动力。将创新成果进行系统总结,出版一套有分量的技术专著是最有成效的一个方法。这也是出版"重大工程建设关键技术研究"丛书的意义之所在。以推广学术上的创新为主要目标,"重大工程建设关键技术研究"丛书主要具有以下几方面的特色:

1. 聚焦重大工程和关键项目。目前,我国基础设施建设在各个领域蓬勃开展,各类工程项目不断上马,从项目体量和技术难度的角度,我们选择了若干重大工程和关键项目,以此为基础,总结其中的专业理论和专业技术使之编纂成书。由于各类工程涉及领域和专业门类众多,专业学科之间又有相互交叉和融合,难以单用某个专业来设定系列丛书,所以仍然以工程大类为基本主线,初步拟定了隧道与地下工程、桥梁工程、铁道工程、公路工程、超高层与大型公共建筑、水利工程、港口工程、城市规划与建筑共八个领域撰写成系列丛书,基本涵盖了我国工程建设的主要领域,以期为未来的重大工程建设提供专业技术参考指导。由于涉及领域和专业多,技术相互之间既有相通之处,也存在各自的不同,在交叉技术领域又根据具体情况做了处理,以避免内容上的重复和脱节。

2. 突出共性技术和创新成果,侧重应用技术理论化。系列丛书围绕近年来重大工程中出现的一系列关键技术难题,以项目取得的创新成果和技术突破为基础,有针对性地梳理各个系列中的共性、关键或有重大推广价值的技术经验和科研成果,从技术方法和工程实践经验的角度进行深入、系统而又详尽的分析和阐述,为同类难题的解决和技术的提高提供切实的理论依据和应用参考。在"复杂地质与环境条件下隧道建设关键技术丛书"(钱七虎院士任编委会主任)中,对当前隧道与地下工程施工建设中出现的关键问题进行了系统阐述并形成相应的专业技术理论体系,包括深长隧道重大突涌水灾害预测预警与风险控制、盾构工程遇地层软硬不均与极软地层的处理、类矩形盾构法、水下盾构隧道、地面出入式盾构法隧道、特长公路隧道、隧道地质三维探测、盾构隧道病害快速检测、隧道及地下工程数字化、软岩大变形隧道新型锚固材料等,使得关键问题在研究中得到了不同程度的解决和在后续工程中的有效实施。

3. 注重工程实用价值。系列丛书涉及的技术成果要求在国内已多次采用,实践证明是可靠的、有效的,有的还获得了技术专利。系列丛书强调以理论为引领,以应用为重点,以案例为说明,所有技术成果均要求以工程项目为背景,以生产实践为依托,使丛书既富有学术内涵,又具有重要的工程应用价值。如"长大桥梁建养关键技术丛书"(郑皆连院士任编委会主任、陈政清院士任副主任),围绕特大跨度悬索桥、跨海长大桥梁、多塔斜拉桥、特大跨径钢管混凝土拱桥、大跨度人行桥、大比例变宽度空间索面悬索桥等重大桥梁工程,聚焦长大桥梁的设计创新理论、施工创新技术、建设难点的技术突破、桥梁结构健康监测与状态评估、运营期维修养护等,主要内容包括大型钢管混凝土结构真空辅助灌注技术、大比例变宽度空间索面悬索桥体系、新型电涡流阻尼减振技术、长大桥梁的缆索吊装和斜拉扣挂施工、超大型深水基础超高组合桥塔、变形智能监测、基于 BIM 的建养一体化等。这些技术的提出以重大工程建设项目为依托,包括合江长江一桥、合江长江二桥、巫山长江大桥、桂广铁路南盘江大桥、张家界大峡谷桥、西堠门大桥、嘉绍大桥、港珠澳大桥、虎门二桥等,书中对涉及具体工程案例的相关内容进行了详尽分析,具有很好的应用参考价值。

4. 聚焦热点,关注风险分析、防灾减灾、健康检测、工程数字化等近年来出现的新兴分支学科。在绿色、可持续发展原则指导下,近年来基础建设领域的技术创新在节能减排、低碳环保、绿色土木、风险分析、防灾减灾、健康检测(远程无线视频监控)、工程使用全寿命周期内的安全与经济、可靠性和耐久性、施工技术组织与管理、数字化等方面均有较多成果和实例说明,系列丛书在这些方面也都有一定体现,以求尽可能地发挥丛书对推动重大工程建设的长期、绿色、可持续发展的作用。

5. 设立开放式框架。由于上述的一些特性,使系列丛书各分册的进展快慢不一,所以采用了开放式框架,并在后续系列丛书各分册的设定上,采用灵活的分阶段付梓出版的方式。

6. 主编作者具备一流学术水平,从而为丛书内容的学术质量打下了坚实的基础。各个系列丛书的主编均是该领域的学术权威,在该领域具有重要的学术地位和影响力。如陈政清教授,中国工程院院士,"985"工程首席科学家,桥梁结构与风工程专家;郑皆连教授,中国工程院院士,路桥工程专家;钱七虎教授,中国工程院院士,防护与地下工程专家;吴志强教授,中国工程院院士,城市规划与建设专家;等等。而参与写作的主要作者都是活跃在我国基础设施建设科研、教育和工程的一线人员,承担过重大工程建设项目或国家级重大科研项目,他们主要来自中铁隧道局集团有限公司、中交隧道工程局有限公司、中铁十四局集团有限公司、中交第一公路工程局有限公司、青岛地铁集团有限公司、上海城建集团、中交公路规划设计院有限公司、陆军研究院工程设计研究所、招商局重庆交通科研设计院有限公司、天津城建集团有限公司、浙江省交通规划设计研究院、江苏交通科学研究院有限公司、同济大学、河海大学、西南交通大学、湖南大学、山东大学等。各位专家在承担繁重的工程建设和科研教学任务之余,奉献了自己的智慧、学识和汗水,为我国的工程技术进步做出了贡献,在此谨代表丛书总编委对各位的辛劳表示衷心的感谢和敬意。

当前,不仅国内的各项基础建设事业方兴未艾,在"一带一路"倡议下,我国在海外的重大工程项目建设也正蓬勃发展,对高水平工程科技的需求日益迫切。相信系列丛书的出版能为我国重大工程建设的开展和创新科技的进步提供一定的助力。

孙钧

2017年12月,于上海

孙钧先生,同济大学一级荣誉教授,中国科学院资深院士,岩土力学与工程国内外知名专家。"重大工程建设关键技术研究"系列丛书总主编。

序

新时代海上工程创新技术与实践丛书

　　基础设施互联互通,包括口岸基础设施建设、陆水联运通道等是"一带一路"建设的优先领域。开发建设港口、建设临海产业带、实现海洋农牧化、加强海洋资源开发等是建设海洋经济强国的基本任务。我国海上重大基础设施起步相对较晚,进入21世纪后,在建设海洋强国战略和《交通强国建设纲要》的指引下,经过多年发展,我国海洋事业总体进入了历史上最好的发展时期,海上工程建设快速发展,在基础研究、核心技术、创新实践方面取得了明显进步和发展,这些成就为我们建设海洋强国打下了坚实基础。

　　为进一步提高我国海上基础工程的建设水平,配合、支持海洋强国建设和创新驱动发展战略,以这些大型海上工程项目的创新成果为基础,上海科学技术出版社与丛书编委会一起策划了本丛书,旨在以学术专著的形式,系统总结近年来我国在护岸、港口与航道、海洋能源开发、滩涂和海上养殖、围海等海上重大基础建设领域具有自主知识产权、反映最新基础研究成果和关键共性技术、推动科技创新和经济发展深度融合的重要成果。

　　本丛书内容基于"十一五""十二五""十三五"国家科技重大专项、国家"863"项目、国家自然科学基金等30余项课题(相关成果获国家科学技术进步一、二等奖,省部级科技进步特等奖、一等奖,中国水运建设科技进步特等奖等),编写团队涵盖我国海上工程建设领域核心研究院所、高校和骨干企业,如中交水运规划设计院有限公司、中交第一航务工程勘察设计院有限公司、中交第三航务工程勘察设计院有限公司、中交第三航务工程局有限公司、中交第四航务工程局有限公司、交通运输部天津水运工程科学研究院、南京水利科学研究院、中国海洋大学、河海大学、天津大学、上海交通大学、大连理工大学等。优秀的作者团队和支撑课题确保了本丛书具有理论的前沿性、内容的原创性、成果的创新性、技术的引领性。

　　例如,丛书之一《粉沙质海岸泥沙运动理论与港口航道工程设计》由中交第一航务工程勘察设计院有限公司编写,在粉沙质海岸港口航道等水域设计理论的研究中,该书创新性地提出了粉沙质海岸航道骤淤重现期的概念,系统提出了粉沙质海岸港口水域总体布置的设计原则和方法，科学提出了航道两侧防沙堤合理间距、长度和堤顶高程的确定原则和方法，为粉沙质海岸港口建设奠定了基础。研究成果在河北省黄骅港、唐山港京唐港区，山东省潍坊港、滨州港、东营港，江苏省滨海港区，以及巴基斯坦瓜达尔港、印度尼西亚AWAR电厂码头等10多个港口工程中成功转化应用，取得了显著的社会和经济效益。作者主持承担的"粉砂质海岸泥沙运动规律及工程应用"项目也荣获国家科学技术进步二等奖。

在软弱地基排水固结理论中，中交第四航务工程局有限公司首次建立了软基固结理论模型、强度增长和沉降计算方法，创新性提出了排水固结法加固软弱地基效果主要影响因素；在深层水泥搅拌法（DCM）加固水下软基创新技术中，成功自主研发了综合性能优于国内外同类型施工船舶的国内首艘三处理机水下DCM船及新一代水下DCM高效施工成套核心技术，并提出了综合考虑基础整体服役性能的施工质量评价方法，多项成果达到国际先进水平，并在珠海神华、南沙三期、香港国际机场第三跑道、深圳至中山跨江通道工程等多个工程中得到了成功应用。研究成果总结整理成为《软弱地基加固理论与工艺技术创新应用》一书。

海上工程中的大量科技创新也带来了显著的经济效益，如《水运工程新型桶式基础结构技术与实践》一书的作者单位中交第三航务工程勘察设计院有限公司和连云港港30万吨级航道建设指挥部提出的直立堤采用单桶多隔仓新型桶式基础结构为国内外首创，与斜坡堤相比节省砂石料80%，降低工程造价15%，缩短建设工期30%，创造了月施工进尺651 m的最好成绩。项目成果之一《水运工程桶式基础结构应用技术规程》（JTS/T167-16—2020）已被交通运输部作为水运工程推荐性行业标准。

其他如总投资15亿元、采用全球最大的海上风电复合筒型基础结构和一步式安装的如东海上风电基地工程项目，荣获省部级科技进步奖的"新型深水防波堤结构形式与消浪块体稳定性研究"，以及获得多项省部级科技进步奖的"长寿命海工混凝土结构耐久性保障相关技术"等,均标志着我国在海上工程建设领域已经达到了一个新的技术高度。

丛书的出版将有助于系统总结这些创新成果和推动新技术的普及应用,对填补国内相关领域创新理论和技术资料的空白有积极意义。丛书在研讨、策划、组织、编写和审稿的过程中得到了相关大型企业、高校、研究机构和学会、协会的大力支持,许多专家在百忙之中给丛书提出了很多非常好的建议和想法,在此一并表示感谢。

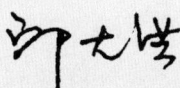

2020年10月

邱大洪先生,大连理工大学教授,中国科学院资深院士,海岸和近海工程专家。"新时代海上工程创新技术与实践丛书"编委会主任。

前言

我国拥有约 4 000 km 的淤泥质海岸线,其间建有许多大型港口,如天津港、连云港港、上海港、宁波港、深圳港、珠海港等,在国民经济发展中占有举足轻重的地位。淤泥质海域软土深厚,波浪条件恶劣,是港口防波堤、护岸等工程建设面临的主要技术难题。目前,软土地基上修建防波堤主要采用抛石填筑的方法,形成的斜坡堤造价昂贵、结构断面大、占用海域多、施工周期长,造成了国家巨大的经济投入和资源浪费,尤其是砂石料开采、运输和抛填过程中对环境造成严重污染,不能满足现代绿色港口建设的要求,亟须开发新的筑堤技术。

工程技术人员依托国家重点工程——连云港港徐圩港区防波堤工程建设,历经 9 年联合攻关,摒弃传统抛石筑堤思想,发明了一种适合淤泥质海域防波堤和护岸使用的多隔仓桶式基础结构,并从设计理论、施工技术等方面进行了系统研究,形成了桶式基础结构设计和施工成套技术。为促进桶式基础结构推广应用,提高桶式基础结构研究成果转化效率,展示中国水运行业建设的高端技术,作者团队编写了本书。本书系统介绍了桶式基础结构的研发过程和在水运工程中应用的关键技术,同时也向世界水运行业工程建设者们介绍了中国的先进技术和优秀方案,以及促进世界水运工程建设技术水平的新发展。

全书共分为 8 章:第 1 章介绍桶式基础结构的研究背景、现状和主要内容;第 2 章介绍桶式基础结构的特点和形式;第 3 章介绍桶式基础结构的计算方法和验算公式;第 4 章介绍桶式基础结构的设计原则、设计方法和构造设计;第 5 章介绍桶式基础结构的施工技术、施工工艺和监测内容;第 6 章介绍桶式基础结构的检测方法和验收内容;第 7 章介绍桶式基础结构防波堤工程实例设计、施工及监测等内容;第 8 章展望了桶式基础结构未来的研究方向。

本书由李武统稿,第 1 章、第 2 章由李武、沈雪松撰写,第 3 章、第 4 章由李武、程泽坤撰写,第 5 章由练学标、夏俊桥、黄朋举撰写,第 6 章由沈雪松、练学标、李武撰写,第 7 章由李武、夏俊桥、黄朋举撰写,第 8 章由李武、黄朋举撰写。

在本书编写过程中，中交第三航务工程勘察设计院有限公司、连云港港口管理局、中交第三航务工程局、南京水利科学研究院等单位给予了大力支持，对于保证成书质量和进度起到了很大的作用，在此表示感谢。

由于编者水平有限，错漏之处在所难免，望读者批评指正。

作　者

2020 年 9 月

目录

第1章　绪论 …………………………………………………………… 1

1.1　桶式基础结构研究现状 / 3
1.2　桶式基础结构 / 4
　1.2.1　整体桶式基础结构 / 5
　1.2.2　分离桶式基础结构 / 6
　1.2.3　桶式基础结构特点与适用范围 / 8

第2章　桶式基础结构特性 …………………………………………… 13

2.1　整体桶式基础结构特性 / 14
　2.1.1　结构形式 / 14
　2.1.2　离心模型试验 / 14
　2.1.3　浮游稳定性试验 / 21
2.2　分离桶式基础结构特性 / 25
　2.2.1　结构形式 / 25
　2.2.2　结构失稳形式 / 25
　2.2.3　数值分析 / 26
2.3　钢质桶式基础结构特性 / 30
　2.3.1　结构形式 / 30
　2.3.2　钢质桶体屈曲分析 / 31
　2.3.3　组合桶式基础数值模拟 / 36

第 3 章　桶式基础结构计算方法 43

3.1　主尺度估算 /44
3.2　地基承载力验算 /44
3.3　结构稳定性验算 /45
3.3.1　结构稳定性计算前提 /45
3.3.2　防波堤稳定性验算方法 /46
3.3.3　护岸稳定性验算方法 /48
3.3.4　码头稳定性验算方法 /50
3.4　变形沉降计算 /53
3.5　结构强度验算 /54
3.5.1　模型建立 /54
3.5.2　计算工况 /55
3.5.3　计算结果 /57
3.6　施工期验算 /58
3.6.1　浮游稳定性验算 /58
3.6.2　下沉力验算 /63
3.6.3　下沉阻力验算 /63

第 4 章　桶式基础结构设计 65

4.1　设计条件与原则 /66
4.2　主尺度设计 /66
4.2.1　混凝土桶式基础结构 /66
4.2.2　钢混桶式基础结构 /68
4.2.3　钢质桶式基础结构 /68
4.3　构造设计 /70
4.3.1　盖板构造 /70
4.3.2　上部结构与桶式基础盖板结合部构造 /71
4.3.3　桶壁变截面 /71
4.3.4　相邻上筒间构造 /73
4.3.5　抽气孔 /73

4.3.6　桶间堵缝构造 / 73

4.4　结构防腐设计 / 76

4.4.1　混凝土桶式基础结构防腐 / 76

4.4.2　钢质桶式基础结构防腐 / 77

第 5 章　桶式基础结构施工 ... 79

5.1　制作场地 / 80

5.1.1　混凝土桶式基础结构预制厂 / 80

5.1.2　钢质桶式基础结构加工厂 / 81

5.2　制作工艺 / 82

5.2.1　混凝土桶式基础结构预制工艺 / 82

5.2.2　钢质桶式基础结构制作工艺 / 88

5.2.3　施工技术 / 91

5.3　运输技术 / 92

5.3.1　混凝土桶式基础结构场地运输及装船 / 92

5.3.2　混凝土桶式基础结构水上气浮运输 / 97

5.3.3　运输技术规定 / 99

5.4　安装工艺 / 101

5.4.1　操作控制系统 / 101

5.4.2　定位下沉 / 106

5.5　施工监测技术 / 108

5.5.1　监测目的与内容 / 108

5.5.2　实施方法 / 109

第 6 章　桶式基础结构质量检验 ... 113

6.1　一般规定 / 114

6.2　基础 / 114

6.2.1　基槽开挖 / 114

6.2.2　桶式基础 / 114

6.3　上部结构 / 116

6.4　工程总体 / 117

第7章 桶式基础结构防波堤工程实例 ………… 119

7.1 工程建设条件 / 120
7.1.1 地形和地质条件 / 120
7.1.2 设计水位 / 120
7.1.3 波浪条件 / 121
7.1.4 潮流条件 / 121

7.2 结构设计 / 121
7.2.1 结构设计方案 / 121
7.2.2 结构特性 / 128

7.3 结构计算 / 132
7.3.1 作用及效应组合 / 132
7.3.2 地基承载力验算 / 133
7.3.3 抗滑稳定性验算 / 139
7.3.4 抗倾稳定性验算 / 143
7.3.5 沉降计算 / 143
7.3.6 结构内力计算 / 144

7.4 结构施工 / 155
7.4.1 预制厂选址与布置 / 155
7.4.2 预制工艺 / 157
7.4.3 运输技术 / 160
7.4.4 下沉施工 / 162
7.4.5 施工监测技术 / 165

7.5 工程效果 / 191
7.5.1 预制效果 / 191
7.5.2 出运效果 / 193
7.5.3 浮运效果 / 193
7.5.4 安装效果 / 198

第8章 展望 ………… 201

第 1 章

绪 论

我国从北到南广泛分布着淤泥质海岸,总长约 4 000 km,约占大陆海岸线的四分之一,如天津、连云港、上海、宁波、舟山、温州、厦门、深圳、珠海等地区,水深 5～20 m,海床表层淤泥厚度 10～30 m,淤泥具有高含水率、高孔隙比、高压缩性和超低强度等特点。该类地区的防波堤、护岸建设中,如采用传统的砂石斜坡堤结构,无论是爆破挤淤换填块石方案,还是地基排水固结后抛石筑堤方案,都因淤泥土层厚度和水深的增加,使结构断面随之加大,均会导致工程量巨大、工期长、建造成本高、占用海域面积多、大量消耗砂石料资源对生态环境影响显著等问题,在建设成本、工期、绿色环保等诸多方面无法适应绿色水运、平安水运的要求,更不符合"创新、协调、绿色、开放、共享"的发展理念。随着人们对"绿水青山就是金山银山"科学论断的深入理解,开山采石带来的生态破坏和环境污染越来越引起社会关注。因此,在淤泥质海域港口及近海建筑物建设中,亟须摒弃传统的资源消耗型建造方式,贯彻创新、绿色的发展理念,提出经济合理、环境友好的工程建设方案。

为补齐淤泥质海域港区基础设施建设技术短板,2010 年起,中交第三航务工程勘察设计院有限公司、南京水利科学研究院、连云港港 30 万吨级航道建设指挥部和中交第三航务工程局有限公司等单位成立联合攻关团队[1-17],针对淤泥质海岸港口及近海基础设施建设中的共性技术难点开展创新性研究,提出了适应淤泥质海域的桶式基础结构,如图 1-1 所示。该结构是一种倒扣插入水下淤泥中的桶形多隔仓结构,由桶壁、隔板和盖板组成,具有可工厂化预制、现场安装的特点,具有质量高、建造速度快、造价低、不需大量砂石料、不需地基加固、占用海域小、污染小等优点,与传统防波堤及护岸建设方案相比较具有明显的技术、经济优势,根本性地改变过度消耗自然资源的传统粗放建造方式。研究团队结合连云港港徐圩港区防波堤工程开展了混凝土桶式基础结构的系列研究[18-33],取得了部分成果,可以指导混凝土桶式基础结构在防波堤工程应用上的设计与施工。但是桶式基

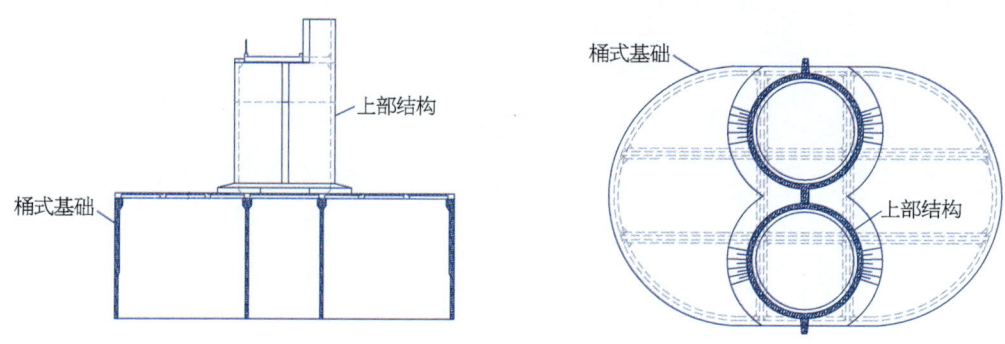

图 1-1 桶式基础结构示意图

础结构作为水运工程的新结构形式,不仅可以采用混凝土,还可以采用钢材,或者混凝土与钢材相结合。后两者还未进行深入研究,结构形态和受力分析都没有进行探讨,设计成果还未进行实际工程应用,作为桶式基础结构的系统研究还需进一步深化,进而形成水运工程桶式基础结构完整的应用技术。

通过系统研究桶式基础结构的设计方法[34-43]、模拟技术、监测技术、施工技术,实现了桶式基础结构的精细化设计、绿色施工和智能监测,形成了适合淤泥质海域的经济、合理、绿色、安全的港区防波堤、护岸及人工岛、海上风电等基础设施建设的新结构、新技术、新工艺,解决了淤泥质地区近海基础设施建设中的关键难点,为建设"交通强国""海洋强国",进一步推进"21世纪海上丝绸之路"提供有力的科技支撑。

1.1 桶式基础结构研究现状

桶式基础结构是依托连云港港徐圩港区防波堤工程提出的新结构,其结构形式、工作机理、设计方法等内容都需研发或建立。李武等[44-52]首先提出9个隔仓的桶式基础结构,并结合工程提出了桶式基础结构的室内整体稳定性试验、数值模拟分析、离心模拟试验、构造及内力试验等要求。李绍武等[11-12]通过1∶20的缩尺模型研究了桶式基础结构与地基土体相互作用的破坏形式,发现桶式基础前端局部刺入土体带动附近土体下陷,后端上翘带动附近土体上膨,但两者变形量不相等,下陷量大于上膨量。蔡正银等[8-10,56-65]通过室内土体软化试验、离心模型试验及数值分析等方法,研究了与桶式基础结构相互作用土体的性质、桶式基础结构与土相互作用特性及数值模拟的定量分析,得出了桶式基础结构工作机理。贡金鑫等[14-15,66]通过室内试验研究了桶式基础结构构造和内力,得出桶式基础结构整体受力性质优良,局部加强可以采用传统倒角形式。李武等结合桶式基础结构室内试验、离心模型试验、数值分析结果及工程设计条件,提出了混凝土桶式基础结构主尺度设计原则、稳定性验算方法、内力计算工况及结构配筋等一套设计方法。

多隔仓桶式基础结构的施工工艺是该新型结构在工程应用中最关键的技术问题之一。练学标等[67-71]通过缩尺模型研究桶式基础结构水上浮运、拖航及下沉工艺,得出海上桶式基础结构运输、安装成套工艺。夏俊桥等[53,72-75]针对桶式基础结构的特点,提出了桶式基础结构预制场平面布置形态和功能区的划分。高自兵等[54]研究了桶式基础结构预制施工工艺,提出了底端开口结构的模板体系,实现了底模板快速拆装、侧模板和内模板快速拼装的施工工艺。秦丹等[55]研究了桶式基础结构预制场内运输工艺和码头装船出运工艺,提出预制场内小车轨道运输工艺和码头气囊滚装上船出运工艺。范旭征博等[76]提出了桶式基础结构定位下沉施工及监控措施。孙洋波等[77]针对桶式基础结构施工特点,提出了施工监测方案,全过程监测桶式基础结构浮运、安装时桶体姿态和受力状态。夏俊桥等[16]结合桶式基础结构室内试验、现场试验结果及工程施工条件,提出了混凝土桶式基础结构预制、运输及安装等一套完整的施工工艺。

混凝土桶式基础结构在连云港港徐圩港区建设中成功应用,共建成直立式防波堤和围堤12.8 km,建成桶式基础结构桶体615个。该区域水深为5～10 m,淤泥层厚度为12～20 m,采用的桶体宽度分为30 m和36.6 m两种。桶式基础结构建设的徐圩港区东防波堤和四号纳泥区围堤工程的竣工情况如图1-2所示。

(a) 建成的徐圩港区东防波堤

(b) 建成的徐圩港区四号纳泥区围堤

图1-2 桶式基础结构工程应用

桶式基础结构的研究成果都集中在混凝土桶式基础的围堤和护岸结构上,适用于基强度小于30 kPa、水深在5～20 m范围的防波堤和护岸建设。如果地基强度较高,作用于桶壁上的摩阻力和端阻力更大,桶体仅通过负压无法下沉到位,为减少桶式基础结构的受力和位移,一方面需开发新的桶式基础结构形式,另一方面可研发在强度较高的地基中进行桶式基础结构负压下沉的施工设备和工艺。对于水深较浅和较深的海域,目前研发的海上施工方法难以适应,需要进一步研究新的施工方法。在现有成果及已有工作条件基础上,解决上述两方面的技术难题,开展相关桶式基础结构设计与施工方法的深化研究,形成该种结构相关应用技术标准,特别是该结构设计、运输工艺、检验标准、作业条件、下沉控制标准、纠偏控制标准、定位控制标准及相应的计算方法等,能为该种结构在软土地基上应用建造提供技术支持,可进一步拓展桶式基础结构的适用范围,深化设计、施工和安全保障技术。

1.2 桶式基础结构

桶式基础结构可分为整体桶式基础结构和分离桶式基础结构两大类,都是由桶式基础和上部结构组成。其中,桶式基础是一种倒扣插入水下软土地基的桶形多隔仓结构,由桶壁、隔板和盖板组成,通过与土体共同作用,形成防波堤、护岸、围堤等结构的基础。

1.2.1　整体桶式基础结构
1.2.1.1　混凝土结构

混凝土桶式基础结构主要包括上部结构和下部桶式基础。上部结构是指桶式基础盖板以上的部分,根据使用功能要求进行设计,其断面结构形式可以采取圆形截面、矩形截面或组合截面,该部分可以对称坐落在盖板上(图1-3),也可以偏位坐落在盖板上(图1-4),与盖板共同变形,不发生刚性位移。下部桶式基础根据施工和稳定性的要求进行设计,其断面结构形式的外轮廓可采用圆形、矩形或组合形状,内部通过隔板划分多个隔仓。上下结构的连接通过局部杯口浇筑成整体或通过杯口内堵缝混凝土结合成一体。

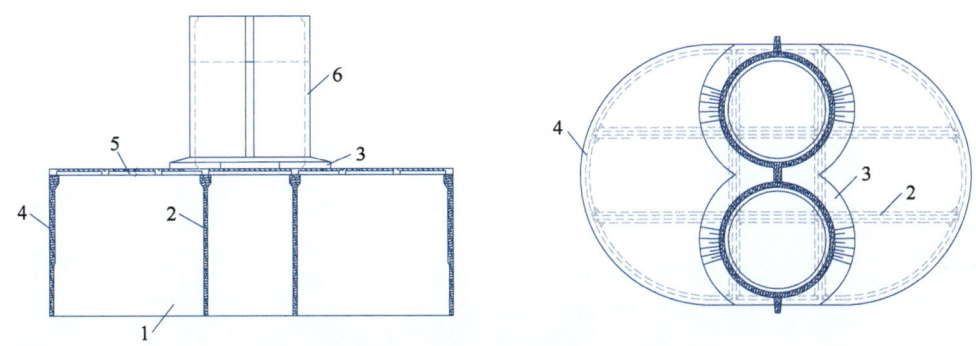

图1-3　对称桶式基础结构示意图

1—基础桶体;2—隔板;3—盖板上杯口;4—桶壁;5—桶顶盖;6—上部结构

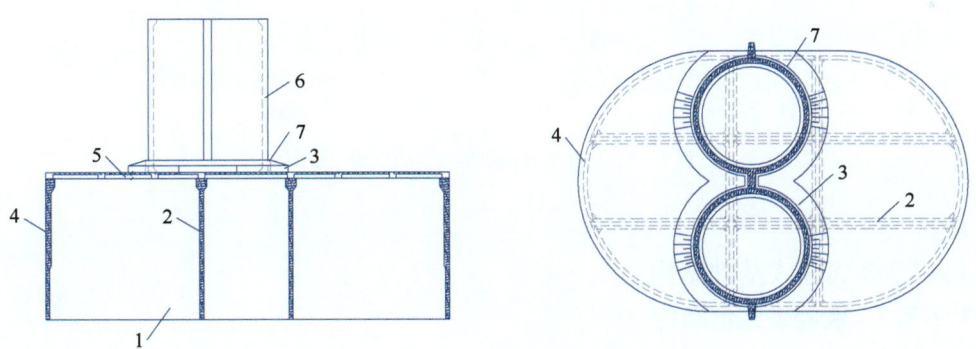

图1-4　偏心桶式基础结构示意图

1—基础桶体;2—隔板;3—盖板上杯口;4—桶壁;5—桶顶盖;6—上部结构;7—堵缝混凝土

1.2.1.2　钢混组合结构

钢混组合桶式基础结构主要是指桶式基础采用钢结构(图1-5),或者桶式基础一部分采用钢结构(图1-6),上部结构采用混凝土结构,上下结构的连接部位盖板采用钢板和混凝土组合结构。

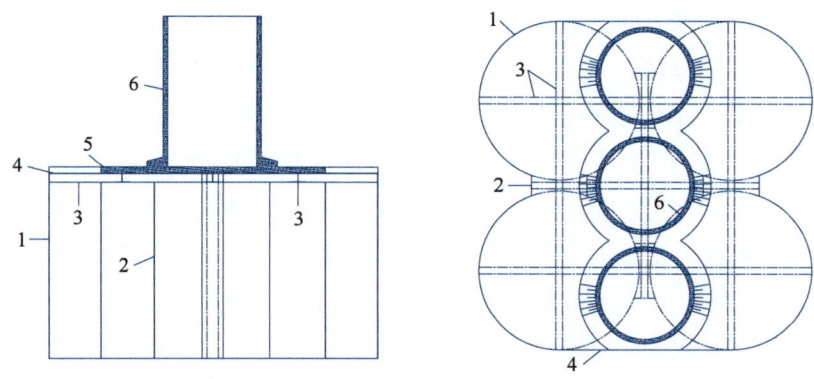

图1-5 上下组合钢混桶式基础结构示意图

1—钢筒；2—连接钢板；3—纵横钢梁；4—钢盖板；5—混凝土盖板；6—上部结构

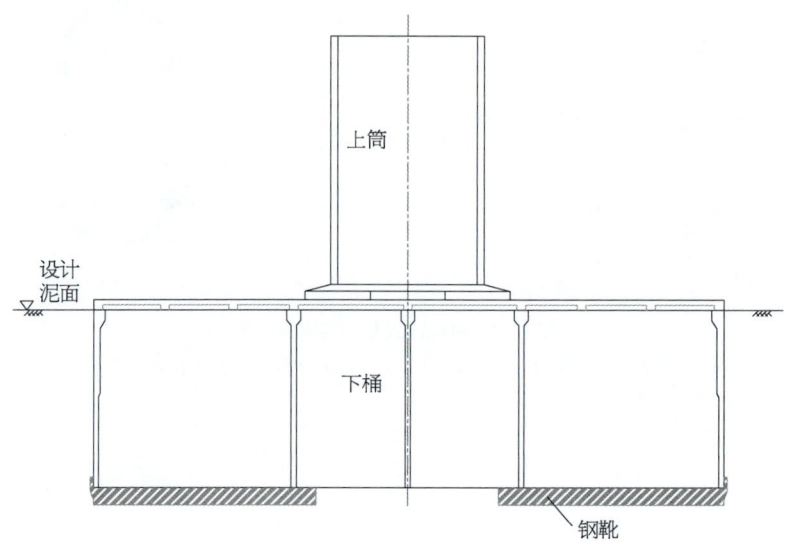

图1-6 局部组合钢混桶式基础结构示意图

1.2.2 分离桶式基础结构

1.2.2.1 混凝土组合结构

混凝土组合结构是指下部桶式基础和上部沉箱结构都采用混凝土材料，下部桶式基础的盖板上设置块碎石垫层作为上下结构的过渡，可以传递竖向荷载和剪力，不能传递弯矩。桶式基础形式一般同整体桶式基础结构一样，但安装时由于没有上部结构，重心降低，内部隔仓也可以非对称布置。在防波堤和护岸工程上应用可采用图1-7所示的断面形式。

1.2.2.2 钢-混凝土组合结构

钢-混凝土组合结构是指下部桶式基础采用钢结构、上部沉箱结构采用钢筋混凝土材

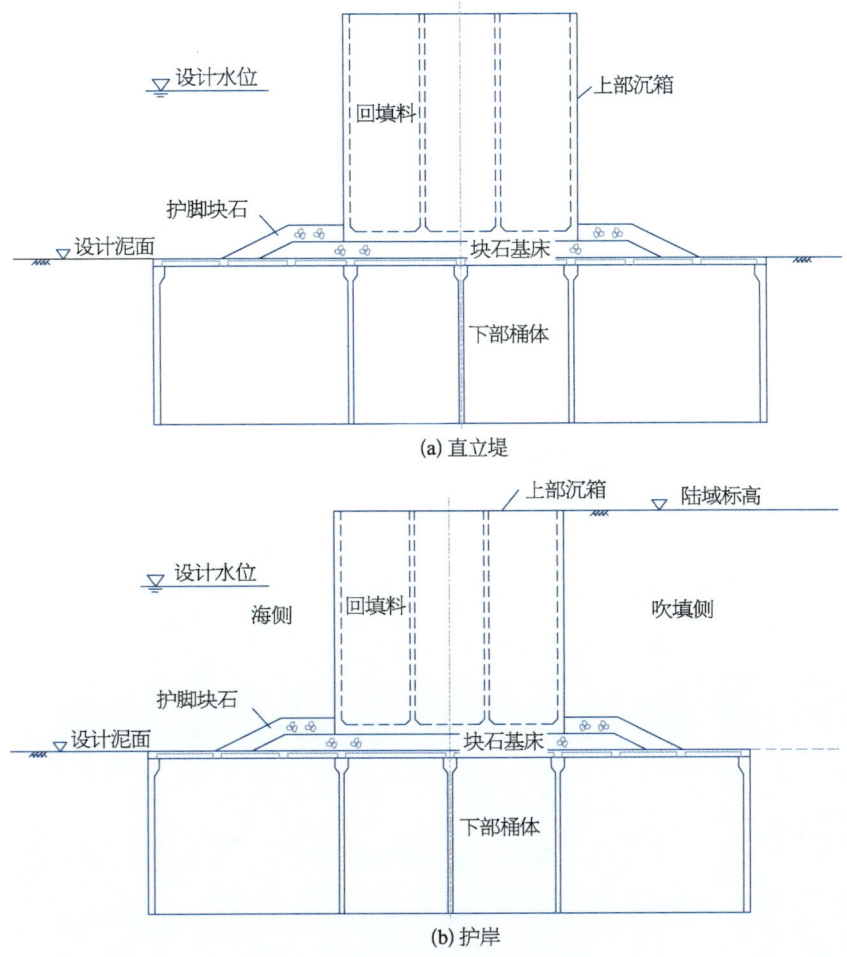

图 1-7 混凝土组合结构示意图

料,下部桶式基础的盖板上设置块碎石垫层作为上下结构的过渡,功能同混凝土组合结构一样。按桶式基础形式不同又分为筒中筒形式和组合筒形式。

1) 筒中筒形式

筒中筒形式是由不同直径的圆筒和平板组合而成。两个圆筒同心布置,两筒之间通过多块平板竖向连接分割成多个竖向不通的区域,上端再通过平板封堵形成多个隔仓。该结构中心对称,每个方向上都存在 3 个隔仓,浮运稳定性好。典型结构如图 1-8 所示。

2) 组合筒形式

组合筒形式是由相同直径圆筒和平板组成。多个同直径圆筒方形排列,相邻两筒之间通过双层竖向平板连接,上部与水平平板围成多个仓。根据经验,平面每个方向不少于

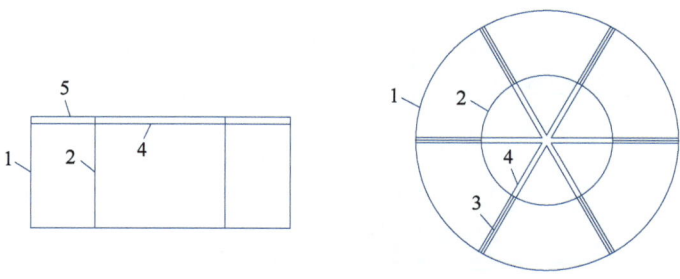

图 1-8 筒中筒形式构成图
1—外钢筒；2—内钢筒；3—连接钢板；4—纵横钢梁；5—钢盖板

2 个隔仓，宜布置 2～4 隔仓；筒间竖向连接平板宽度不宜过大，一般可取 1～3 m，为减小土塞效应，竖向连接板不宜设置到底，一般超过入土深度三分之二为宜；水平连接平板宜采用主次梁结构，优先采用箱型结构。典型结构如图 1-9 所示。

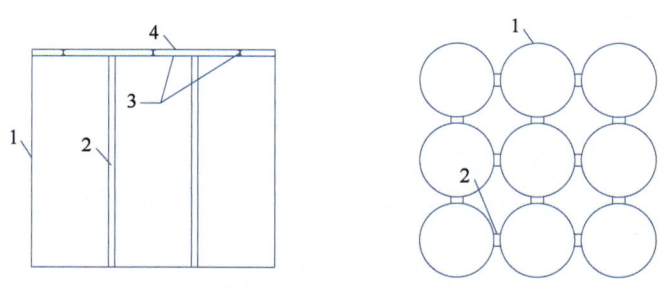

图 1-9 组合筒形式构成图
1—钢筒；2—连接钢板；3—纵横钢梁；4—钢盖板

1.2.3 桶式基础结构特点与适用范围

1.2.3.1 结构特点

桶式基础结构是无底多隔仓薄壁插入式结构。桶式基础为承载结构，上部为防泥沙挡波浪结构，主体一次性制作完成，重心高于浮心，通过多个隔仓调整浮游稳定性，实现水上气浮拖运到安装位置，采用负压＋自重下沉，将桶式基础插入地基中，通过桶壁底端、桶壁侧面承受土体摩擦力、支撑力、黏结力和盖板承受浮托力，与嵌固土体共同承受全部荷载，多种受力形式有机地结合，形成复合受力结构，受力示意如 1-10 所示。

桶式基础结构与传统的砂石料结构不同，将砂石"体积堆积"工艺改为装配式施工，原地面以上结构宽度与斜坡式结构相比，海域使用面积减少 70%；桶式基础结构为薄壁空腔结构，砂石材料用量只有斜坡结构的 20%，减少了开山取石，保护了自然资源。桶式基础结构缩短了工程施工期，降低了石料开采、运输、抛填能耗，减小了机械设备、船舶及监测能耗。桶式基础结构在施工中不扰动地质，不破坏施工水域生态，采用负压静音下沉，对

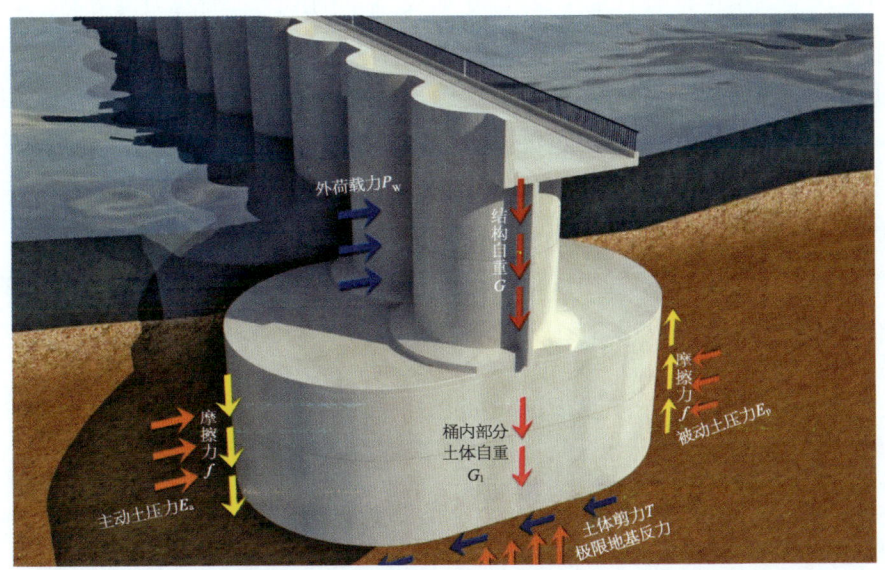

图 1-10 桶式基础结构受力图

周边的养殖、渔业、生产运营无影响，同时降低了砂石料开采运输的扬尘污染，绿色环保。采用这种结构可以实现相邻区域的运营和建设互不影响。

混凝土桶式基础结构自重大、浮运吃水深、空间刚度大、端阻力高及负压下沉工艺的预压作用等特点，使结构施工完成预留沉降小。钢质桶式基础自重轻，可以模块化生产；现场拼装，可采用吊装工艺，省去半浅驳运输；桶壁薄，穿透土层性能优良，且自重轻而减小了下沉力，对负压下沉力要求高，桶壁薄容易引发上平面外失稳或局部屈曲。

综合混凝土和钢桶式基础结构的特点如下：

（1）可以工厂化制作，水上施工工艺可以标准化，下沉不需要大型水上船机设备，靠自重和大气压力即可实施下沉施工，无噪声污染和环境污染等。

（2）在节省建设成本、缩短施工周期、节约石料资源、保护环境等方面都具有较为显著的优势，符合"资源节约型、环境友好型"工程建设的要求。

（3）对于在软土地基上的防波堤、驳岸、围堤、码头接岸结构等工程领域具有广阔的应用前景。

1.2.3.2 适用范围

桶式基础结构适用于水深在 10～20 m 淤泥质海岸的软土地基，地基土体成层分布，表层土强度较低。

混凝土桶式基础结构作为导流堤、防波堤等工程时，其持力层可以选择在软土层中；作为驳岸、围堤、人工岛、码头结构等工程时，其持力层应选择强度高的土层，一般选在表层软土下面的黏土、粉质黏土或粉砂层中。

钢质桶式基础结构具有自重小、浮运吃水浅、空间刚度小、端阻力低等特点,适用于非岩土地基,地基土体成层分布,土层贯入度一般小于 15 N(N 为标贯基数),水深在 5 m 以上。钢质桶式基础结构作为导流堤、防波堤等工程持力层可以选择在软土中应用;作为驳岸、围堤、人工岛等工程持力层应选择非淤泥的高强度土层;作为风电基础、码头结构等位移变化要求严格的工程持力层应选择高强度土层,泥面与基础盖板间要灌浆处理,保证结构和地基的整体性,达到增大空间刚度、减小位移的效果。

分离桶式基础结构可以应用于浅水区的防波堤结构和护岸结构中,也可以在防波堤或护岸轴线转弯位置局部应用,作为其他形式结构的衔接过渡结构。

参 考 文 献

[1] 祁小辉,杭建忠.连云港港徐圩港区防波堤工程工程可行性研究报告[R].上海:中交第三航务工程勘察设计院有限公司,2012.
[2] 李武,杭建忠.连云港港徐圩港区直立式结构东防波堤工程初步设计[R].上海:中交第三航务工程勘察设计院有限公司,2012.
[3] 李武,杭建忠.连云港港徐圩港区直立式结构东防波堤工程施工图设计[R].上海:中交第三航务工程勘察设计院有限公司,2013.
[4] 李武,杭建忠.连云港港徐圩港区西防波堤工程施工图设计[R].上海:中交第三航务工程勘察设计院有限公司,2014.
[5] 高正荣,王登婷.防波堤工程局部整体波浪模型试验[D].南京:南京水利科学研究院,2013.
[6] 高正荣,王登婷.防波堤沿线、堤头冲刷及防护试验研究[D].南京:南京水利科学研究院,2013.
[7] 高正荣,王登婷.新型桶式基础结构浮运稳定试验[D].南京:南京水利科学研究院,2013.
[8] 蔡正银,关云飞.防波堤工程离心模型试验[D].南京:南京水利科学研究院,2013.
[9] 蔡正银,关云飞.新型桶式基础防波堤与地基动力相互作用数值模拟研究[D].南京:南京水利科学研究院,2013.
[10] 蔡正银,关云飞.地基土在波浪荷载作用下土体软化特性及现场旁压试验研究[D].南京:南京水利科学研究院,2013.
[11] 李绍武,张稳军.桶形基础结构断面物理模型试验[D].天津:天津大学,2012.
[12] 李绍武,张稳军.桶形基础结构断面物理模型补充试验[D].天津:天津大学,2013.
[13] 姚文娟,梁斌.桶式基础防波堤结构整体工程特性的数值分析[D].上海:上海大学,2013.
[14] 贡金鑫,杨利.桶式基础结构构造及内力研究[D].大连:大连理工大学,2013.
[15] 贡金鑫,杨利.桶式基础结构1∶2单仓模型试验[D].大连:大连理工大学,2013.
[16] 李武,程泽坤.水下新型桶式基础结构设计与施工关键技术研究报告[R].中交第三航务工程勘察设计院有限公司,2015.
[17] 夏俊桥,练学标.新型桶式基础结构1∶6模型原位试验[R].上海:中交第三航务工程局有限公司,2013.
[18] 沈雪松,祁小辉,丁大志.连云港港徐圩港区防波堤工程[J].中国港湾建设,2016,36(3):1-5.
[19] 程泽坤,夏俊桥.连云港港徐圩港区桶式基础结构应用技术[J].中国港湾建设,2016,36(3):6-11.
[20] 李武,程泽坤.桶式结构设计方法[J].中国港湾建设,2016,36(3):19-25.
[21] 马哲超,盛佳珺.桶式结构稳定性三维有限元数值分析[J].中国港湾建设,2016,36(3):12-15.

[22] 李武,魏冰.桶式结构气浮稳定计算[J].中国港湾建设,2016,36(3):16-18.
[23] 陈海峰,陈允才.桶式结构内力研究[J].中国港湾建设,2016,36(3):31-35.
[24] 杭建忠,丁大志.桶式结构原位试验研究[J].中国港湾建设,2016,36(3):36-39.
[25] 刘晓曦,郜卫东,庞亮.桶式驳岸结构选型[J].中国港湾建设,2016,36(3):40-44.
[26] 赵妍,陈海峰.桶式结构单边加载设计及试验研究[J].中国港湾建设,2016,36(3):45-48.
[27] 郜卫东,盛佳珺.桶式基础结构下沉受力特性[J].中国港湾建设,2016,36(3):54-58.
[28] 李武,杭建忠.桶式结构构造处理技术[J].中国港湾建设,2016,36(3):59-63.
[29] 李武,陈甦,程泽坤,等.水平荷载作用下桶式基础结构稳定性研究[J].中国港湾建设,2012,32(5):14-18.
[30] 李武,吴青松,陈甦,等.桶式基础结构稳定性试验研究[J].水利水运工程学报,2012(5):42-47.
[31] 李武,程泽坤.淤泥质海岸桶式结构应用设计[J].水运工程,2015(1):42-47.
[32] 丁文强,张东明,黄宏伟,等.新型桶式驳岸基础结构施工及运营期数值模拟分析研究[J].水利学报(增刊),2015(6):343-349.
[33] 李亚,程泽坤.吸力式桶体基础结构钢筋骨架失稳研究[J].中国港湾建设,2015,35(12):33-37.
[34] 聂琴,魏冰,李武.软土地基上桶式驳岸稳定性离心模型试验研究[J].中国港湾建设,2016,36(1):37-42.
[35] 陈海峰,李武.桶式防波堤离心模型试验[J].水运工程,2016(3):57-62.
[36] 高志伟,李亚,高树飞,等.徐圩防波堤工程桶式基础结构设计[J].水运工程,2015(2):224-239.
[37] 高志伟,陈甦,李武,等.桶式基础结构土压力分布规律[J].中国港湾建设,2013,33(1):18-22.
[38] 林飘,姚文娟,张峻,等.筒式基础结构分仓形式对抗倾承载力的影响[J].中国港湾建设,2013,33(6):30-36.
[39] 庞亮,李武.连云港港徐圩港区码头及驳岸结构选型[J].水利水运工程学报,2014(2):60-66.
[40] 陈浩群,李武.新型结构在连云港港口工程中的应用[J].水运工程,2013(10):83-89.
[41] 张效忠,姚文娟,程泽坤,等.负压贯入式多仓筒式结构施工阶段沉降[J].长安大学学报(自然科学版),2015(1):91-98.
[42] Xiaozhong Zhang, Wenjuan Yao. Calculation models of soil pressure in opened bottom elliptical barrel structure[J]. Indian Geotechnical Journal, 2014, 44(3): 249-259.
[43] 沈东,姚文娟,程泽坤,等.土体固结对筒型基础结构工作性能的影响[J].水运工程,2014(10):149-156.
[44] 陈甦,李武,蔡正银.循环荷载作用下淤泥质黏土软化试验研究[J].中国港湾建设,2013,33(2):21-26.
[45] 吴辉,刘晓曦.半圆体桶式基础组合导堤结构的研究与应用[J].中国港湾建设,2019,39(S1):31-36.
[46] 马哲超,韩时捷.高桩码头桶式基础接岸结构特性研究[J].中国港湾建设,2019,39(S1):6-10.
[47] 沈雪松,马哲超.徐圩港区桶式基础接岸位移限定标准研究[J].中国港湾建设,2019,39(S1):77-80.
[48] 蔡军,李亚,杭建忠,等.垫层过渡型上下分离桶式基础结构受力性能分析[J].中国港湾建设,2019,39(S1):66-71.
[49] 陈允才,李亚,杭建忠,等.下桶带钢靴桶式基础结构受力性能分析[J].中国港湾建设,2019,39(S1):52-57.
[50] 方利鹤,范文彰,陆晶晶,等.BIM技术在围堤工程设计中的应用[J].中国港湾建设,2019,39(S1):16-21.
[51] 丁大志,陆晶晶.基于Revit二次开发的桶式结构防波堤快速建模BIM应用研究[J].中国港湾建设,2019,39(S1):37-42.
[52] 尹硕,徐传超,陆晶晶.BIM技术在桶式基础结构配筋设计中的应用[J].中国港湾建设,2019,39(S1):

96-102.

[53] 夏俊桥,练学标,程泽坤.桶式结构预制场平面布置[J].中国港湾建设,2016,36(3):49-53.
[54] 高自兵,丁海龙,杭建忠.桶式结构预制施工工艺[J].中国港湾建设,2016,36(3):64-68.
[55] 秦丹,黄鹏举,刘晓曦.桶式结构运输出运工艺[J].中国港湾建设,2016,36(3):69-72.
[56] 杨立功,蔡正银.沉入式桶式基础防波堤抗倾覆稳定性计算[J].水利水运工程学报,2015(4):61-68.
[57] 魏冰,蔡正银.桶式结构特性研究[J].中国港湾建设,2016,36(3):26-30.
[58] 徐光明,顾行文,任国峰,等.防波堤椭圆形桶式基础结构的贯入受力特性实验研究[J].海洋工程,2014,32(1):1-16.
[59] 曹永勇,张海文,丁大志,等.新型桶式基础防波堤在负压下沉中的结构内力观测及分析[J].中国港湾建设,2014,34(4):26-29.
[60] 曹永勇,蔡正银,关云飞,等.新型桶式基础防波堤在负压下沉中的稳定性试验[J].水运工程,2014(7):41-45.
[61] 徐光明,顾行文,蔡正银,等.作用于防波堤上波浪荷载的离心机模拟[J].岩土工程学报,2016,36(1):1770-1776.
[62] 杨立功.采用拟静力法的新型桶式基础防波堤结构稳定性分析[J].水利水运工程学报,2015(5):96-102.
[63] 杨立功,蔡正银,徐志峰.新型桶式基础防波堤桶体阻力分析[J].岩土工程学报,2016,38(4):747-754.
[64] 曹永勇,武颖利.波浪荷载作用下单桶多隔仓结构稳定性数值分析[J].中国港湾建设,2016,36(2):11-15.
[65] 杨会东,杨立功.沉入式新型桶式防波堤抗倾滑移定性计算[J].水运工程,2016(4):40-44.
[66] 贡金鑫,高树飞,陈浩群,等.桶式基础气压模型试验和有限元分析[J].水利水运工程学报,2015(5):21-29.
[67] 杜志强,程加军.桶式结构预制精细化施工[J].中国港湾建设,2016,36(3):85-88.
[68] 杜厚新,佘福元,郜卫东.桶式结构场内搬运方式研究与应用[J].中国港湾建设,2016,36(3):89-92.
[69] 夏俊桥,李武.桶式结构气浮及下沉模型试验研究[J].中国港湾建设,2016,36(5):35-39.
[70] 练学标.新型桶式基础结构防波堤主要施工技术[J].水运工程,2016(2):62-67.
[71] 练学标,陈雄.插入式桶式基础结构防波堤施工关键技术[J].中国港湾建设,2016,36(2):49-53.
[72] 舒方法,杨安韬,杨三元.桶式基础结构负压下沉自动控制系统[J].中国港湾建设,2014,34(10):63-66.
[73] 黄朋举,李武.钢质桶式基础结构试验研究[J].中国港湾建设,2019,39(S1):47-51.
[74] 黄朋举,郭志鹏.钢质桶式基础结构下沉可行性分析[J].中国港湾建设,2019,39(S1):72-76.
[75] 刘鹏,郭志鹏.钢质桶式结构气浮安装工艺[J].中国港湾建设,2019,39(S1):85-87.
[76] 夏俊桥,范旭征博,李武.桶式结构定位下沉施工及监控[J].中国港湾建设,2016,36(3):73-77.
[77] 孙洋波,李武,郑炜,等.桶式结构施工监测分析[J].中国港湾建设,2016,36(3):78-84.

第 2 章
桶式基础结构特性

桶式基础结构特性主要介绍整体桶式基础结构特性、分离桶式基础结构特性和钢质桶式基础特性三个部分。整体桶式基础结构特性重点介绍桶式基础与软土地基相互作用的规律、破坏模式、施工期浮游稳定规律及结构应力变化规律；分离桶式基础结构特性主要介绍上下结构的滑动失稳、倾覆失稳、地基承载力不足失稳三种失稳形式；钢质桶式基础结构特性则介绍钢桶施工期和使用期的屈曲状态和应力变化。

2.1 整体桶式基础结构特性

2.1.1 结构形式

结合连云港港徐圩港区桶式防波堤工程的建设条件，设计采用桶式基础结构的防波堤工程位置处的土层分布为：上部约 8.5 m 为淤泥质土，下部约 5.0 m 为粉质黏土层，桶底进入粉质黏土层内 1.5 m。桶式基础结构总重量约 3 000 t，分为上下两个部分，桶式基础的基本尺度（长×宽×高）为 30.0 m×20.0 m×10.0 m，桶壁厚 40 cm，隔板厚 30 cm，盖板厚 50 cm，结构单元如图 2-1 所示。

2.1.2 离心模型试验

2.1.2.1 模型设计

一般来说，离心模型试验中所有材料应该选用与原型相同的材料，但当原型材料为钢筋混凝土时，若缩小后的模型结构物尺寸很小，仍采用钢筋混凝土制作模型，则细部结构尺寸难以控制精确。另外，在尺寸很小的混凝土模型上粘贴应变片进行测量也非常困难，试验结果的准确性难以得到保证，因此通常采用铝合金板替代混凝土墙板制作离心模型中的各种结构件。根据试验研究的技术要求和试验规程，按模型几何比尺 $n=80$ 设计桶式基础结构，如图 2-2 所示。模型布置如图 2-3 所示。

2.1.2.2 试验结果

在分析讨论模型试验研究结果之前，做如下说明和规定：首先，将模型中的物理量值按模型相似律换算至原型尺度相应的值；其次，规定向下的竖向位移（沉降）为正，指向外海侧的水平位移为正，倾向外海侧的转角为正；再次，选取桶式基础结构防波堤结构盖板中心 O 点为参照点，此处的竖向位移值和水平位移值就是结构的特征沉降值和特征水平位移值；最后，在分析防波堤结构的承受波浪荷载作用下的性状时，用设计工况一组桶体（宽度 20 m）所承受波浪合压力值（$P_{pp}=12\,048$ kN）对荷载进行归一化，即水平力大小用荷

第2章 桶式基础结构特性

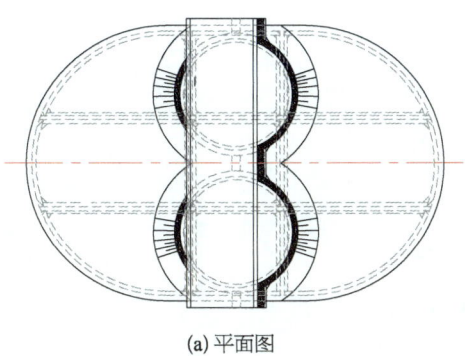

(a) 平面图

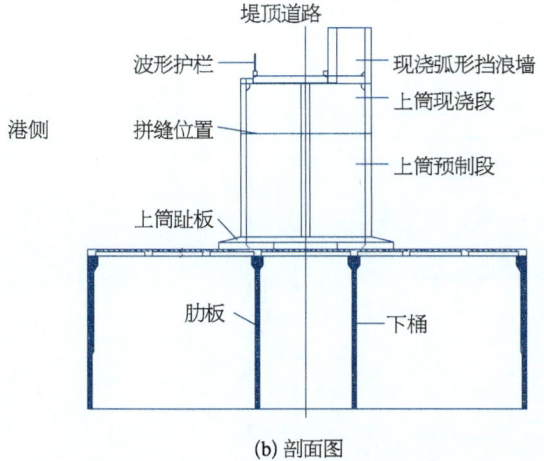

(b) 剖面图

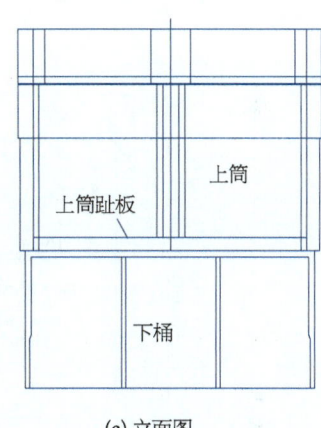

(c) 立面图

图 2-1 桶式基础结构单元

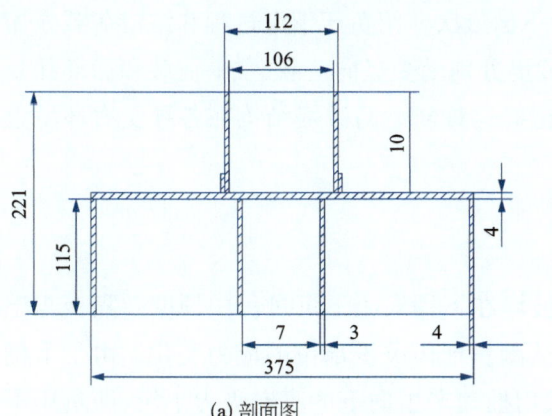

(a) 剖面图

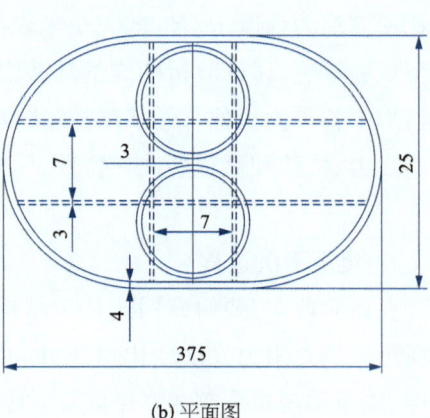

(b) 平面图

图 2-2 桶式基础结构模型图(单位:mm)

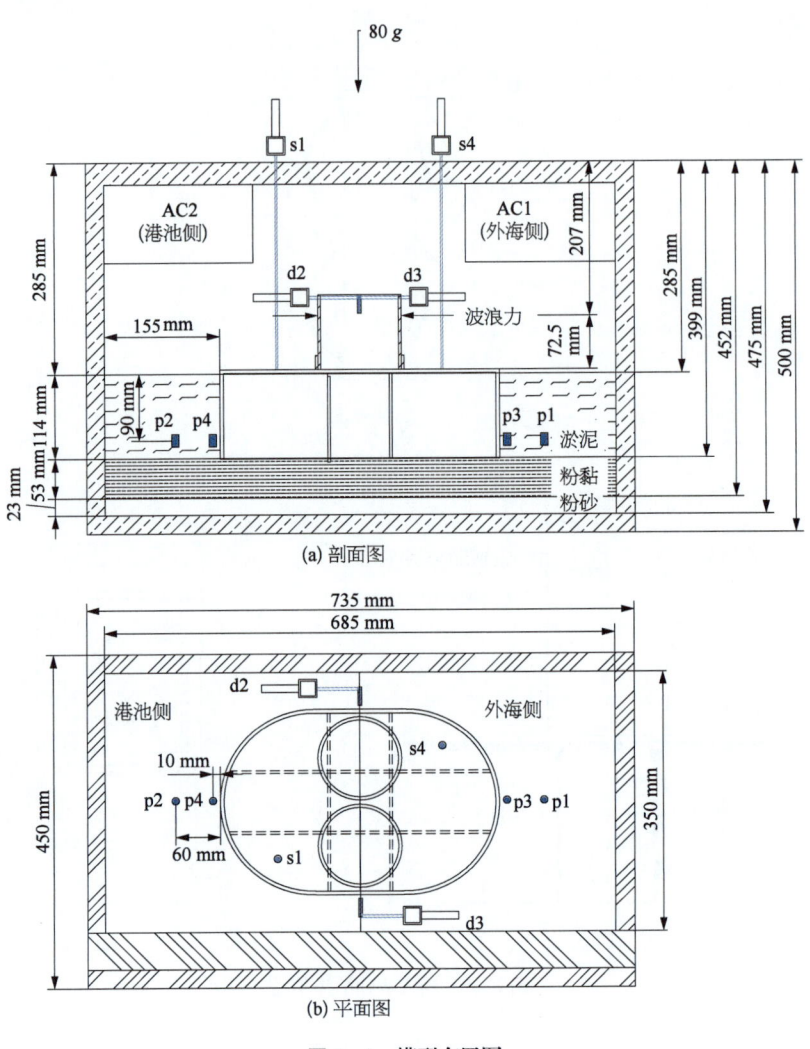

图 2-3 模型布置图

(注：s1 和 s4 为竖向位移测点，d2 和 d3 为水平位移测点，p1~p4 为孔压测点)

载比或波浪力强度 P/P_{pp} 的大小来表征。下面依次介绍负压下沉过程和波浪荷载作用的模型试验情况，讨论分析桶式基础结构防波堤分别承受竖向荷载、水平荷载和循环往复荷载情形下各种内力位移性状反应，来认识把握这种新型防波堤结构在各种受力环境条件下的受力、位移和稳定性性状特性。

1) 负压下沉过程

在该阶段，主要研究桶式基础结构防波堤在下桶入土下沉过程中桶壁及隔板与土摩擦所形成的总阻力发展变化情况，同时尝试测量桶体关键部位的应力变化。由于下桶被桶壁、隔板和盖板分割成 9 个隔仓，现场采用抽气产生向下的真空吸力下沉，即负压下沉工法，而模型试验是采用竖向向下荷载作用力进行模拟负压作用。所制作桶式基础模型盖板上设置9个可开启、可密封的气孔,在下沉过程中打开这些气孔,而在防波堤正常工作时,如承受波浪荷载作用则密封这些气孔,让桶体与地基土体发挥联合抵抗水平荷载的作用效果。负压下沉模拟试验共完成4组,其主要特征情况见表2-1。其中桶壁粗糙程度分正常和增糙两种,其中正常情况与现场预制桶体的桶壁粗糙程度相仿,增糙情况的桶壁表面黏有一层中砂,比正常情形略微粗糙些。

表2-1 负压下沉模型试验情况和主要结果

模型编号	淤泥层地基强度(kPa)	桶壁粗糙程度	试验加速度	侧壁总阻力(kN)	平均摩擦力(kPa)	摩擦系数	备注
M1	24.7	增糙	g	45 000	10.71	0.151	调试
M2	25.4	正常	$80g$	49 000	11.94	0.169	
M3	18.0	增糙	$80g$	38 000	8.57	0.121	
M5	19.6	正常	$80g$	40 000	9.19	0.130	内力测试

从地基土的强度看,模型M3和M5比较接近设计条件,下面给出这两组模型的模拟结果,主要从侧壁总阻力和侧壁摩擦力随下沉位移的发展变化两方面进行讨论。在模型M3中尝试进行了内力测量,以了解桶体下沉过程中外桶壁和内隔板应力、应变的变化和相互间同步情况。

在模型M3下桶下沉过程中,由于下桶自重的作用,在模型被加速至设计加速度$80g$时,下桶桶体已有一部分沉入淤泥层中。给下桶外加下推力,桶体继续下沉,桶体受到的侧壁总阻力在不断增加。当下桶底端从淤泥层进入粉质黏土层时,侧壁总阻力随下沉位移增加的速率加大(图2-4)。

在模型M5下桶下沉过程中,当下桶顶盖内侧有土体接触时,侧壁总阻力陡然增大,桶体下沉到位。下沉过程的侧壁总阻力变化如图2-5所示。

上述曲线转折点处的侧壁总阻力就是下桶下沉受到的最大下沉总阻力。对于模型M3而言,它所预测的原型最大下沉总阻力约38 000 kN。对于模型M5而言,它所预测的原型最大下沉总阻力约40 000 kN。可见,原型桶式基础结构防波堤的最大下沉总阻力预计在40 000 kN左右。

由于下桶自重作用下沉过程中的摩擦力无法准确获知,图中曲线实际反映的是在下推力作用下下沉过程中摩擦力的变化情况。淤泥层下部土体强度高于上部土体,因此曲线反映的摩擦力高于桶体穿越整个淤泥层所遭遇摩擦力的平均值。对于模型M3而言,根据最大下沉总阻力估算的平均摩擦力约为11.62 kPa,而桶体穿越下部土层所遭遇的平均摩擦力约为15.0 kPa。同样,对于模型M5而言,根据最大下沉总阻力估算的平均摩擦力约为12.23 kPa,而桶体穿越下部土层所遭遇的平均摩擦力约为15.5 kPa。

从以上试验结果可知:桶式基础结构防波堤的下桶在穿越淤泥土层并着落在粉质黏土层过程中,侧壁及其隔板所遭遇的摩擦力是变化的,即由浅层的较小值至深层的较大值;

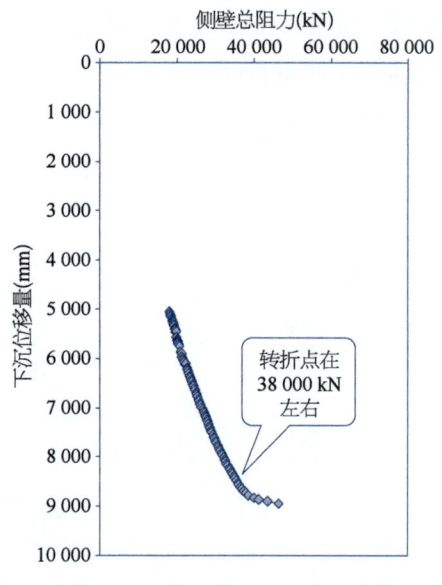 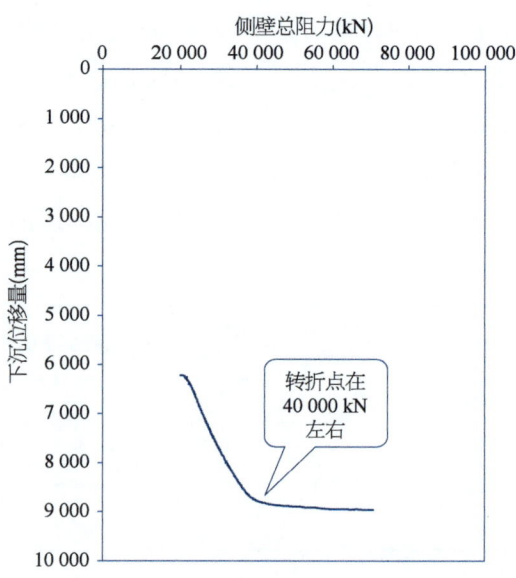

图 2-4 下桶下沉过程中侧壁总阻力的发展变化(M3)　　图 2-5 下桶下沉过程中侧壁总阻力的发展变化(M5)

根据桶体穿越淤泥层所遭遇的总阻力应扣除桶底端阻力，即可计算出侧壁净摩擦阻力和平均摩擦力。对于模型 M3 而言，平均摩擦系数约为 0.121；对于模型 M5 而言，平均摩擦系数约为 0.130。总之，桶体穿越上部土层时，桶壁与土之间的摩擦系数小于 0.2，而桶体穿越下部土层时，桶壁与土之间的摩擦系数高于 0.125。

在模型 M3 中，把下桶桶身距离桶底 4.0 m 断面（模型为 50 mm）作为测量断面，在外壁和内壁布置 5 个测点，测量断面压应变，如图 2-6 所示。

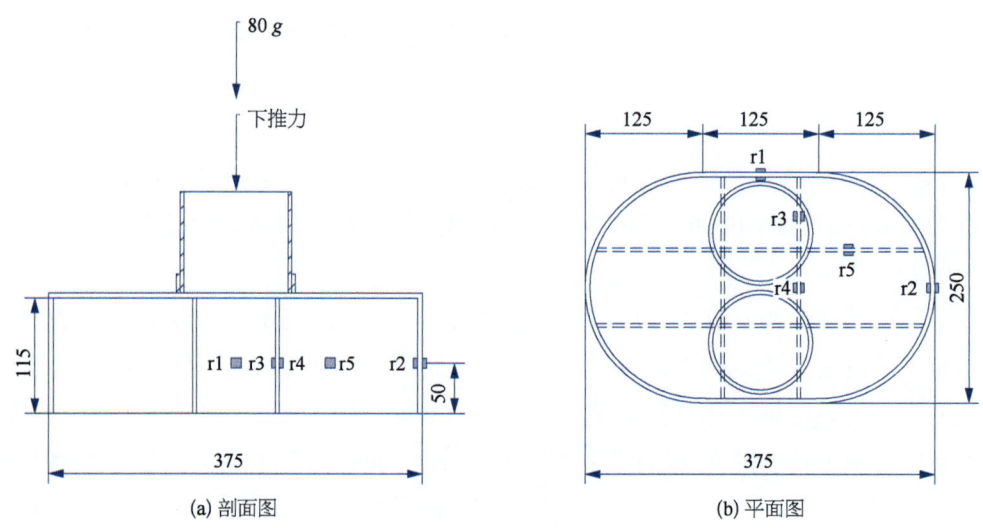

图 2-6 下桶内力测点布置图(单位：mm)

假设制作模型桶体的铝合金材料的弹性模量为 70 GPa，将 4 个测点处的平均压应变换算成截面平均压应力，乘以桶体横截面面积，即可推算出测量断面的总内力，其结果绘制于图2-7中。由图2-7可知,在下推力作用下的下沉过程中,测量断面上的总内力也是随着下沉位移在不断增大。在侧壁总阻力曲线的转折点处,该测量断面总内力计算值为27 000 kN,约为最大侧壁总阻力(38 000 kN)的70%。

通过对负压下沉过程的模拟,对桶式基础结构防波堤下桶插入地基浅层淤泥直至嵌入粉质黏土层过程中所遭遇的总阻力、净侧壁阻力和摩擦系数的变化有以下认识:

(1) 原型桶式基础结构防波堤的最大下沉总阻力估计在40 000 kN左右。

(2) 桶体穿越上部淤泥土层时,桶壁及内隔板与土之间的摩擦系数约为0.125,而桶体穿越下部粉质黏土层时,其摩擦系数高于此值。

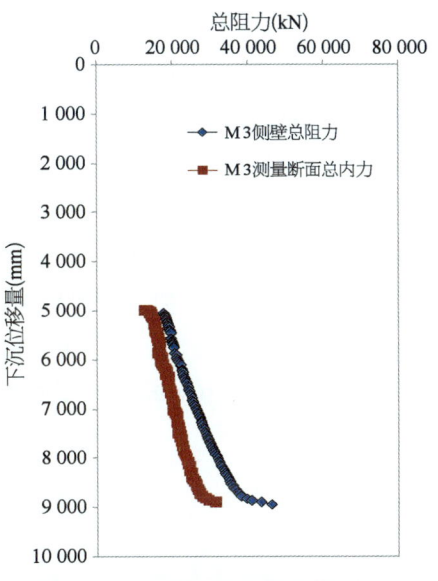

图2-7 桶体下沉过程中测量断面总内力发展过程

(3) 下沉过程中,下桶外壁板和内隔板截面上的压应变数值基本一致,随桶体下沉位移发展而平缓增大,表明桶体下沉过程很平稳。

2) 波浪荷载作用

第二阶段主要研究桶式基础结构防波堤在波浪循环荷载作用下的位移变形稳定性状态。根据连云港港徐圩港区防波堤工程的波浪研究成果(李绍武,张稳军,2011),本次模型试验所模拟的工况为50年一遇设计高水位的波浪条件,以一组桶体宽度20 m所受到的合力值为模型设计依据,其特性指标要素见表2-2。

表2-2 原型波浪设计要素(一组桶体宽度20 m)

工况	水位(m)	波高 $H_{1\%}$ (m)	周期 T_p (s)	波长 L_p (m)	波浪力 P_{pp} (kN)	波吸力 P_{sp} (kN)	波吸力/波浪力
50年一遇设计高水位	5.41	6.34	8.76	80.9	12 048	−8 480	0.7

依据表2-2循环周期荷载作用的模型相似律,将原型波浪特性指标换算到模型尺度,即为表2-3所列的模型波浪特性指标。

表2-3 模型波浪特征(模拟一组桶体受设计波浪作用)

模拟工况	模型比尺	离心加速度	周期 T_m (s)	频率 f_m (Hz)	波浪力 P_{pm} (kN)	波吸力 P_{sm} (kN)	波吸力/波浪力
50年一遇设计高水位	80	80g	0.110	9.13	1.88	−1.33	0.7

防波堤的一个主要功用是防波，即承受波浪力的作用。尽管波浪荷载是一种周期性循环水平向动荷载，但仍有必要了解掌握桶式基础结构防波堤承受水平静荷载作用时的性状。试验中利用拟静力加载装置给桶式基础结构防波堤施加水平力，模拟波浪合力的作用，测试防波堤的位移变形情况，探求其水平位移、沉降和倾斜度随着水平力的变化规律，掌握这种新结构防波堤抵抗水平荷载作用的能力。拟静力作用模型试验布置如图 2-8 所示。拟静力加载装置产生的水平力直接作用在防波堤的上筒上，且作用点与原型波浪力的合力作用点对应一致。但出于保护拟静力加载装置考虑，防止其浸水受潮，试验时降低模型水位。试验运行时，其水位高出基础盖板约 3～5 mm。虽然该试验没有对原型水位做正确模拟，但对桶式基础结构防波堤拟静力模拟影响不大。

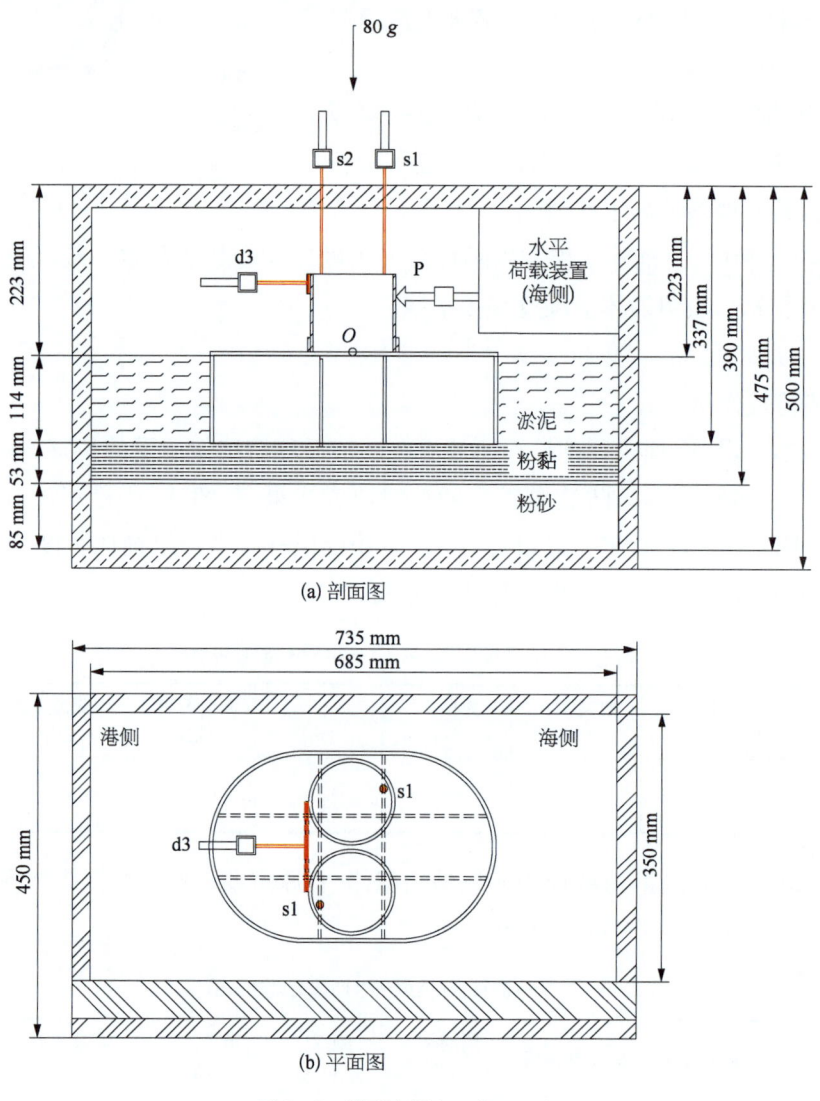

图 2-8 模型布置(M4 和 M11)

（注：s1 和 s2 为沉降测点，d3 为水平位移测点）

防波堤结构受力后发生的沉降和倾斜度由激光传感器 s1 和 s2 负责测量,结构发生的水平位移则由激光传感器 d3 负责测量。

图 2-9 是桶式基础结构承受水平力后的基础水平位移变化曲线,尽管水平力不断增大,开始阶段的水平位移发展平稳,即以一个相同的速率增大,这种情况一直持续到荷载比 P/P_{pp} 达到某个值,即水平力达到一定量值为止。之后,水平位移又按一个较大的速率随荷载比 P/P_{pp} 增大。水平位移的这一变化特性使得曲线出现转折点,该转折点的水平荷载比 P/P_{pp} 约为 1.2,水平位移量近 30 mm。再之后,在水平荷载比 P/P_{pp} 达到 1.6 左右时,水平位移发展速率再次增大,此转折点的水平位移量约 50 mm。

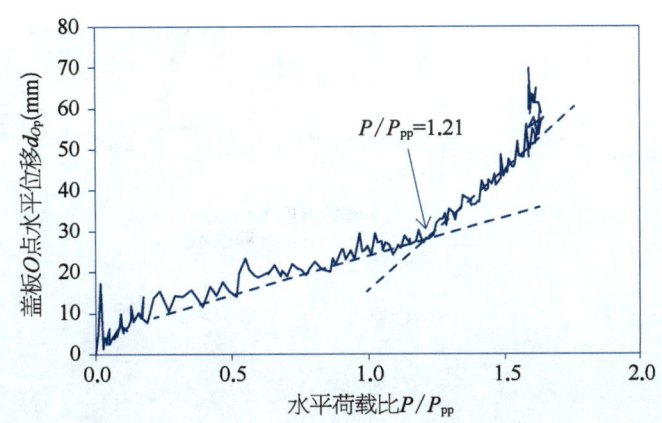

图 2-9 桶式基础结构防波堤水平位移随水平力荷载比的变化过程曲线

桶式基础结构承受水平力后,水平位移变化曲线有两个转折点,第一个转折点发生在水平荷载比 P/P_{pp} 约为 1.2 处,第二个转折点在水平荷载比 P/P_{pp} 约为 1.6 处。这样,在水平荷载作用下,防波堤抵抗水平滑动的水平极限荷载为设计波浪荷载的 1.2 倍以上。

2.1.3 浮游稳定性试验

2.1.3.1 试验内容及工况

桶式基础结构是无底结构,靠桶体本身排开水体产生的浮力十分有限,仅依靠本身浮力不能使桶体浮起。通常桶体随半潜驳沉入水中一定深度后向桶内充气,使结构漂浮于水面。为测定其浮游稳定性,确定试验工况见表 2-4。

表 2-4 桶式基础结构浮游稳定性试验工况

组 次	上筒位置	下桶吃水深度(原型值,m)
1	居 中	9.0、9.6、10.2、11.1
2	偏移 1.5 m	9.0、9.6、10.2、11.1
3	偏移 3.0 m	9.0、9.6、10.2、11.1
4	偏移 4.5 m	9.0、9.6、10.2、11.1

2.1.3.2 模型设计

该试验遵照《波浪模型试验规程(附条文说明)》(JTJ/T 234—2001)相关规定,采用正态模型,按照 Froude 数相似定律设计。根据桶式基础结构防波堤试验断面尺度及试验设备条件等因素,经过论证,试验的模型比尺取 1∶30。根据中交第三航务工程勘察设计院有限公司(简称"三航院")提供的桶式基础结构防波堤的设计图纸,按重力相似准则进行桶式基础结构防波堤的模拟,模型与原型之间满足几何相似、重力相似和动力相似条件。试验中,桶式基础结构模型采用有机玻璃+铅片制作,其模型实物情况如图 2-10 所示。

图 2-10 桶式基础结构模型

2.1.3.3 浮游稳定性验证试验方法

试验过程中,首先将桶式基础结构试验模型吊出水面,将压力仪和浪高仪定零;然后将试验模型平稳缓慢地放入水中,调整下桶各隔仓内的气压,使下桶吃水深度满足试验要求的吃水深度,观察其浮游稳定状态并测定下桶各隔仓内的气压值和水位值;最后,使试验模型产生一定的倾斜角度(6°),让其自由恢复静止漂浮状态,观察其浮游状态。

2.1.3.4 试验结果

1) 上筒居中布置条件下的试验结果

桶式基础结构的上筒居中条件下,下桶外侧不同吃水深度时,下桶体各隔仓内的气压值如图 2-11 所示。同一吃水深度下,各隔仓内的气压值相差不大。随着下桶外侧吃水深度增加,下桶各隔仓内气压值逐渐减小,这是由于吃水深度的增加,桶式基础结构在水中

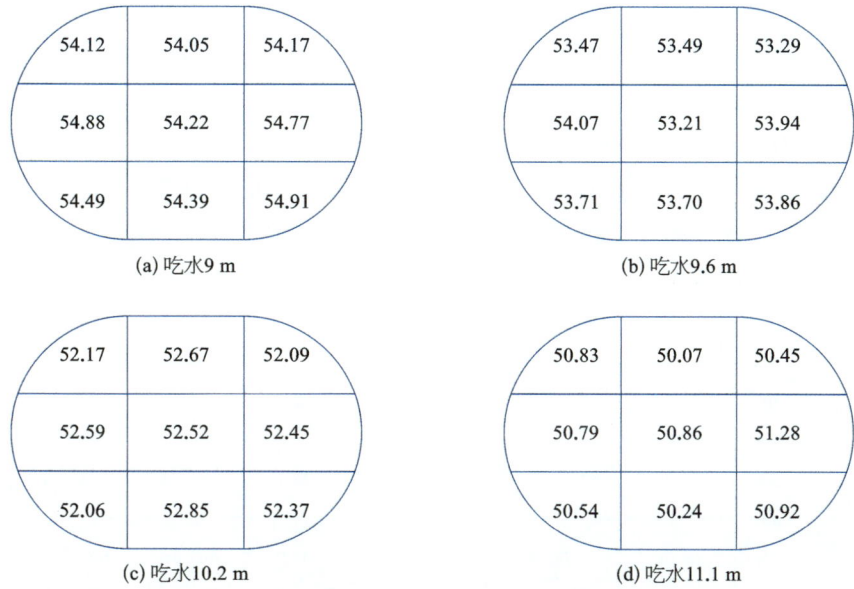

图 2-11 上筒居中时下桶各隔仓内的气压值(单位：kPa)

的重量减小而引起的。给桶式基础结构 6°初始摆角，结构能够自身调节到稳定漂浮状态。

2) 上筒偏移 1.5 m 布置条件下的试验结果

桶式基础结构的上筒向右侧偏移 1.5 m 条件下，不同吃水深度时，下桶体各隔仓内的气压值如图 2-12 所示。在不同吃水深度时，由于桶式基础结构上筒向右侧偏移 1.5 m，导

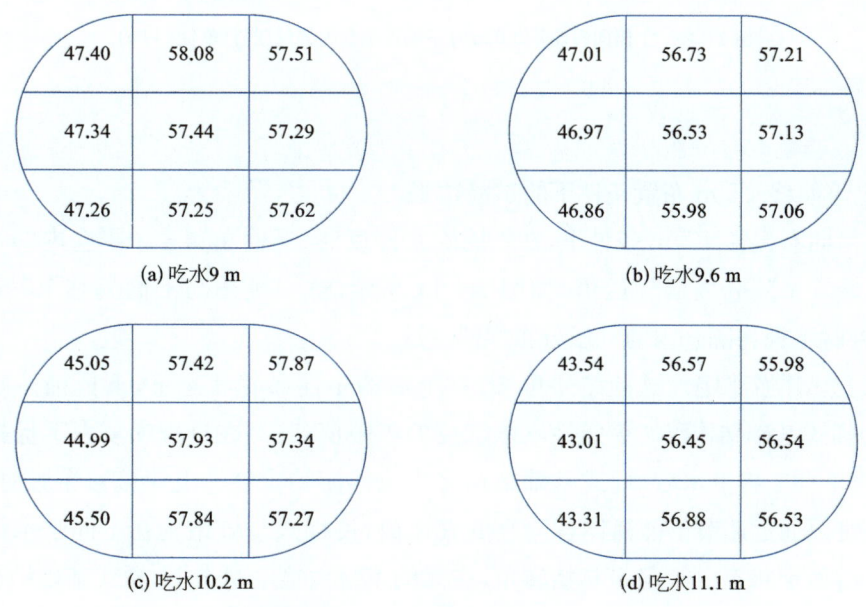

图 2-12 上筒向右偏移 1.5 m 时下桶各隔仓内的气压值(单位：kPa)

致下桶左侧 3 个隔仓内的气压值最小,其余 6 个隔仓内的气压值相差不大。同样,给桶式基础结构 6°初始摆角,结构能够自身调节到稳定漂浮状态。

3) 上筒偏移 3.0 m 布置条件下的试验结果

当上筒向右偏移 3.0 m 条件下,在不同吃水深度时,下桶左侧 3 个隔仓内的气压值明显小于其余 6 个隔仓内的气压值,如图 2-13 所示,这一规律与上筒偏移 1.5 m 条件时下桶各隔仓内的气压分布规律一致。

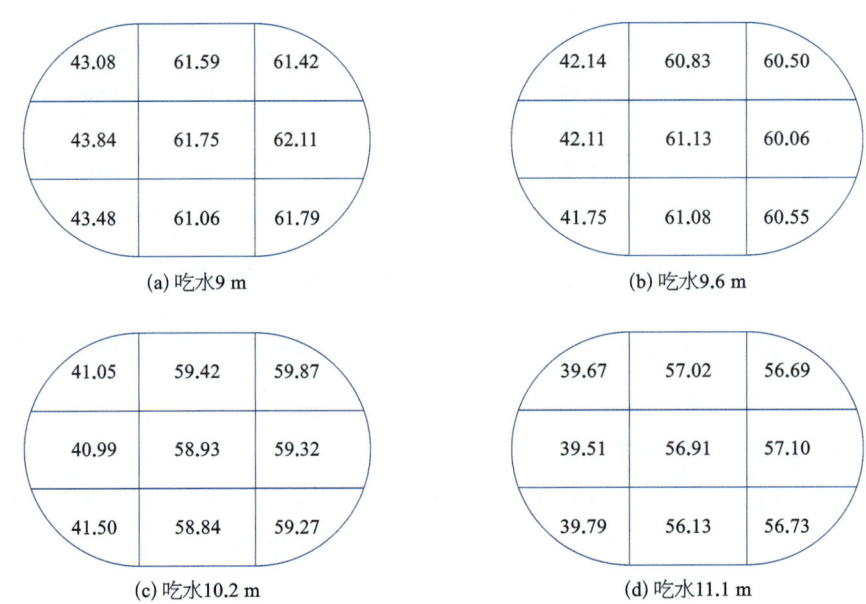

图 2-13　上筒向右偏移 3.0 m 时下桶各隔仓内的气压值(单位:kPa)

4) 上筒偏移 4.5 m 布置条件下的试验结果

当上筒向右偏移 4.5 m 条件下,在不同吃水深度时,下桶左侧 3 个隔仓内的气压值明显小于其余 6 个隔仓内的气压值,如图 2-14 所示,这一规律与上筒偏移 1.5 m 和偏移 3.0 m 条件时下桶各隔仓内的气压分布规律一致。

根据上述浮游稳定性试验结果可知,在上筒的不同布置状态下,下桶桶体吃水深度 11.1 m 为桶式基础结构浮游稳定性吃水深度的极限值,其可在自身恢复力下保持浮游稳定状态;当下桶盖板上水后,桶式基础结构将失去浮游稳定性。上筒偏移布置时,不同偏移距离下可以通过调节下桶桶体各隔仓的气压值,使桶式基础结构在不同吃水深度条件下保持浮游稳定状态。给定 6°初始转角,在无约束自由摆动状态下,桶式基础结构能够依靠下桶隔仓内密封气体的恢复力恢复到初始平衡状态。

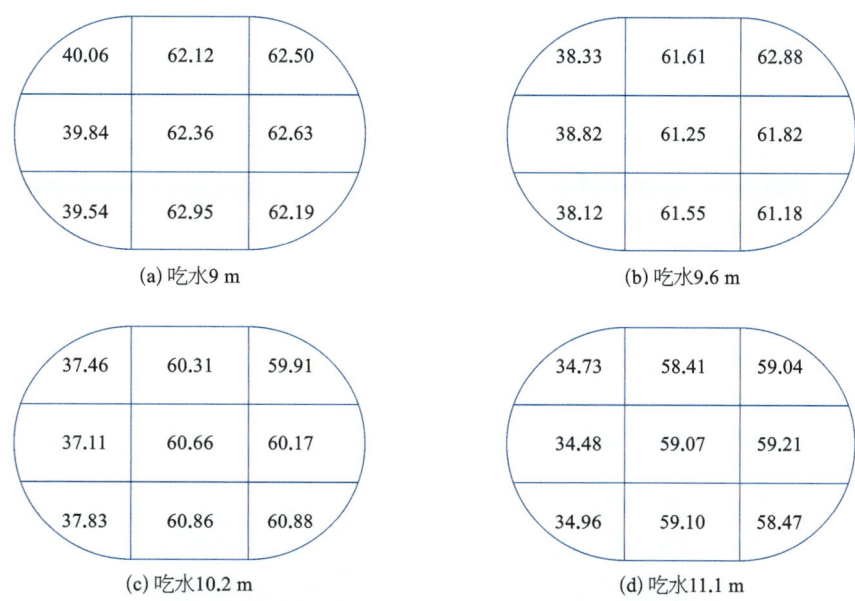

图 2-14　上筒向右偏移 4.5 m 时下桶各隔仓内的气压值(单位：kPa)

2.2　分离桶式基础结构特性

分离桶式基础结构按连接形式一般分为垫层过渡型和刚性连接型,其中刚性连接型的结构特性与整体桶式基础结构相同,故本节主要介绍垫层过渡型分离桶式基础结构的特性。

2.2.1　结构形式

垫层过渡型分离桶式基础结构主要包括下部桶式基础和上部沉箱结构,另外下部桶式基础盖板上设置碎石垫层。桶体施工时,下部桶式基础通过负压下沉至设计标高,然后在下桶盖板上进行碎石垫层抛填和整平施工,接着将上部沉箱运至现场精确定位后,下沉至基床,最后进行上部沉箱底趾部护脚块石等施工。垫层过渡型分离桶式基础结构可以应用于直立式防波堤结构和护岸结构中,也可以在防波堤或护岸轴线转弯位置局部应用,作为其他形式结构的衔接过渡结构,一般结构形式如图 2-15 所示。

2.2.2　结构失稳形式

对于垫层过渡型分离桶式基础结构,结构整体(下桶)可能发生滑动失稳、倾覆失稳、地基承载力不足失稳三种失稳形式,但由于上部沉箱结构和下桶分离,过渡垫层为薄弱环

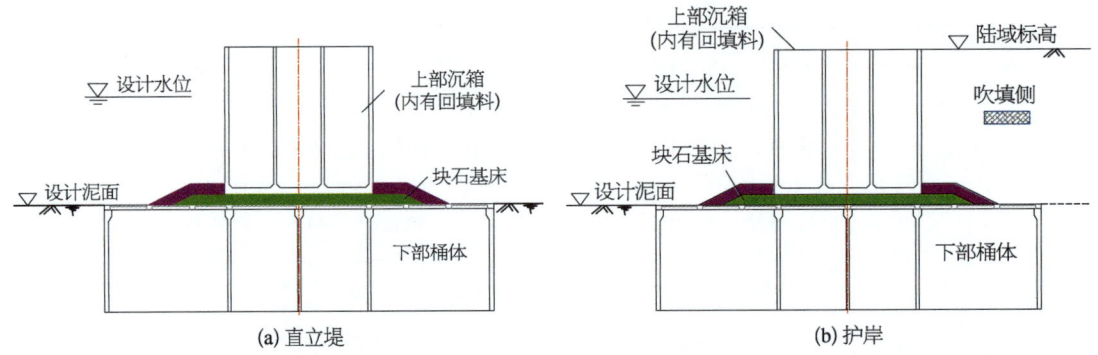

图 2-15 垫层过渡型分离桶式基础结构示意图

节,往往更可能发生上部沉箱结构的失稳,如图 2-16 所示,主要包括上部沉箱滑动失稳、倾覆失稳。

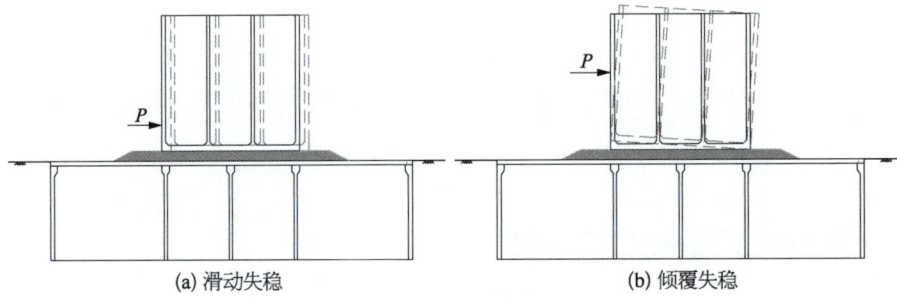

图 2-16 上部沉箱失稳形式

2.2.3 数值分析

2.2.3.1 计算基础条件

根据连云港港徐圩港区四号吹填区围堤工程的设计资料,各土层分布见表 2-5,土体物理力学指标见表 2-6。

表 2-5 各土层标高范围统计表

序 号	土层名称	土层顶面(m)	土层底面(m)
1	①₁淤泥	−5.0	−14.0
2	②粉质黏土	−14.0	−21.0
3	④灰绿色粉质黏土	−21.0	−22.9
4	⑥粉砂	−22.9	−29.1
5	⑦粉质黏土	−29.1	−39.9
6	⑩灰色粉砂	−39.9	−50.0

表 2-6 土体物理力学指标

土层名称	重度 r (kN/m³)	固结快剪		直剪快剪		天然含水量 W (%)	压缩模量 E_s (MPa)	渗透系数 (cm/s)	
		C (kPa)	ϕ (°)	C (kPa)	ϕ (°)			K_h	K_v
①₁ 灰黄-灰色淤泥	15.8	11.1	9.0	11.6	3.8	64.7	1.5	6.09×10⁻⁷	1.85×10⁻⁷
② 灰黄-灰色粉质黏土	19.6	27.0	18.8	18.8	22.6	24.6	6.5	3.70×10⁻⁷	1.50×10⁻⁷
④ 灰黄-灰绿色粉质黏土	18.8	15.1	20.9	21.3	14.7	28.4	6.3	6.32×10⁻⁶	1.56×10⁻⁶
⑥ 灰黄-灰色粉砂	19.4	1.1	33.5	1.5	33.8	22.9	14.0	2.20×10⁻⁵	2.41×10⁻⁵
⑦ 灰黄-灰色粉质黏土	19.1	20.4	22.4	20.8	19.2	26.3	6.2	5.73×10⁻⁵	2.86×10⁻⁵
⑩ 灰黄-灰色粉砂	19.6	1.1	36.7	1.0	37.4	20.1	14.4	2.20×10⁻⁵	2.41×10⁻⁵

水域潮位均以当地理论最低潮面为起算基面，徐圩港区所在区域潮位特征值及设计水位如下：

(1) 设计高水位：5.41 m（高潮累计频率10%的潮位）。

(2) 设计低水位：0.49 m（低潮累计频率90%的潮位）。

(3) 极端高水位：6.53 m（50年一遇高水位）。

(4) 极端低水位：−0.57 m（50年一遇低水位）。

2.2.3.2 结构基本尺度

分析对象基本尺度如图 2-17 所示：

(1) 上部沉箱（矩形沉箱）：$L_t=14$ m，$H_t=11.5$ m。

(2) 下部桶体：$L_b=36.6$ m，$W_b=20.0$ m，$H_b=11.0$ m。

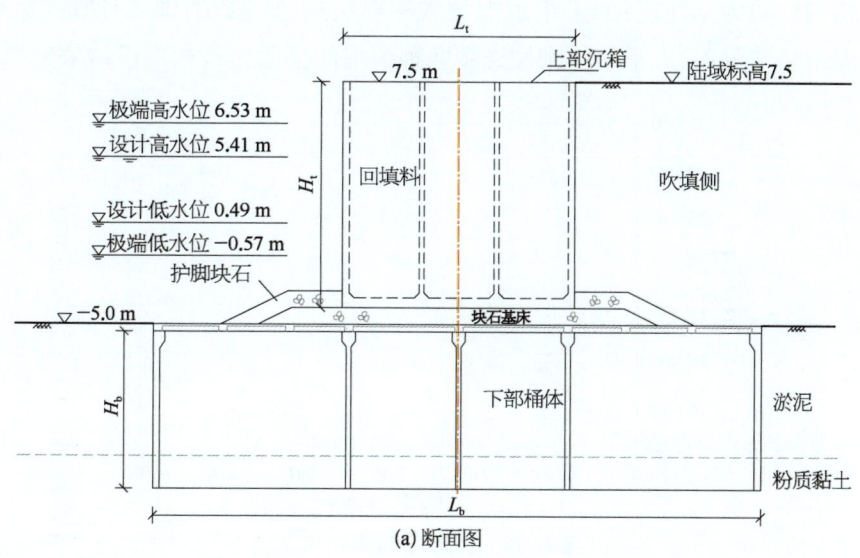

(a) 断面图

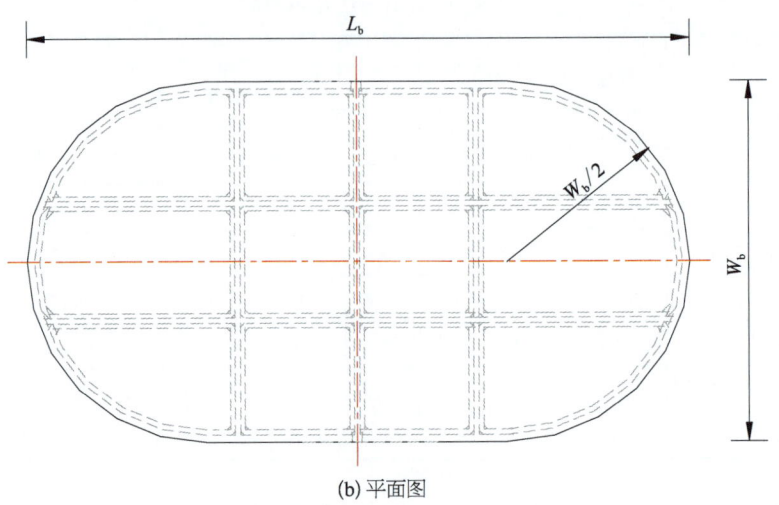

(b) 平面图

图 2-17 垫层过渡型分离桶式基础结构基本尺度

(3) 垫层厚度 $h_d=1.0$ m。

2.2.3.3 计算结果及分析

上部沉箱位移曲线呈现非线性变化特性,如图 2-18～图 2-20 所示,荷载 P 超过某一临界数值时,水平位移曲线明显出现拐点,竖向沉降和倾角也出现拐点,但是变化幅度相对较缓。下桶曲线呈现非线性变化特性,如图 2-21～图 2-23 所示,但是变化幅度相对较缓。因此,结构破坏类型为上部沉箱抗滑失稳。极限荷载标准值 P_u 可以根据重力式沉箱稳定计算公式计算。

为了进一步对比分析,评估上部和下部结构分离对整体结构的承载能力带来的影响。假定上下结构之间为刚性连接,采用虚拟加载法对结构进行数值加载计算。数值方法计算得到的上下结构分离、上下结构刚性连接两种情况的极限荷载标准值结果见表 2-7。

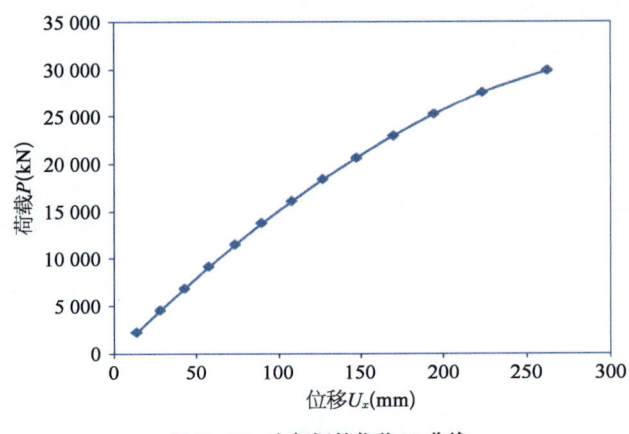

图 2-18 上部沉箱位移 U_x 曲线

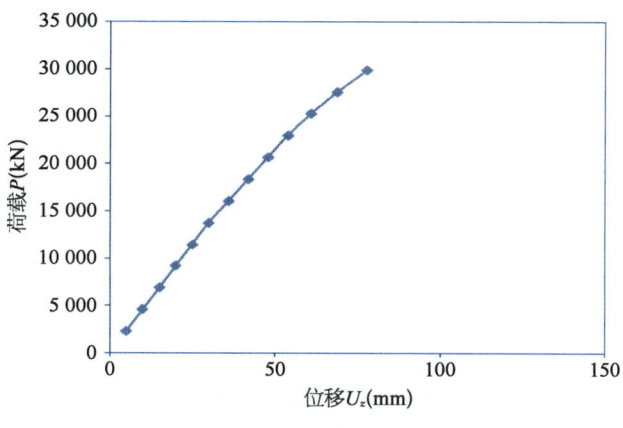

图 2-19　上部沉箱位移 U_z 曲线

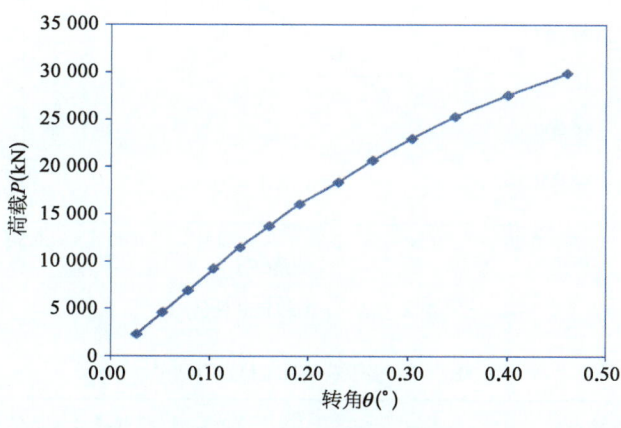

图 2-20　上部沉箱转角 θ 曲线

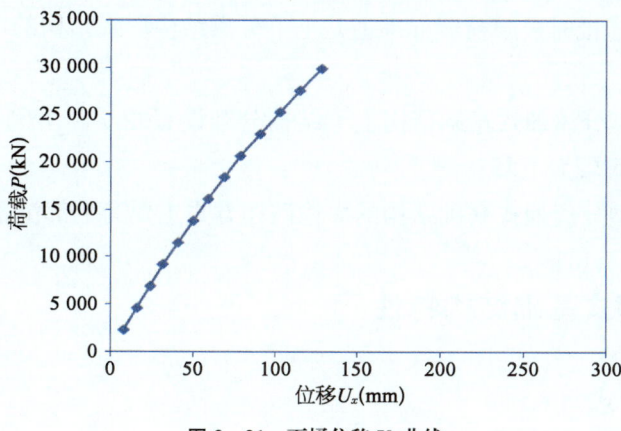

图 2-21　下桶位移 U_x 曲线

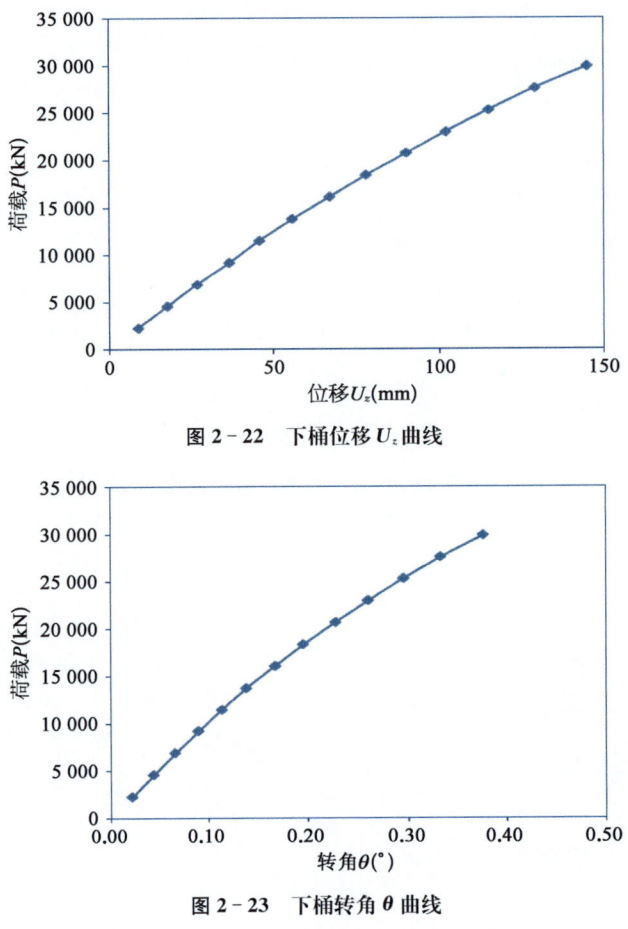

图2-22 下桶位移 U_z 曲线

图2-23 下桶转角 θ 曲线

表2-7 极限荷载标准值计算结果

结构形式	极限荷载计算结果(kN)
上下结构分离	21 500
上下结构刚性连接	30 000

上下结构刚性连接时极限荷载标准值是上下分离结构形式结构的1.5倍,因此可以得到以下结论:

(1)垫层过渡型分离桶式基础结构上下结构分开设置相对上下刚性连接的整体桶式基础结构承载能力有较大下降。

(2)垫层过渡型分离桶式基础结构的失稳破坏方式主要为上部沉箱抗滑失稳。

2.3 钢质桶式基础结构特性

2.3.1 结构形式

钢质桶式基础结构由9个直径6.0 m的钢圆桶正方形排列,桶间距离为0.5 m,相邻两桶之间通过双层平板连接,上部与钢盖板围成 13 个仓,如图 2-24 所示。该结构穿透力强,较容易穿过表面砂层,结构对称,调节平衡容易。

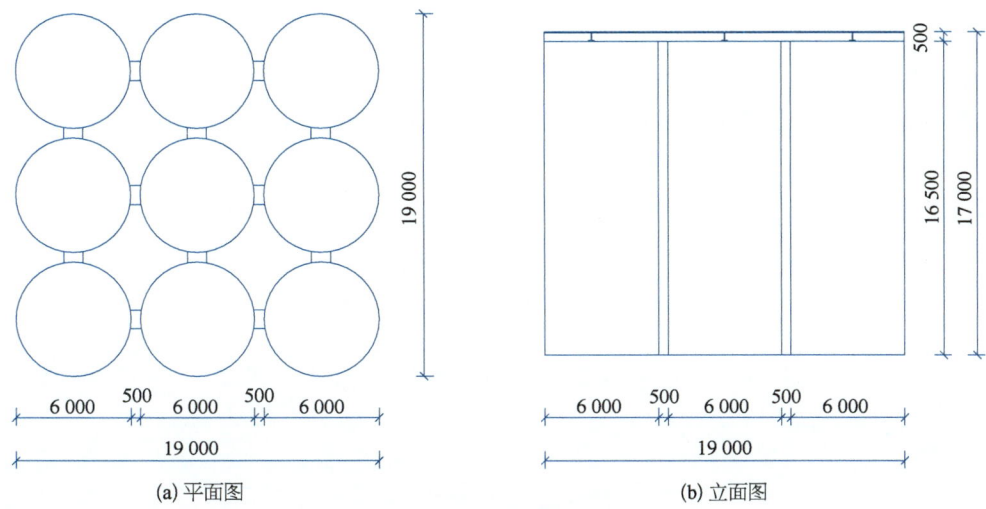

图 2-24　钢质桶式基础结构(单位:mm)

2.3.2　钢质桶体屈曲分析

2.3.2.1　基本荷载作用下钢桶屈曲特性

在实际施工过程中,桶体的基本荷载包括轴压、围压、自重、顶力、摩擦力等。根据实际施工情况,提取了两种基本荷载,即轴压和围压,这是施工过程中最主要的受力。采用数值分析时,做以下设定:

(1) 数值分析中建立的桶体模型,不考虑土层的影响和桶、土相互作用。

(2) 采用 Q235 钢的参数作为计算的基本参数,不考虑桶体本身的自重。

(3) 桶体稳定性分析的基本模型尺寸为:桶径 $d=3$ m,壁厚 $t=14$ mm,长 $L=17$ m。

1) 轴向压缩荷载作用

在轴向压缩条件下,采用钢桶一端固结、一端直接施加轴向压力的边界条件,分析钢桶受力结果见表 2-8。由表可见,有限元计算结果与理论值符合得较好。

表 2-8　理论值与有限元计算值对比

桶长	理论值(kN)	计算值(kN)	误差(%)
17 m	148 992	149 036	0.03
14 m	148 992	149 122	0.09
11 m	148 992	149 084	0.20

(续表)

桶长	理论值(kN)	计算值(kN)	误差(%)
8 m	148 992	149 661	0.45
5 m	148 992	150 894	1.28

在上述弹性计算的基础上,将相应的模态作为几何缺陷加入弹塑性屈曲计算。将轴压一阶模态作为钢桶几何缺陷,取 0.01 倍桶径作为几何缺陷的变形量,引入缺陷后计算结果为极限承载力,见表 2-9。表中极限承载力折减后的值是极限承载力和有限元计算值之比,钢桶屈服理论值为 $P_y = \sigma_y A$(A 为桶口截面面积)。

表 2-9 轴压作用下计算结果

桶长	理论值 (kN)	计算值 (kN)	极限承载力 (kN)	极限承载力/ 计算值(%)	钢桶屈服理论值 (kN)
17 m	148 992	149 036	18 000	12.9	61 839
14 m	148 992	149 122	13 508	9.0	61 839
11 m	148 992	149 084	13 225	8.8	61 839
8 m	148 992	149 661	13 309	8.9	61 839
5 m	148 992	150 894	46 034	30.8	61 839

由表 2-9 可知,当引入几何缺陷后,极限承载力降低很多,甚至会显著低于钢桶的屈服理论值,在钢桶未发生屈服时,便已经有屈曲失稳的可能,此时若仍然使用屈服荷载进行设计便可能发生危险。因此,对桶体进行加筋以提高其极限承载力是很有必要的。

2) 围压荷载作用

围压工况对钢桶施加两端简支的边界条件,对桶体施加围向压力,结果整理见表 2-10。由表中数据可知,有限元计算值与短管理论值接近,长管理论值较小。

表 2-10 围压作用计算结果

桶长	短管理论值(kPa)	长管理论值(kPa)	有限元计算值(kPa)
17 m	48.453	5.564	72.345
14 m	58.933	5.564	86.187
11 m	75.199	5.564	112.005
8 m	103.866	5.564	152.479
5 m	167.854	5.564	209.474

在上述弹性计算的基础上,将相应的模态作为几何缺陷加入弹塑性屈曲计算。以 0.01 倍桶体壁厚为几何缺陷的比例因子,引入缺陷,计算得到的荷载比例因子与弧长关系

如图2-25所示。由图可知,引入几何缺陷后的桶体,其极限承载力会折合为临界荷载的50%左右。

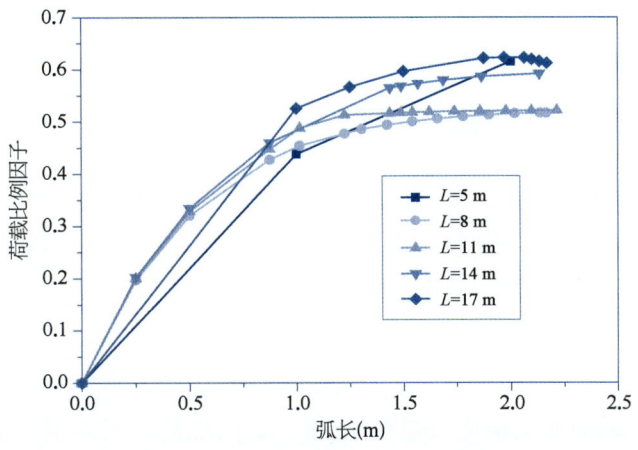

图2-25 荷载比例因子与弧长的关系

3) 轴压和围压联合作用

为了研究径向荷载对轴压的影响,对17 m钢桶进行弹塑性分析,分别研究钢桶在无围向压力和围压作用下钢桶的荷载位移关系,围压大小设置为1 000 MPa,计算得荷载位移关系如图2-26所示。

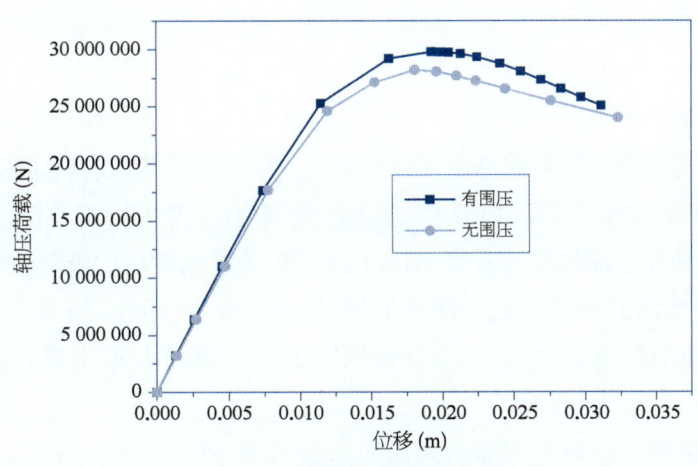

图2-26 荷载位移曲线图形分析

由图2-26可知,起初位移较小时,荷载位移近似为线性关系;当荷载达到一个峰值以后,钢桶承载力明显下降。这是符合客观事实的,同时可以看出,轴压和围压的共同作用可以提高桶体的极限承载力。

2.3.2.2 加筋桶数值模拟

钢质桶体的加筋有不同的布置形式,为提高轴向承载力可以布置纵向加筋,为提高径向承载力可布置环向加筋,用于提高屈曲承载力。采用桶长 17 m 的桶体进行加筋研究,探究加筋数量对钢桶屈曲承载力的影响。

1) 载荷和边界条件

根据工程中该类结构的实际受载情况,确定数值模拟时的边界条件为:上端面约束除轴向位移外的所有自由度,下端面固支约束。同时通过定义带参考点的控制来施加轴压,试件上端面与钢板之间定义接触约束来传递轴向载荷。

2) 静力分析

对长度为 17 m 的加筋钢桶进行弹塑性分析,观察加筋形式对桶体承载力的影响。实际工程中桶体的加筋情况:钢桶下部 3 m 采用 20 cm 高的 T 型钢进行竖向加强,共 45 处,加强间距为 0.42 m;其余部分采用 20 cm 高的 L 型钢进行环向加强,加强间距为 2.0 m,荷载为 2 260.8 kN。

从桶盖应力计算结果分析,对于桶体来说,整体受力较小,并未发生屈服,中间部分内力较大,应力值达到了 1.48 MPa,远远小于屈服应力。对于桶体整体受力也较小,未发生屈服,上部内力较大,应力值达到了 10.54 MPa,远远小于屈服应力。从轴向和径向的内力分析,轴向内力和径向内力值都很小,变形最大的地方也只发生了 0.803 mm 的变形,钢桶结构非常安全。

3) 后屈曲分析

上述静力分析弹性承载力钢桶的实际承载力,因为其未考虑材料非线性及几何非线性,真正计算钢桶承载力需要将几何缺陷加入钢桶模型,并考虑材料的塑性。下面对比桶高 17 m 时,光桶和加筋桶的临界荷载、加入几何缺陷和非线性后的极限荷载。

实际工程中桶体的加筋情况:钢桶下部 3 m 采用 20 cm 高的 T 型钢进行竖向加强,共 45 处,加强间距为 0.42 m;其余部分采用 20 cm 高的 L 型钢进行环向加强,加强间距为 2.0 m。

将一阶模态的临界荷载分别加到光桶和加筋桶上,进行有限元计算。根据有限元计算结果,将光桶引入几何缺陷后,利用弧长算法计算出弧长和荷载比例因子的关系,绘制成图 2-27。根据绘制的弧长-荷载比例因子的图像可以看出,在引入初始几何缺陷后,荷载折减为临界荷载的 11%,初始几何缺陷大大降低了光桶的承载力。

根据有限元计算结果,将加筋钢桶引入几何缺陷后,利用弧长算法计算出弧长和荷载比例因子的关系绘制成图 2-28,荷载折减为临界荷载的 18.4%,相对下降幅度增大。

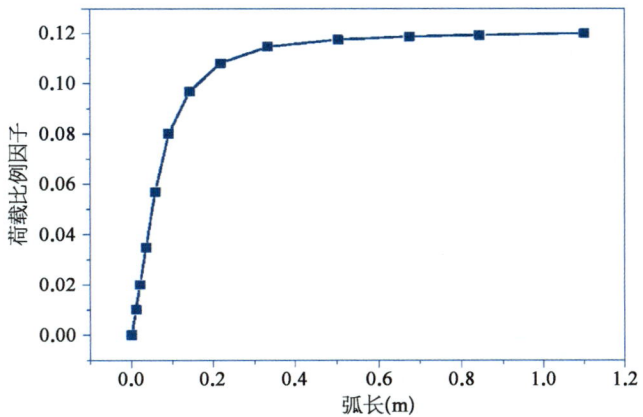

图 2-27 光桶引入几何缺陷后弧长与荷载比例因子的关系

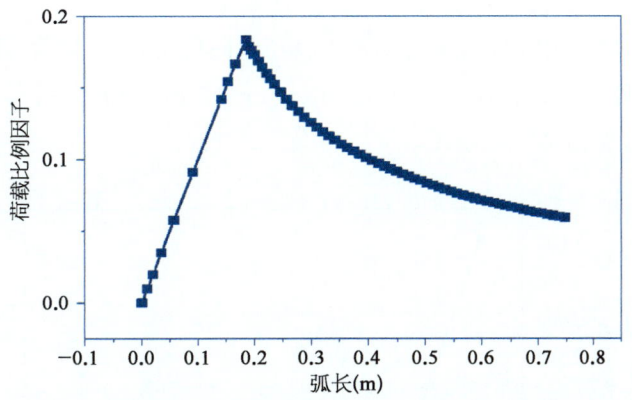

图 2-28 加筋桶引入几何缺陷后弧长与荷载比例因子的关系

4）纵向加筋数量的影响

计算采用的模型由蒙皮和筋条组成，筋条采用纵向均布，蒙皮厚度 $t=14$ mm，壳半径 $R=3$ m，长度 $L=17$ m，弹性模量 $E=2×10^5$ MPa，泊松比 $\nu=0.3$。薄壁加筋壳结构进行有限元分析时，蒙皮和筋条采用绑定接触处理；桶体底边进行固支约束，两侧进行对称约束，顶端施加均布载荷，建立结构的计算模型。

分别对加筋条数 $n=0、5、15、25、35、45$ 的桶体进行计算，得出各自的临界荷载并绘制曲线，如图 2-29 所示。

由图 2-29 可知，加筋条数为 $n=0、5、15、25$ 时，加筋桶的临界荷载明显变大，而加筋条数 n 为 25、35、45 时，临界荷载几乎没有增大。因此，加筋条数并不是越多越好。

5）环向加筋数量的影响

计算采用的模型由蒙皮和筋条组成，筋条采用环向均布，蒙皮厚度 $t=14$ mm，壳半径

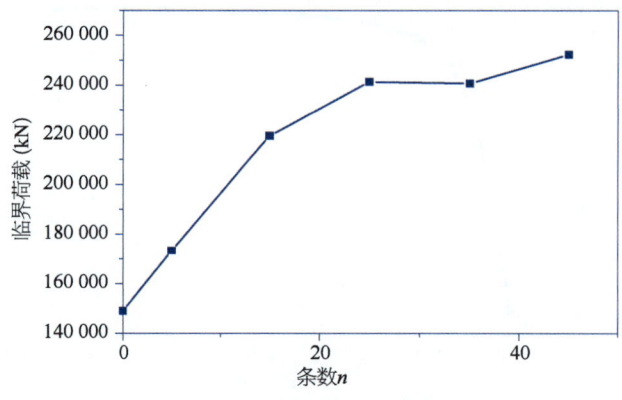

图 2-29 临界荷载随加筋数量的变化

$R=3$ m，长度 $L=17$ m。薄壁加筋壳结构进行有限元分析时，蒙皮和筋条采用绑定接触处理；桶体底边进行固支约束，两侧进行对称约束，环向施加均布载荷，建立结构的计算模型。分别对加筋间距为 1 m、1.5 m、2 m、2.5 m、3 m、3.5 m 的桶体进行计算，得出各自的临界荷载并绘制曲线，如图 2-30 所示。

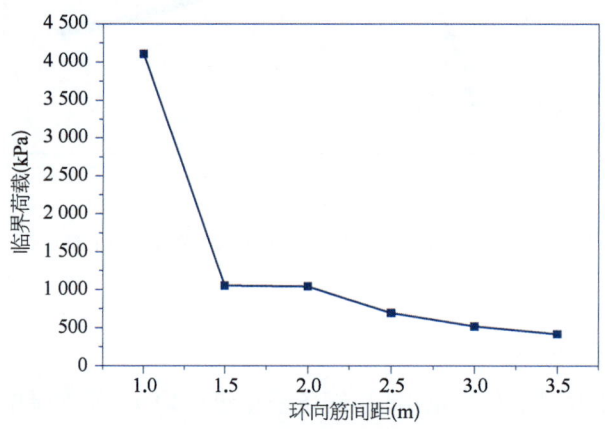

图 2-30 临界荷载随加筋间距的变化

由图 2-30 可知，环向筋间距为 2.0~3.5 m 时，加筋桶的临界荷载明显变大；环向筋间距为 1.5~2.0 m 时，临界荷载几乎没有增大；环向筋间距为 1.0~1.5 m 时，临界荷载又明显增大。因此，本工程的钢桶环向筋间距为 2.0 m 就可以满足要求。

2.3.3 组合桶式基础数值模拟

2.3.3.1 工程概况

钢质组合桶式基础结构由 9 个直径 6.0 m 的钢质圆桶通过钢板连接，整体呈正方形，平面尺寸为 19 m×19 m，高度为 17 m。组合桶内形成 13 个独立仓体（9 个圆桶和圆桶之间形成的 4 个隔仓),总重量约 503 t,安装顶标高为 -8 m,通过设置在桶盖上的排气/排水装置,实现结构下沉、纠偏等施工操作,其具有结构整体性好、承载能力高、施工下沉装备简单等特性。

2.3.3.2 有限元模型建立

有限元分析所用的组合桶式基础与实际工程相同。地基土体尺寸选取时,为了有效地消除远处边界约束效应,在桶式基础结构承受荷载的前后两侧各取其水平尺寸长度的 5 倍作为土体计算域的长度;计算域的宽度取结构宽度的一半加结构一端保护土体的宽度;地基土体的高度取下部基础桶高度的 6 倍。针对桶式基础结构在实际工程中的受力情况,该有限元模型对计算土体的边界约束条件设置如下:由于假设地基土体表面不受其他荷载,故设置为自由边界;土体底面在实际中可以看成是固定不产生位移的,故设置为固定边界;土体的前侧面和后侧面只限制土体左右和前后位移,故设置为侧限边界;由于土体和桶式基础结构对应地取了一半作为分析对象,所以在土体的左侧面和右侧面设置了对称边界。桶式基础结构主要参数见表 2-11。

表 2-11 土层物理学参数

土 层	饱和重度 $(kN \cdot m^3)$	弹性模量 E (MPa)	泊松比 ν	黏聚力 (kPa)	摩擦角 $(°)$
淤 泥	15.8	6	0.3	5.0	2
粉质黏土	17.1	30~40	0.3	13.5	14
粉质沙土	19.2	7~20	0.3	2.5	34

2.3.3.3 受力分析

钢桶在现场安装过程中,打开桶顶上预制的排水阀,首先利用桶体的自重作用和外部压载作用,使其下沉到海床以下一定深度,在桶内空间形成密封条件,而后使用抽水泵和真空泵抽吸桶体内的水和空气,使某一时刻泵抽出的水量大于桶内自底部渗入的水量,由此在桶体内外形成压力差。当压差足够大时,即能克服桶体下沉阻力,桶式基础就会在负压的作用下不断压入土中,直至贯入预设深度。结合现场施工情况,分析组合桶沉入土中 9 m 时的受力和变形。针对实际情况归纳计算工况如下。

1) 工况 1

工况 1 受力情况示意如图 2-31 所示,在桶内空间形成密封条件,而后使用抽水泵和真空泵抽吸桶体内的水和空气,桶顶在水下 4 m,桶内抽气使内部产生 -0.6 个标准大气压,使桶体整体受到轴向向下 100 kPa、围向为梯形的作用力。

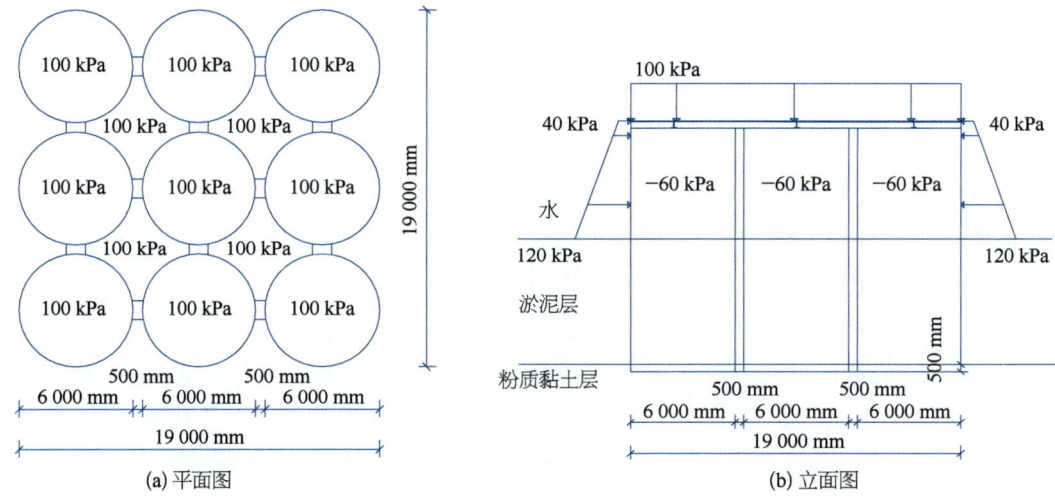

图 2-31 工况 1 受力示意图

2) 工况 2

工况 2 受力情况示意如图 2-32 所示,桶顶在水下 4 m,桶内抽气使 9 个桶和 4 个隔仓产生 −0.4 个标准大气压,1 个边缘桶抽气产生 −0.8 个标准大气压,使桶体整体受到轴向向下 120 kPa 和 80 kPa、围向为梯形的作用力。

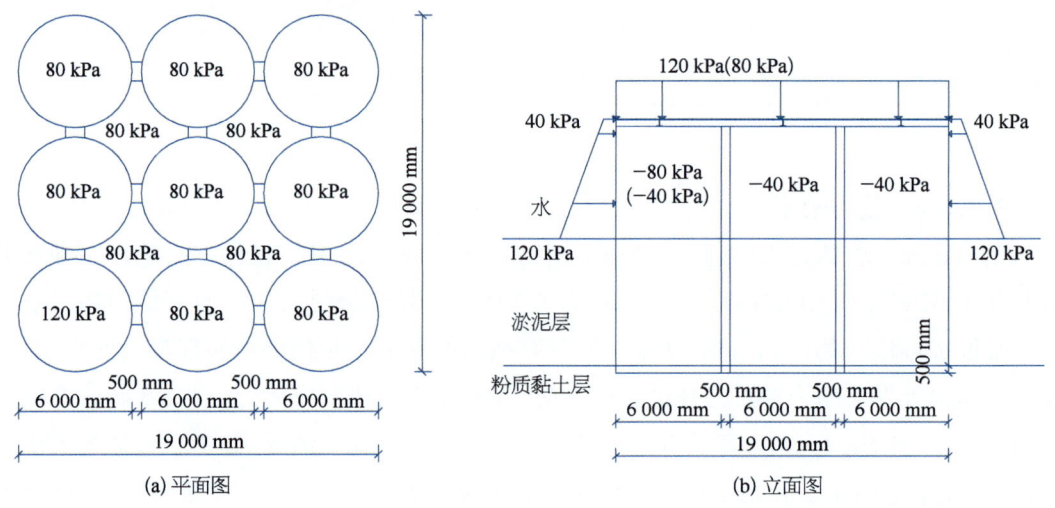

图 2-32 工况 2 受力示意图

3) 工况 3

工况 3 受力情况示意如图 2-33 所示,桶顶在水下 4 m,桶内抽气使 6 个桶和 4 个隔仓产生 −0.4 个标准大气压,3 个边缘桶抽气产生 −0.8 个标准大气压,使桶体整体受到轴向

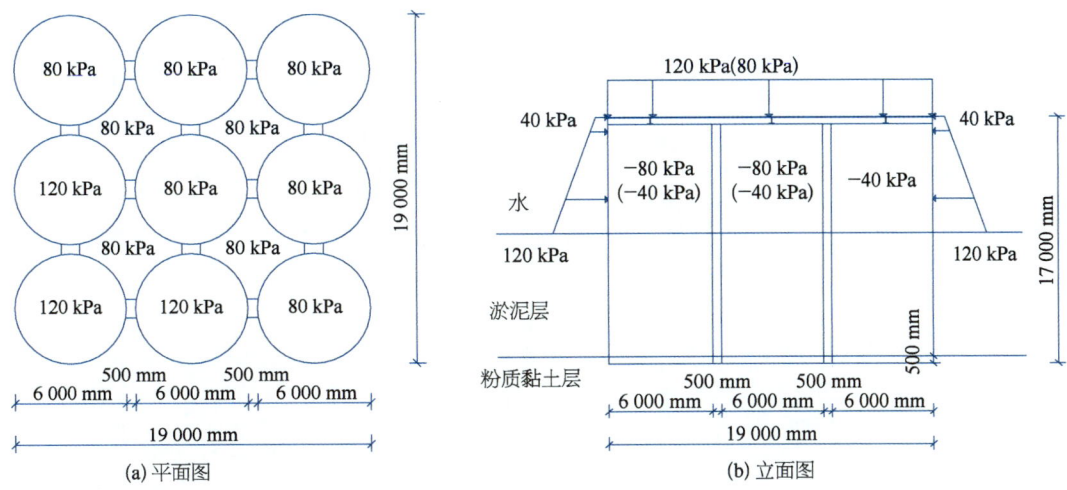

图 2-33 工况 3 受力示意图

向下 120 kPa 和 80 kPa、围向为梯形的作用力。

4) 工况 4

工况 4 受力情况示意如图 2-34 所示，桶顶在水下 4 m，桶内抽气使 5 个桶和 4 个隔仓产生 -0.4 个标准大气压，3 个边缘桶抽气产生 -0.8 个标准大气压，1 个桶未抽气，使桶体整体受到轴向向下 120 kPa 和 80 kPa、围向为梯形的作用力。

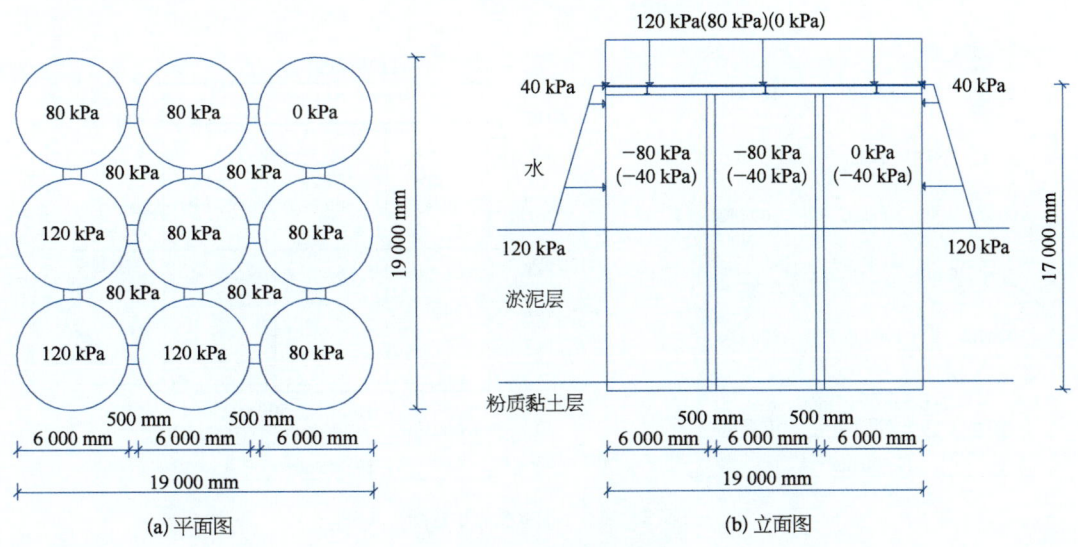

图 2-34 工况 4 受力示意图

5) 工况 5

工况 5 受力情况示意如图 2-35 所示，桶顶在水下 4 m，桶内抽气使 3 个桶和 3 个隔仓

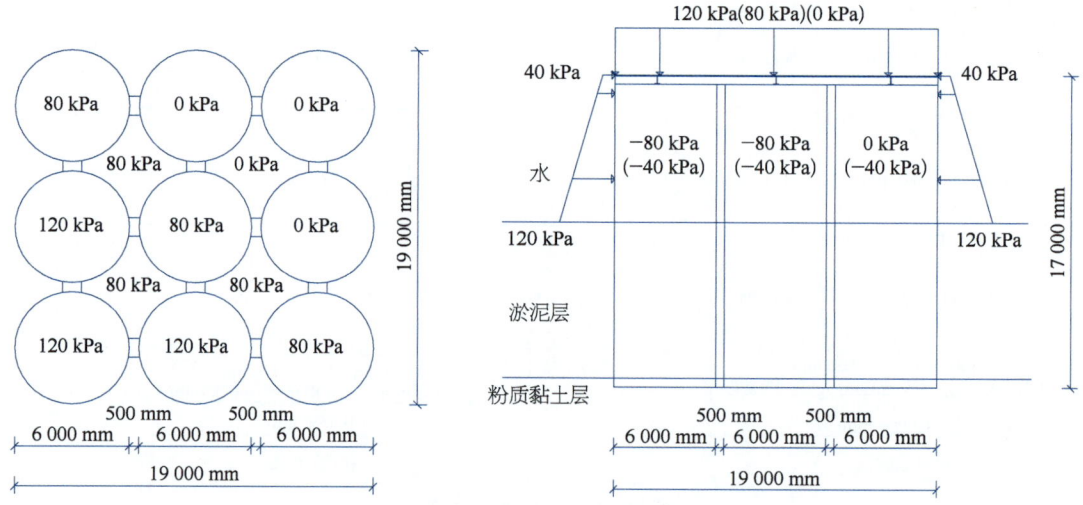

图2-35 工况5受力示意图

产生-0.4个标准大气压,3个边缘桶抽气产生-0.8个标准大气压,3个桶和1个隔仓未抽气,使桶体整体受到轴向向下120 kPa和80 kPa、围向为梯形的作用力。

6) 工况6

工况6受力情况示意如图2-36所示,桶顶在水下4 m,桶内抽气使9个桶产生-0.6个标准大气压,隔仓未抽气,使桶体整体受到轴向向下100 kPa、围向为梯形的作用力。

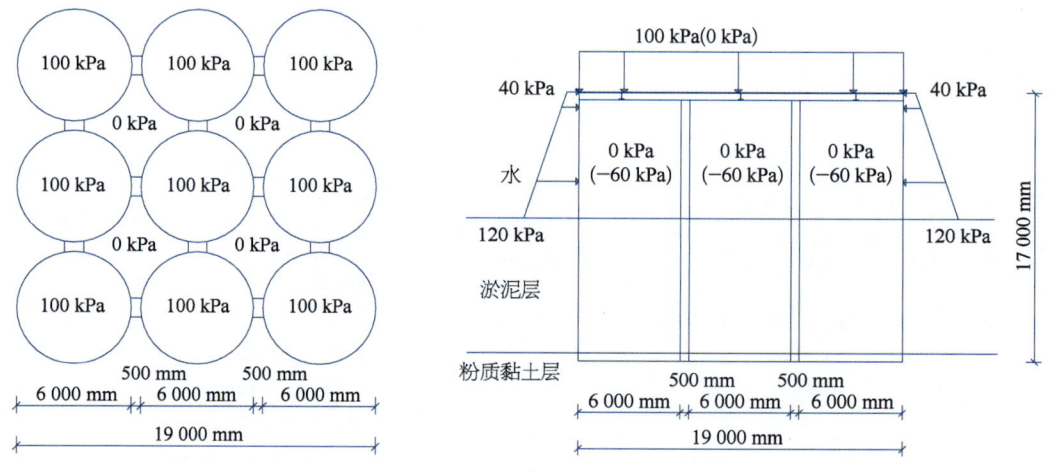

图2-36 工况6受力示意图

7) 工况7

工况7受力情况示意如图2-37所示,桶顶在水下4 m,桶内抽气使8个桶和4个隔仓产生-0.6个标准大气压,中间桶未抽气,使桶体四周受到轴向向下100 kPa、围向为梯形

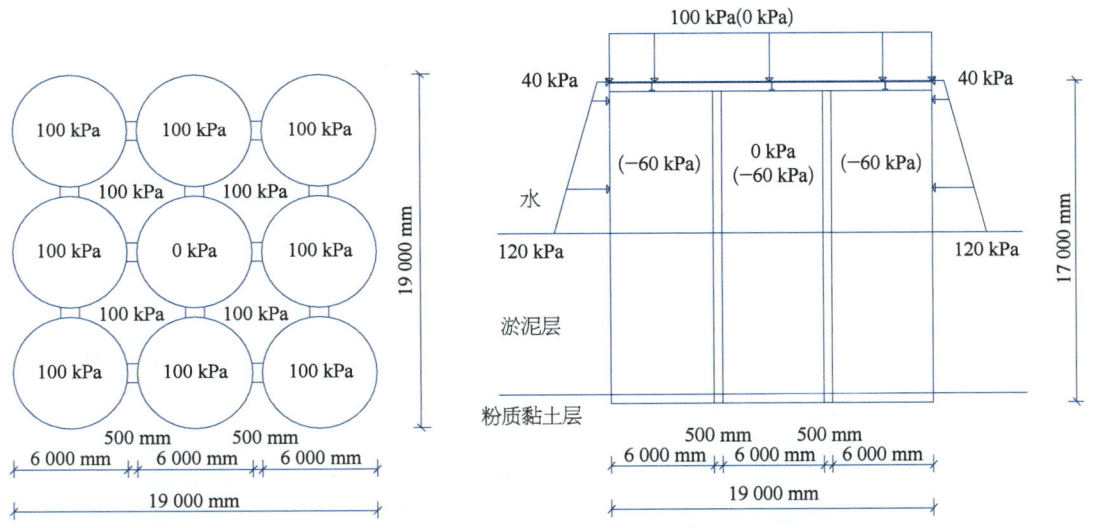

图 2-37 工况 7 受力示意图

的作用力。

通过对工况 1～工况 7 计算分析可知,在各个工况下桶盖的应力分布较为均匀,且均未达到屈服应力,桶体安全。而对桶身而言,桶体大部分区域的应力范围在 300 MPa 以内,上部区域局部应力超过了要求,虽然这部分桶体已经屈服并破坏,但整体上还是趋于安全的。

2.3.3.4 变形分析

由于受到单个桶体之间连接结构的影响,组合桶变形情况与单个桶体有所不同。综合工况 1～工况 7 的变形情况,各工况总体变形情况类似,只是变形数值大小有所区别,桶体数值模拟变形前和变形后的对比如图 2-38 所示。

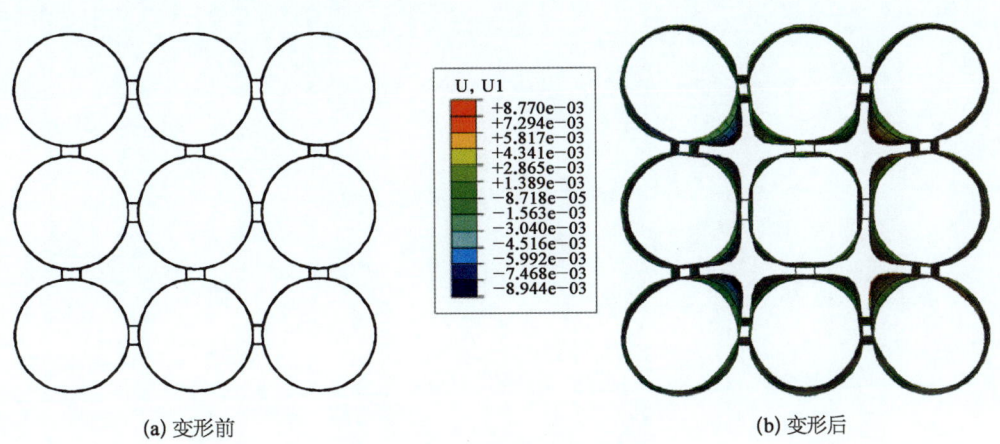

(a) 变形前　　　　　　　　　　　　　　(b) 变形后

图 2-38 桶体变形前后情况模拟图

现场桶体变形前和变形后实测情况如图 2-39 所示。

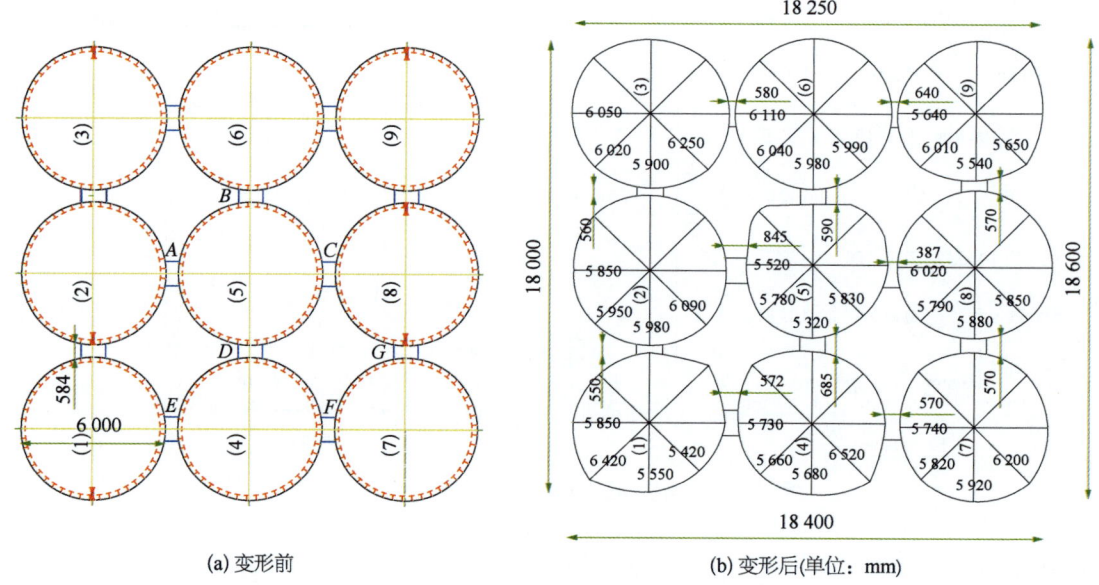

(a) 变形前　　　　　　　　　　(b) 变形后(单位：mm)

图 2-39　桶体变形情况实测图

通过数值计算变形图与实际工程变形情况的对比可见,模拟变形情况与实际变形情况基本一致。经分析,由于桶体下沉导致地基土进入桶内产生"土塞"效应,桶内土体产生较大向外的胀力。其中,中间桶体(5)由于受设在 A、B、C、D 处连接结构的约束,其约束方向的位移受限,致使圆弧形桶体变形为直线形,使得中间桶体变形成"似正方形";桶体(4)受设在 D、E、F 三个方向的约束,这三个方向的圆弧变形为直线;桶体(7)受设 G、F 两个方向的约束,这两个方向的圆弧变形为直线。为减小桶体的变形,设在桶内壁的环向加强筋需要加密。

第 3 章

桶式基础结构计算方法

桶式基础结构计算内容主要包括主尺度、沿桶式基础结构底和沿分离桶式基础结构的基础桶顶抗滑稳定性、桶式基础结构抗倾稳定性和沿分离桶式基础结构的上部结构抗倾稳定性、整体稳定性、地基承载力、结构强度、浮游稳定性、下沉力和下沉阻力等。本章主要介绍各项计算内容的简化计算方法或验算方法。

3.1 主尺度估算

桶式基础结构的主尺度主要由使用功能、地质条件、结构稳定性和施工条件等控制。桶式基础结构分为上部结构和下部桶式基础两部分。上部结构断面尺度根据使用功能确定，可按直立式结构有关规范进行设计；下部桶式基础断面尺度不仅要考虑结构稳定性，还要考虑施工条件等。因此，桶式基础断面尺度要满足以下条件：

(1) 桶式基础的埋深应满足承载力要求。
(2) 桶式基础的长度应满足结构稳定性要求。
(3) 桶式基础的宽度应满足施工条件要求。
(4) 桶式基础的空间刚度应满足施工荷载要求。
(5) 对于后方回填材料的结构，其进入持力层不小于 1.0 m。
(6) 平面主尺度的长度与宽度之比宜采用 1.0~2.0，深度与宽度之比宜采用 0.25~1.0。

3.2 地基承载力验算

针对桶式基础结构的特点，桶体插入土体中，由于桶壁和盖板对土体的约束，桶体内的土体没有排水通道，不能压缩，只是传递力，相当于刚体传力，故其承载力主要取决于桶底土层承载力。桶底地基极限竖向承载力可采用《水运工程地基设计规范》(JTS 147—2017)中相关计算方法进行计算，如图 3-1 所示，并根据下式来验算地基的承载力：

$$\gamma_0 V_d \leqslant \frac{1}{\gamma_R} F_k \tag{3-1}$$

式中 γ_0——重要系数，安全等级为一级、二级、三级的建筑物分别取 1.1、1.0、1.0；

V_d——计算面上竖向合力的设计值(kN/m)；

γ_R——抗力分项系数；

F_k——计算面上地基承载力的竖向合力标准值(kN/m)，按下式计算：

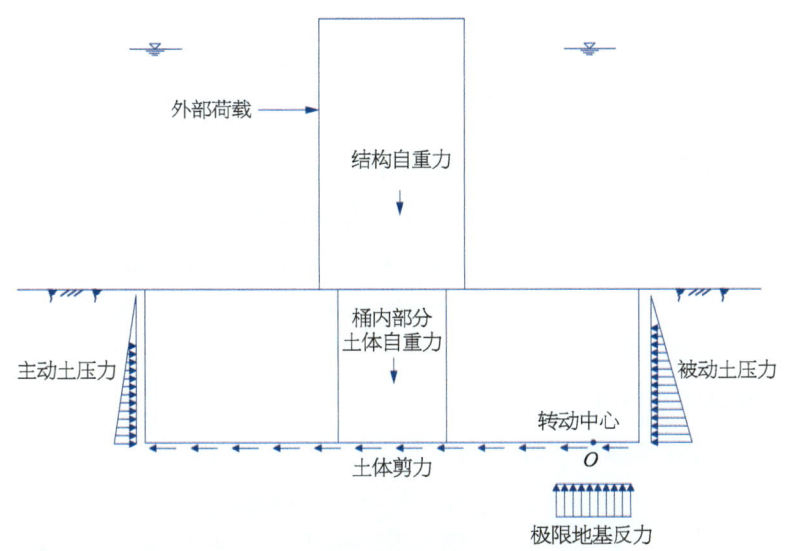

图 3-1　条件极限平衡计算方法示意图

$$F_k = P_z B \tag{3-2}$$

式中　B——计算面宽度；

　　　P_z——极限承载力竖向应力的平均值(kPa)，按下式计算：

$$P_z = 0.5\gamma_k N_\gamma + q_k N_q + c_k N_c \tag{3-3}$$

式中　γ_k——计算面以下土的重度标准值(kN/m^3)，可取均值，水下用浮容重；

　　　q_k——计算面上的边载标准值(kPa)；

　　　c_k——黏聚力标准值(kPa)；

N_γ、N_q、N_c——地基土处于极限状态下的承载力系数，可按《水运工程地基设计规范》(JTS 147—2017)附录 H 取值。

3.3　结构稳定性验算

3.3.1　结构稳定性计算前提
3.3.1.1　计算前提假设条件

桶式基础结构稳定性计算分析是基于新创建的条件极限平衡计算方法。该方法的基本思路是：假设结构与其所约束的桶内土体产生刚体小转动，合力中心位置不因转动而发生改变，桶内土体参与抗倾计算的重量根据真空度和桶壁摩擦力确定；结构的竖向和水平向极限平衡互不影响；极限弯矩平衡是根据地基承载力的极限分布形式计算，计算方法如图 3-1 所示。其计算步骤为：

(1) 转动趋势判断。对结构取隔离体，把结构和结构内土体看成刚体放在刚性地面上，刚性面以上的外荷载平移到结构底面中心上，计算合力矩，确定结构偏转方向。

(2) 计算水平和竖向的合力，计算地基反力。

(3) 根据极限承载力和地基反力，计算极限弯矩平衡下地基反力分布形式。

(4) 计算地基反力的合力，并计算与竖向合力形成的极限力矩。

(5) 计算绕底面转动点 O（或底面中心）的极限抗倾力矩与绕底面转动点 O（或底面中心）的倾覆弯矩比值（抗倾安全系数），判定结构是否安全。

3.3.1.2 转动中心计算

转动中心位置可以根据数值分析或试验结果确定，规则结构也可以通过简化计算方法确定，计算示意如图 3-2 所示。当桶式基础平面为矩形时，转动中心设置在桶底面，转动中心距倾覆侧桶壁的距离可按式（3-4）计算。

$$O_L = \frac{F}{2BP} \quad (3-4)$$

式中 O_L——转动中心距倾覆侧桶壁的距离（m）；
F——计算地基面上的竖向荷载（kN），包括结构自重、桶式基础内土体自重、外荷载等；
B——桶式基础转动轴方向水平截面宽度（m）；
P——地基极限承载力竖向应力平均值（kPa），按现行行业标准《水运工程地基设计规范》（JTS 147—2017）的有关规定执行。

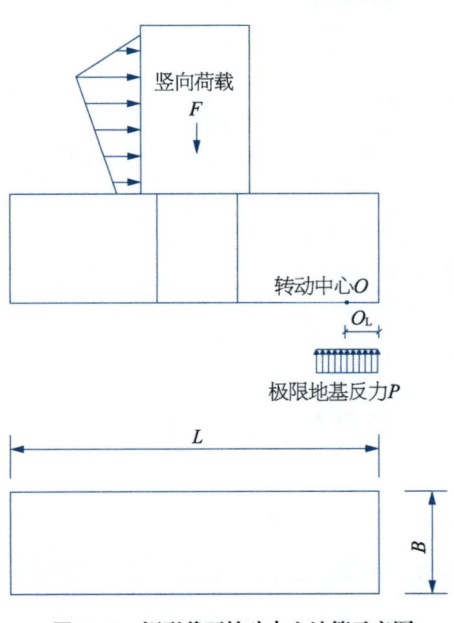

图 3-2 矩形截面转动中心计算示意图
L—桶式基础有效计算长度（m）；O—转动中心点

当桶式基础平面为非矩形时，可按转动轴方向的结构宽度等面积折算为矩形进行转动中心位置计算。

3.3.2 防波堤稳定性验算方法

结合防波堤的功能，简化桶式基础结构防波堤的力学模型如图 3-3 所示，波浪荷载作为倾覆荷载作用于上筒结构，折线分布，插入地基的桶式基础与内部土体作为整体受主、被动土压力作用，桶底面受剪力作用，盖板上的水荷载与内部水荷载不参与计算。

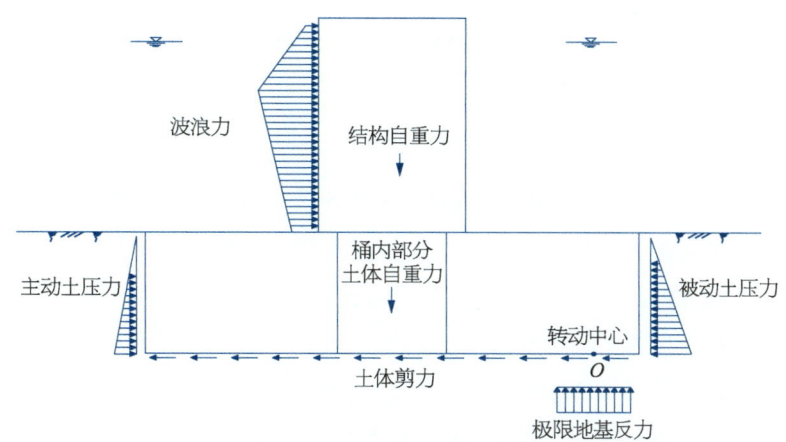

图 3-3 防波堤计算示意图

3.3.2.1 防波堤抗滑稳定性计算

根据图 3-3 进行水平方向力的平衡计算,推导出防波堤结构断面的抗滑稳定性计算公式:

$$\gamma_0 \gamma_P P_W \leqslant [\gamma_G(G_{st}f_1 + G_{sl}f_2) + \gamma_c CB + (\gamma_{E_p} E_p K_s - \gamma_{E_a} E_a)] \quad (3-5)$$

式中 γ_0 ——结构重要性系数,按《防波堤与护岸设计规范》(JTS 154—2018)确定;

γ_P ——水平波浪力的分项系数,按《防波堤与护岸设计规范》(JTS 154—2018)确定;

P_W ——泥面以上作用在结构上的水平波浪力标准值(kN);

γ_G ——结构和土体自重力分项系数,取 1.0;

G_{st} ——桶式基础结构和桶式基础盖板上回填土体自重标准值,水下部分按浮容重计算(kN);

f_1 ——桶式基础底面与土体间的摩擦系数;

G_{sl} ——桶式基础结构内的土体自重标准值,按浮容重计算(kN);

f_2 ——计算面上土体间的摩擦系数,可取土体内摩擦角的正切值;

γ_c ——黏聚力分项系数,取 1.0;

C ——桶底部土体破坏剪切面的平均黏聚力(kPa);

B ——桶底部破坏剪切面的面积,剪切面的确定应通过试算,选用最不利破坏面;

γ_{E_p} ——被动土压力的分项系数,取 1.0;

E_p ——桶式基础结构前侧的被动土压力标准值(kN);

K_s ——桶式基础结构前侧的被动土压力折减系数,取 0.3~1.0,取值根据所允许的桶式基础水平位移情况确定,水平位移大时取高值;

γ_{E_a} ——主动土压力的分项系数,取 1.35;

E_a ——桶式基础后侧的主动土压力标准值(kN)。

3.3.2.2 防波堤抗倾稳定性计算

根据图3-3进行弯矩平衡计算,得到防波堤结构断面的抗倾稳定性计算:

$$\gamma_0 \gamma_P M_{PW} \leqslant \frac{1}{\gamma_d}[\gamma_G(M_{Gst}+M_{Gsl})+(\gamma_{E_p}M_{E_p}K_s-\gamma_{E_a}M_{E_a})] \quad (3-6)$$

式中 γ_0 ——结构重要性系数,按《防波堤与护岸设计规范》(JTS 154—2018)确定;

γ_P ——水平波浪力的分项系数,按《防波堤与护岸设计规范》(JTS 154—2018)确定;

M_{PW} ——波峰作用时水平波浪力标准值对计算面后转动中心的倾覆力矩(kN·m);

γ_d ——结构调整系数,取1.25;

γ_G ——结构和土体自重力分项系数,取1.0;

M_{Gst} ——桶式基础和上部结构自重标准值对计算面转动中心的稳定力矩(kN·m);

M_{Gsl} ——桶式基础内参与抗倾土体和桶式基础盖板上回填土体的自重标准值对计算面转动中心的稳定力矩(kN·m),桶式基础内参与抗倾土体根据桶内真空度和桶壁摩擦力计算确定;

γ_{E_p} ——被动土压力的分项系数,取1.0;

M_{E_p} ——桶式基础前侧的被动土压力标准值对计算面转动中心的稳定力矩(kN·m);

K_s ——桶式基础前侧的被动土压力折减系数,取0.3~1.0,取值根据所允许的桶式基础水平位移情况确定,水平位移大时取高值;

γ_{E_a} ——主动土压力的分项系数,取1.35;

M_{E_a} ——桶式基础后侧的主动土压力标准值对计算面转动中心的倾覆力矩(kN·m)。

3.3.3 护岸稳定性验算方法

结合护岸的功能,简化桶式基础结构护岸的力学模型如图3-4所示,土压力作为倾覆荷载作用于上部结构,插入地基的桶式基础与内部土体作为整体受主、被动土压力作用,桶底面受剪力作用,盖板上的水荷载与内部水荷载不参与计算,盖板上土压力参与计算。

3.3.3.1 护岸抗滑稳定性计算

根据图3-4进行水平方向力的平衡计算,推导出护岸结构断面的抗滑稳定性计算:

$$\gamma_0(\gamma_{E_a}E_a+\gamma_{E_a}E_{aq}+\varphi\gamma_P P_W) \leqslant \frac{1}{\gamma_d}[\gamma_G(G_{st}f_1+G_{sl}f_2+G_q f_1)+\gamma_c CB+\gamma_{E_p}E_p K_s] \quad (3-7)$$

式中 γ_0 ——结构重要性系数,按《防波堤与护岸设计规范》(JTS 154—2018)确定;

γ_{E_a} ——主动土压力的分项系数,取1.35;

E_a ——桶式基础后侧的主动土压力标准值(kN);

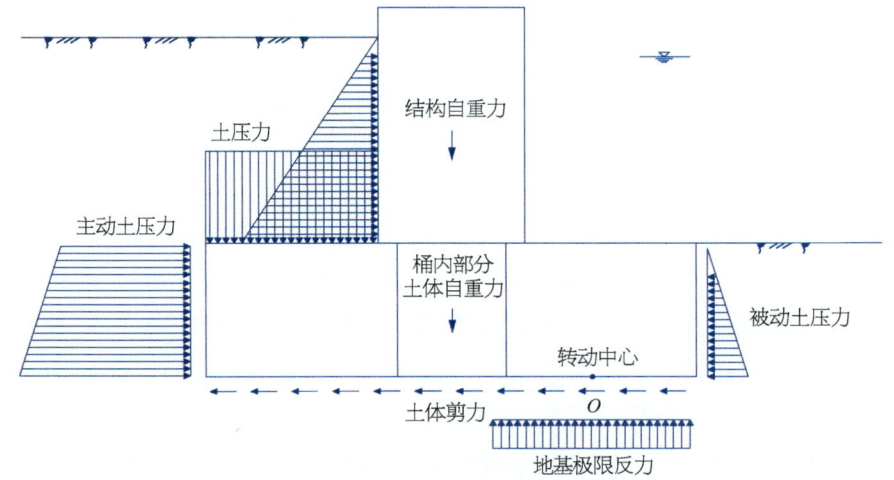

图 3-4 护岸计算示意图

E_{aq}——桶式基础结构后侧可变作用水平分力标准值(kN);

φ——作用组合系数,持久组合取 0.7,短暂组合取 1.0;

γ_P——水平波浪力的分项系数,按《防波堤与护岸设计规范》(JTS 154—2018)确定;

P_w——泥面以上波谷作用在结构上的水平波浪力标准值(kN);

γ_d——结构调整系数,无波浪作用或波浪非主导可变作用时取 1.0,有波浪作用并为主导可变作用时取 1.1;

γ_G——结构和土体自重力分项系数,取 1.0;

G_{st}——桶式基础结构和桶式基础盖板上永久回填土体自重标准值,水下部分按浮容重计算(kN);

f_1——桶式基础底面与土体间的摩擦系数;

G_{sl}——桶式基础内的土体自重标准值,按浮容重计算(kN);

f_2——计算面上土体间的摩擦系数,可取土体内摩擦角的正切值;

G_q——桶式基础结构上竖向荷载标准值(kN);

γ_c——黏聚力分项系数,取 1.0;

C——桶底部土体破坏剪切面的平均黏聚力(kPa);

B——桶底部破坏剪切面面积,剪切面的确定应通过试算,选用最不利破坏面;

γ_{Ep}——被动土压力的分项系数,取 1.0;

E_p——桶式基础前侧的被动土压力标准值(kN);

K_s——桶式基础前侧的被动土压力折减系数,取 0.3~1.0,取值根据所允许的桶式基础水平位移情况确定,水平位移大时取高值。

3.3.3.2 护岸抗倾稳定性计算

根据图3-4进行弯矩平衡计算,得到护岸结构断面的抗倾稳定性计算公式:

$$\gamma_0(\varphi\gamma_P M_{PW} + \gamma_{Ea}M_{Ea} + \gamma_{Ea}M_{Eaq}) \leq \frac{1}{\gamma_d}[\gamma_G(M_{Gst} + M_{Gsl} + M_q) + \gamma_{Ep}K_s M_{Ep}]$$

(3-8)

式中 γ_0 ——结构重要性系数,按《防波堤与护岸设计规范》(JTS 154—2018)确定;

φ ——作用组合系数,持久组合取0.7,短暂组合取1.0;

γ_P ——水平波浪力的分项系数,按《防波堤与护岸设计规范》(JTS 154—2018)确定;

M_{PW} ——波谷作用时水平波浪力的标准值对计算面前转动中心的倾覆力矩(kN·m);

γ_{Ea} ——主动土压力的分项系数,取1.35;

M_{Ea} ——桶式基础结构后侧永久作用的主动土压力标准值对计算面前转动中心的倾覆力矩(kN·m);

M_{Eaq} ——桶式基础结构后侧可变作用的水平分力标准值对计算面前转动中心的倾覆力矩(kN·m);

γ_d ——结构调整系数,无波浪作用或波浪非主导可变作用时取1.25,有波浪作用并为主导可变作用时取1.35;

γ_G ——结构和土体自重力分项系数,取1.0;

M_{Gst} ——桶式基础结构自重标准值对计算面前转动中心的稳定力矩(kN·m);

M_{Gsl} ——桶式基础内参与抗倾土体和桶式基础盖板上永久回填土体的自重标准值对计算面前转动中心的稳定力矩(kN·m),桶式基础内参与抗倾土体根据桶内真空度和桶壁摩擦力计算确定;

M_q ——桶式基础结构后侧可变作用的竖向分力准值对计算面前转动中心的稳定力矩(kN·m);

γ_{Ep} ——被动土压力的分项系数,取1.0;

K_s ——桶式基础前侧的被动土压力折减系数,取0.3~1.0,取值根据所允许的桶式基础水平位移情况确定,水平位移大时取高值;

M_{Ep} ——桶式基础前侧的被动土压力标准值对计算面前转动中心的稳定力矩(kN·m)。

3.3.4 码头稳定性验算方法

结合码头的功能,简化桶式基础结构码头的力学模型如图3-5所示,土压力、系缆力和波吸力作为倾覆荷载作用于上部结构,插入地基的桶式基础受力与护岸相同。

3.3.4.1 码头抗滑稳定性计算

根据图3-5进行水平方向力的平衡计算,得到码头结构断面的抗滑稳定性计算公式如下。

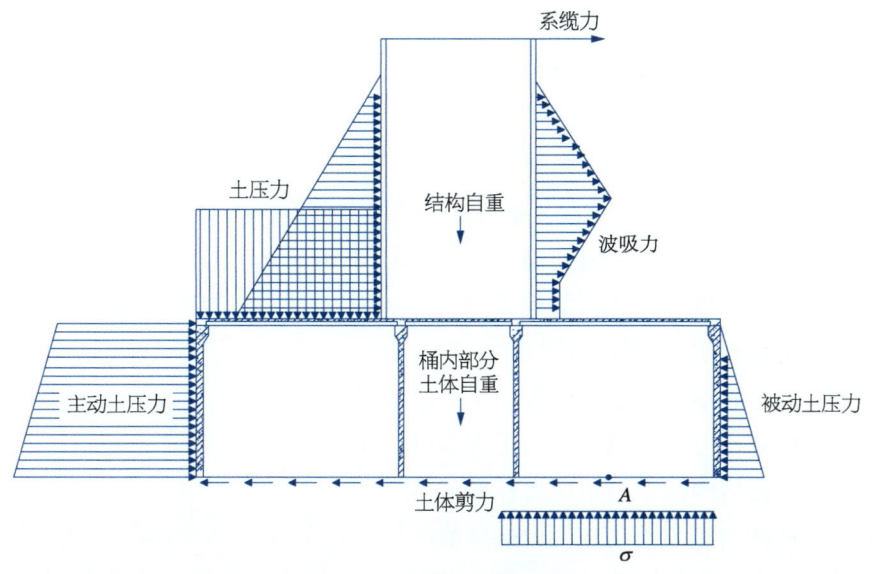

图 3-5 码头计算示意图

(1) 不考虑波浪作用,且由可变作用产生的土压力为主导可变作用时:

$$\gamma_0(\gamma_{E_a}E_a + \gamma_{E_a}E_{aq} + \Psi\gamma_{PR}P_{PH}) \leqslant \frac{1}{\gamma_d}(\gamma_G Gf + \gamma_c CB + K_s\gamma_{E_p}E_p) \quad (3-9)$$

(2) 不考虑波浪作用,系缆力为主导可变作用时:

$$\gamma_0(\gamma_{E_a}E_a + \Psi\gamma_{E_a}E_{aq} + \gamma_{PR}P_{PH}) \leqslant \frac{1}{\gamma_d}(\gamma_G Gf - \gamma_{PR}P_{RV}f + \gamma_c CB + K_s\gamma_{E_p}E_p)$$

$$(3-10)$$

(3) 考虑波浪作用,且波浪力为主导可变作用时:

$$\gamma_0(\gamma_{E_a}E_a + \Psi\gamma_{E_a}E_{aq} + \gamma_P P_B) \leqslant \frac{1}{\gamma_d}(\gamma_G Gf + \gamma_c CB + K_s\gamma_{E_p}E_p) \quad (3-11)$$

(4) 不考虑波浪作用,堆载土压力为主导可变作用时:

$$\gamma_0(\gamma_{E_a}E_a + \gamma_{E_a}E_{aq} + \Psi\gamma_P P_B) \leqslant \frac{1}{\gamma_d}(\gamma_G Gf + \gamma_c CB + K_s\gamma_{E_p}E_p) \quad (3-12)$$

式中 γ_0——结构重要性系数,参见《码头结构设计规范》(JTS 167—2018);

γ_P——波浪水平力分项系数,$\gamma_P=1.25$;

γ_{PR}——系缆力分项系数,$\gamma_P=1.4$;

Ψ——作用组合系数,持久组合取 0.7;

γ_d——结构调整系数,无波浪作用或波浪非主导可变作用时取 1.0,有波浪作用并为主导可变作用时取 1.1;

γ_G——结构和土体自重的分项系数,取 $\gamma_G=1.0$;

γ_{E_p}——被动土压力的分项系数,取 $\gamma_{E_p}=1.0$;

γ_{E_a}——主动土压力的分项系数,取 $\gamma_{E_a}=1.35$;

G——桶式基础结构自重、内部土体自重及下桶盖板上土体自重的标准值(kN);

C——桶底部土体破坏剪切面的平均黏聚力(kPa);

B——桶底部破坏剪切面面积,剪切面的确定应通过试算,选用最不利破坏面;

P_{PH}、P_{RV}——系缆力水平、竖向标准值(kN);

P_B——水平波浪力标准值(kN);

E_{aq}——堆载产生的主动土压力标准值(kN);

E_a——桶体后侧的主动土压力标准值(kN);

E_p——桶体前侧的被动土压力标准值(kN);

K_s——桶体前侧的被动土压力折减系数,在 0.3~1.0 根据所允许的桶式基础水平位移情况选取。

3.3.4.2 码头抗倾稳定性计算

根据图 3-5 进行力矩平衡计算,推导出码头结构断面抗倾覆稳定性计算公式:

(1)不考虑波浪作用,且由可变作用产生的土压力为主导可变作用时:

$$\gamma_0(\gamma_{E_a}M_{E_a}+\gamma_{E_a}M_{E_{aq}}+\Psi\gamma_{PR}M_{PR}) \leqslant \frac{1}{\gamma_d}(\gamma_G M_G + K_s\gamma_{E_p}M_{E_p}) \qquad (3-13)$$

(2)不考虑波浪作用,系缆力为主导可变作用时:

$$\gamma_0(\gamma_{E_a}M_{E_a}+\Psi\gamma_{E_a}M_{E_{aq}}+\gamma_{PR}M_{PR}) \leqslant \frac{1}{\gamma_d}(\gamma_G M_G + K_s\gamma_{E_p}M_{E_p}) \qquad (3-14)$$

(3)考虑波浪作用,且波浪力为主导可变作用时:

$$\gamma_0(\gamma_{E_a}M_{E_a}+\Psi\gamma_{E_a}M_{E_{aq}}+\gamma_P M_{PB}) \leqslant \frac{1}{\gamma_d}(\gamma_G M_G + K_s\gamma_{E_p}M_{E_p}) \qquad (3-15)$$

(4)不考虑波浪作用,堆载土压力为主导可变作用时:

$$\gamma_0(\gamma_{E_a}M_{E_a}+\gamma_{E_a}M_{E_{aq}}+\Psi\gamma_P M_{PB}) \leqslant \frac{1}{\gamma_d}(\gamma_G M_G + K_s\gamma_{E_p}M_{E_p}) \qquad (3-16)$$

式中 γ_0——结构重要性系数,参见《码头结构设计规范》(JTS 167—2018);

γ_p——波浪水平力分项系数,$\gamma_P=1.3$;

γ_{PR}——系缆力分项系数,$\gamma_P=1.4$;

Ψ ——作用组合系数,持久组合取 0.7;

γ_d ——结构调整系数,无波浪作用或波浪非主导可变作用时取 1.25,有波浪作用并为主导可变作用时取 1.35;

γ_G ——结构和土体自重的分项系数,取 $\gamma_G=1.0$;

γ_{E_p} ——被动土压力的分项系数,取 $\gamma_{E_p}=1.0$;

γ_{E_a} ——主动土压力的分项系数,取 $\gamma_{E_a}=1.35$;

M_G ——桶式基础结构自重、内部土体自重及下桶盖板上土体自重的标准值对桶式基础底转动点的稳定力矩(kN·m);

M_{PR} ——系缆力标准值对桶式基础底转动点的稳定力矩(kN·m);

M_{PB} ——水平波浪力标准值对桶式基础底转动点的稳定力矩(kN·m);

$M_{E_{aq}}$ ——堆载产生的主动土压力标准值对桶式基础底转动点的稳定力矩(kN·m);

M_{E_a} ——桶体前侧的主动土压力标准值对桶式基础底转动点的稳定力矩(kN·m);

M_{E_p} ——桶体前侧的被动土压力标准值对桶式基础底转动点的稳定力矩(kN·m);

K_s ——桶体前侧的被动土压力折减系数,取 0.3~1.0,根据所允许的桶式基础水平位移情况选取。

3.4 变形沉降计算

桶式基础结构没有对地基进行处理,桶式基础内淤泥沉降可以按单向排水计算,桶式基础底面以下土层的沉降量按《水运工程地基设计规范》(JTS 147—2017)计算。结合桶式基础结构特点,桶式基础内部淤泥没有排水通道,固结速度缓慢,不回填工况下,外荷载很小,淤泥几乎不固结,因此可以忽略桶式基础内部土体压缩引起的沉降。回填工况时,由于附加荷载较大,桶式基础内淤泥反向排水,固结速度缓慢。因此,桶式基础结构沉降分为桶式基础内软土沉降和桶底土体沉降,桶式基础内软土沉降按单向排水计算,桶式基础底面以下土层的沉降量按《水运工程地基设计规范》(JTS 147—2017)计算。

计算固结沉降量 S_c 时采用分层总和法,利用土层 $e-p$ 曲线计算各土层压缩量。计算公式如下:

$$S_c = M_s \sum_{i=1}^{n} \frac{e_{1i} - e_{2i}}{1 + e_{1i}} h_i \qquad (3-17)$$

式中 S_c ——最终沉降量(cm);

e_{1i} ——第 i 土层在平均自重应力作用下的孔隙比;

e_{2i} ——第 i 土层在平均自重应力和平均附加应力作用下的孔隙比;

h_i ——第 i 土层的厚度(cm);

M_s ——修正系数。

3.5 结构强度验算

桶式基础结构为薄壁曲面不规则空间结构,通过有限元模拟分析结构受力状态,能得到设计内力值。不同的有限元分析软件在操作流程和命令方面不尽相同,不同工程师在分析中的模型命名、简化原则和模型检查方面存在差异。但是基本有限元分析的流程是相同的,一般分为模型建立、有限元分析、结果评估、结果输出、报告编写。

桶式基础结构使用期间需要承受波浪作用(或土压力),在波浪荷载作用下桶体和土体的相互作用机理复杂,难以用简单的力学模型进行描述。根据不同的精度要求,分为考虑土体的结构模型和无土体的简化模型。

1) 土体-结构相互作用模型

土体-结构相互作用模型需要建立土体和结构的实体模型,并通过接触单元模拟结构和土体的相互作用行为。在建模过程中,土体采用弹塑性本构模型,混凝土采用弹性本构模型,然后建立两者之间的接触行为。

2) 简化桶式基础结构模型

使用期间外荷载(波浪力或土压力)引起的较大内力主要分布于上下桶连接区域,桶式基础埋置于土体中,内力较小,不会起到控制作用,可以考虑采用无土体的结构模型,计算中根据不同工况约束桶式基础的结点位移。

3.5.1 模型建立

坐标系由右手法则确定,宜选用笛卡尔直角坐标系,曲面可选用柱坐标。建模时应定义全局坐标系,当模型荷载、约束或结果显示需求与全局坐标系不一致时,可增加局部坐标系。根据桶式基础结构的特点选择 SI 单位制,长度单位为米。几何模型建立要注意以下几点:

(1) 几何模型应简洁、准确地表达结构设计信息。

(2) 几何模型宜按照 1∶1 的比例关系建立。

(3) 几何模型简化时,在确保关注部位有限元分析精度的前提下尽可能简化结构,如牛腿、倒角等几何模型细部特征。在结果输出时进行削峰。

(4) 单元的选择应能反映不同部位的结构形式。

(5) 对于考虑土体的结构模型,设置结构和土体相互作用的接触面。

(6) 单元尺寸应平滑过渡,应力响应关注区域的网格密度应大于位移响应关注区域的网格密度。

(7) 网格应与几何轮廓保持基本一致,对称结构宜采用对称网格。

(8) 材料属性输入信息应准确完整,能准确表达结构的质量、刚度和泊松比。

(9) 应根据计算工况选择约束类型,避免单点约束,防止应力集中。固支应选择全部自由度约束;铰支应选择平动自由度约束;对称结构应选择对称或反对称约束。

(10) 荷载的大小、方向和作用区域应符合实际荷载情况。初应力荷载应在第一个荷载步骤中施加。

(11) 划分网格时,应对网格单元主要参数进行检查,包括单元方向、长宽比、翘曲度、偏斜角、内角等。

(12) 划分网格结束后,应对有限元工程特性进行检查,包括材料参数、几何模型、单元类型、约束条件、荷载施加。

3.5.2 计算工况

根据桶式基础结构施工和使用情况,归结桶式基础结构内力计算时的工况。

(1) 工况1:海上运输荷载工况。该工况下计算荷载为:气浮荷载(分项系数为1.05);采用简化桶式基础结构模型分析计算时,约束桶式基础底端结点平动自由度(图3-6)。

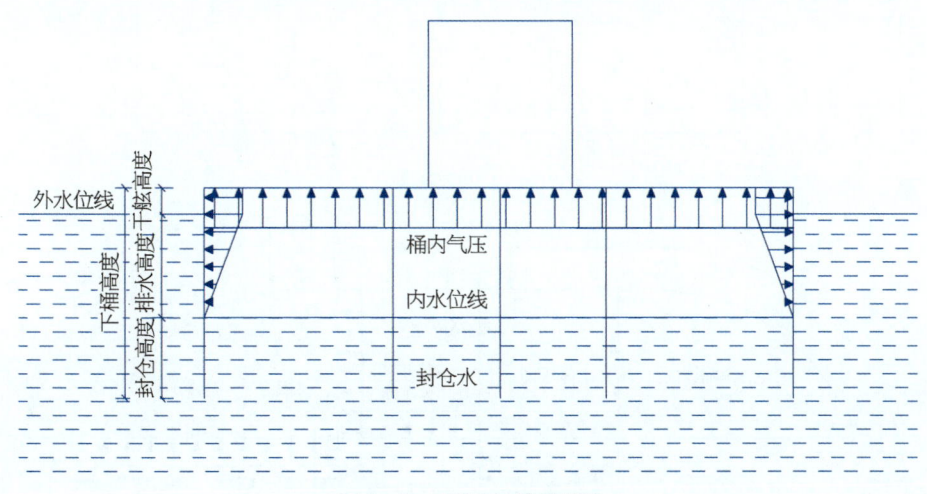

图3-6 工况1计算示意图

(2) 工况2:下沉荷载工况。该工况下计算荷载为:自重+负压荷载+压载(上面覆盖水的荷载);采用简化桶式基础结构模型分析计算时,约束桶式基础底端结点平动自由度(图3-7)。

(3) 工况3:下沉荷载工况。该工况下计算荷载为:自重+纠偏负压荷载(各个隔仓的压力差);采用简化桶式基础结构模型分析计算时,约束桶式基础底端结点平动自由度(图3-8)。

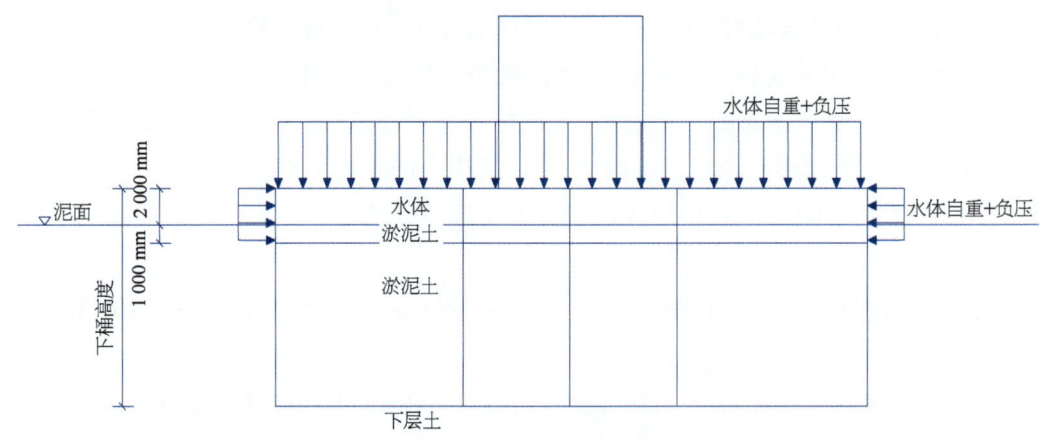

图 3-7 工况 2 计算示意图

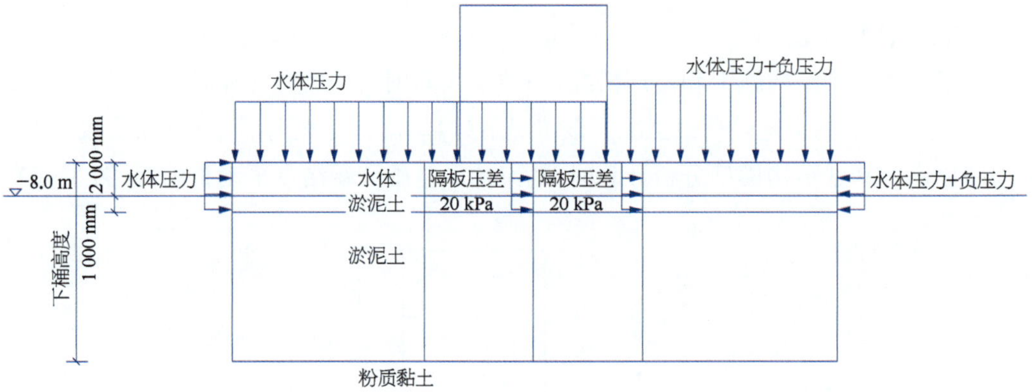

(a) 立面图

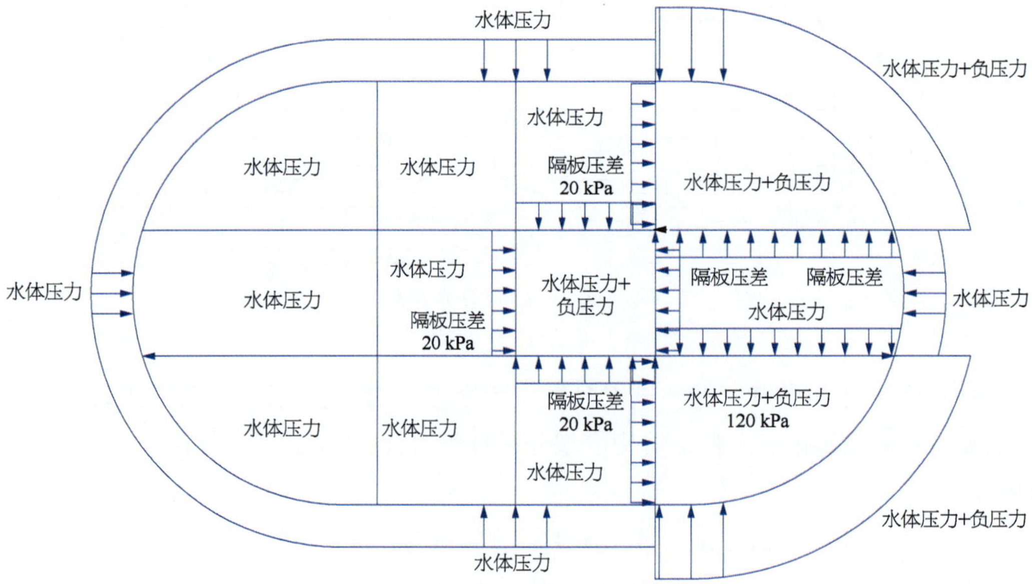

(b) 平面图

图 3-8 工况 3 计算示意图

(4)工况4：使用期间荷载工况。该工况下采用简化桶式基础结构模型分析计算时，约束桶式基础底端结点平动自由度(图3-9)。

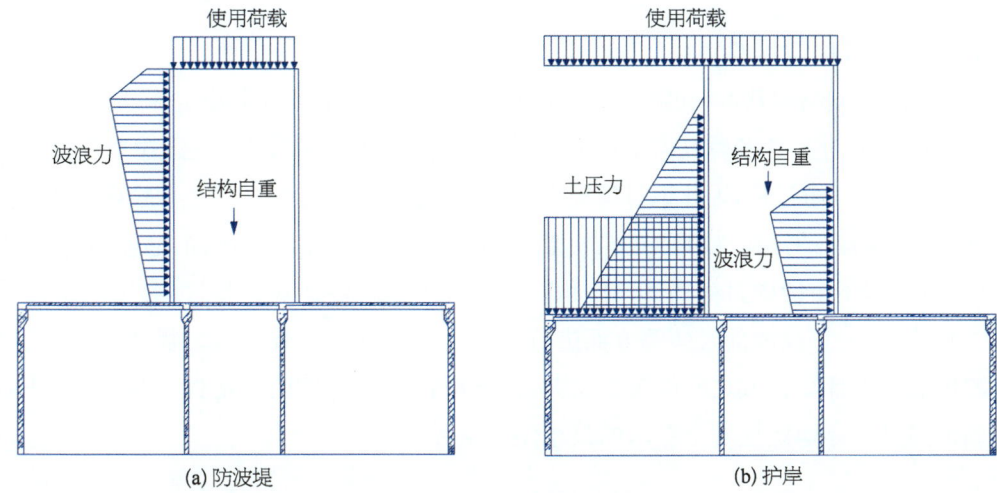

图3-9 工况4计算示意图

3.5.3 计算结果

3.5.3.1 结果评估

(1)通过检查模型的收敛性、分析应力集中的合理性等表象结果进行评估。

(2)通过多次试算调整有限元模型的位移边界和模型参数，数值评估分析结果的可靠性。

采用上述方法对分析结果进行评估时，如分析结果与结构实际状态存在偏差，应对有限元模型进行修正，并重新计算和评估，直到结果满足评估要求。

3.5.3.2 结果输出

(1)显示或输出结果前应读入关注部位的结果数据。

(2)输出结果应包括关注部位的应力、应变、变形、弯矩、轴力、剪力等云图的全部或部分内容。

3.5.3.3 报告编写

(1)报告应对模型简化、网格划分、材料模型、边界条件、荷载和求解方式逐个进行必要的说明。

(2)对初次出现的符号应做必要的解释说明。

(3)应给出典型的图表结果。图表应简明、易懂，图表中不应有无关信息。

3.6 施工期验算

3.6.1 浮游稳定性验算

设计桶式基础结构基本尺度时,除了应确保满足结构的水平抗滑稳定性、抗倾稳定性及承载力等要求外,还需要验算其浮游稳定性。对于桶式基础结构来说,其运输至现场定位下沉之前必须经过浮游过程,因此该过程桶式基础结构的浮游稳定性必须进行验算,确保安全。

桶式基础结构的浮运计算原理与沉箱等普通浮体的计算原理不同,它不仅与桶体的外形尺度有关,还与桶内封存的气体体积有关。气浮体的浮运稳定特性,必须从结构外形尺度、内部隔仓分布及内部气体等方面进行分析。本节基于工程实践的需要,开展气浮体与浮游体稳定性计算公式之间的关系研究,推导出符合气浮体的稳定性计算公式,并结合试验确定满足气浮稳定性安全要求的最小定倾半径。

3.6.1.1 基本假设

桶式基础结构浮游稳定性计算主要从几何、压强、力学的关系来分析,计算示意如图 3-10 所示。计算基本假定如下:

(1) 结构内气体不能外溢。
(2) 气体状态转换时间忽略不计,直接由一状态转换为另一状态。
(3) 结构内气体各向压强相同,内水位面始终为平面。
(4) 以初始浮心位置为原点建立 XOY 坐标系,X 轴平行于结构底边线,Y 轴垂直于结构底边线。
(5) 以初始浮心位置为原点建立 X_0OY_0 坐标系,X_0 轴平行于水位线,Y_0 轴垂直于水位线。
(6) 静水下,水不淹没盖板。
(7) 计算过程中总浮力保持不变,即总排水体积 $V = h \times S$ 不变,其中 S 为图 3-10 所示计算简图中排水面积,h 为与排水面积垂直的边长。

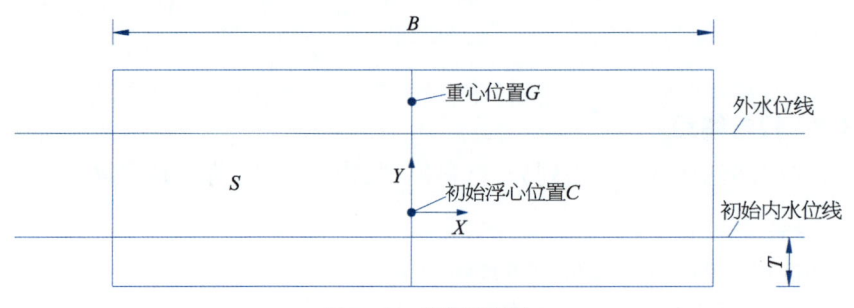

图 3-10 计算示意图

计算参数及符号说明如下:B 为计算宽度,G 为结构重心,C 为初始结构浮心,S 为初始排水面积,T 为封底水高度,XOY 为以初始浮心位置为原点建立的 XOY 坐标系,X_0OY_0 以初始浮心位置为原点建立的 X_0OY_0 坐标系,CO 为转动后结构浮心,V 为排水体积,h 为与排水面积垂直的边长,S_1 为相对于 XOY 坐标系的不平衡面积,θ 为结构转动角度,V_1 为相对于 XOY 坐标系的不平衡体积,V_c 为相对于 XOY 坐标系的不平衡体积矩,X_{co} 为相对于 XOY 坐标系转动后浮心 CO 的坐标,X_{0co} 为相对于 X_0OY_0 坐标系转动后浮心 CO 的坐标,X_{0G} 为相对于 X_0OY_0 坐标系转动后重心 G 的坐标。

3.6.1.2 公式推导

如图 3-11 和图 3-12 所示,相对于 XOY 坐标系的不平衡面积 S_1:

$$S_1 = \frac{1}{2} \times \frac{1}{2}B \times \frac{1}{2}B \times \tan\theta$$

相对于 XOY 坐标系的不平衡体积 V_1:

$$V_1 = h \times S_1$$

相对于 XOY 坐标系的不平衡体积矩 V_C:

$$V_C = 2 \times V_1 \times \frac{1}{2} \times \frac{1}{2}B = \frac{1}{16} \times h \times B^3 \times \tan\theta$$

相对于 XOY 坐标系转动后浮心 C_0 的坐标 X_{co}:

$$X_{co} = \frac{V_c}{V} = \frac{1}{16} \times \frac{h \times B^3 \tan\theta}{V}$$

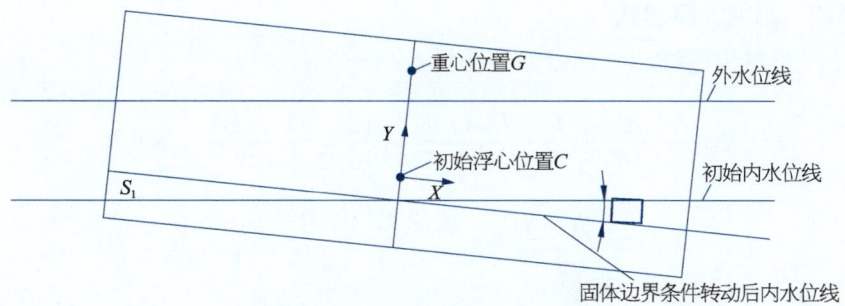

图 3-11 转动 θ 角后瞬时计算示意图

如图 3-13 所示,相对于 X_0OY_0 坐标系转动后浮心 CO 的坐标 X_{0co}:

$$X_{0co} = X_{co} \times \cos\theta = \frac{1}{16} \times \frac{h \times B^3 \sin\theta}{V}$$

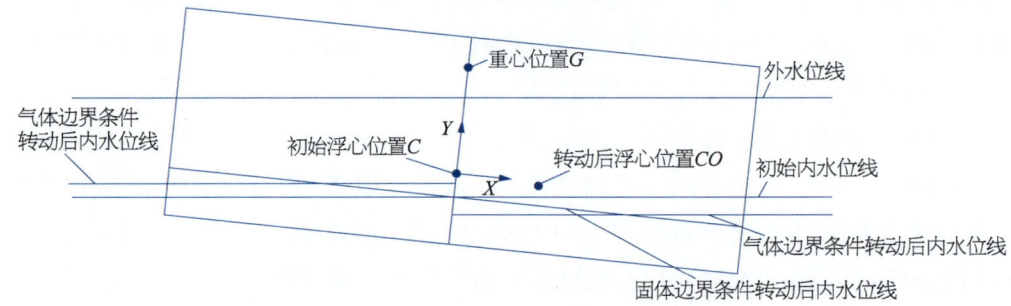

图 3-12 转动 θ 角后气体压强稳定后计算示意图

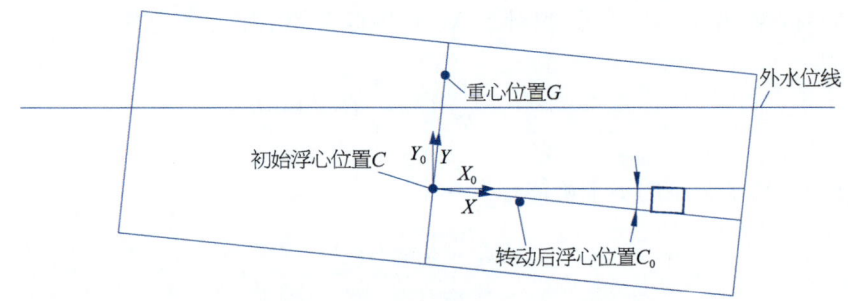

图 3-13 相对转换坐标系计算示意图

相对于 X_0OY_0 坐标系转动后重心 G 的坐标 X_{0G}：

$$X_{0G}=(Y_G-Y_C)\times\sin\theta$$

当 $X_{0C_0}>X_{0G}$ 时，重力向下、浮力向上形成扶正力矩，使结构恢复平衡，此时结构浮游稳定，否则结构浮游不稳定。因此，$X_{0C_0}-X_{0G}>0$ 为桶式基础结构浮游稳定性判别式。

3.6.1.3 归纳计算通式

根据上文推导出的浮心坐标做如下变换：

$$X_{0C_0}=\frac{1}{16}\times\frac{h\times B^3\sin\theta}{V}=\frac{12}{16}\times\frac{h\times B^3}{12V}\times\sin\theta$$

令

$$\rho=\frac{h\times B^3}{12V}=\frac{h\times B^3}{12}\times\frac{1}{V}=\frac{I}{V}$$

式中 ρ——浮游稳定的定倾半径；

h——与计算宽度 B 垂直方向的宽度；

I——结构水平截面惯性矩；

V——产生浮力的排水体积。

因此，气浮稳定性判别式可以归纳为

$$\left[\frac{3}{4}\rho - (Y_G - Y_C)\right]\sin\theta \geqslant 0$$

式中，θ 转角取值范围与封仓水高度 T 有关，即

$$0 \leqslant \theta \leqslant \arctan\left(\frac{T}{2B}\right)。$$

3.6.1.4 通式推广

(1) 矩形结构 2 仓气浮稳定性判别式为

$$\left[\frac{3}{4}\rho - (Y_G - Y_C)\right]\sin\theta \geqslant 0$$

根据 θ 转角取值范围可知，$\sin\theta > 0$。因此，上式可以变为

$$\frac{3}{4}\rho - (Y_G - Y_C) \geqslant 0$$

把式中 3 变为 $3=2^2-1$，4 变为 $4=2^2$，上式变为

$$\frac{2^2-1}{2^2}\rho - (Y_G - Y_C) \geqslant 0$$

由此可以看出，矩形结构 2 仓气浮稳定性判别式中的定倾半径与浮游稳定定倾半径之间存在折减系数，即在 2 个隔仓下，浮游稳定的定倾半径折减到 0.75 倍，即可作为气浮稳定的定倾半径。

(2) 矩形结构 1 仓稳定性判别式为

$$\frac{1^2-1}{1^2}\rho - (Y_G - Y_C) \geqslant 0$$

$$-(Y_G - Y_C) \geqslant 0$$

由上式可知，当单仓结构（桶或杯状结构）倒扣时，底在上面使重心在上面、浮心在下面，形成倾倒力矩，气浮不稳定，符合判别式的判断。

(3) 矩形结构 3 仓稳定性判别式为

$$\frac{3^2-1}{3^2}\rho - (Y_G - Y_C) \geqslant 0$$

(4) 矩形结构 4 仓稳定性判别式为

$$\frac{4^2-1}{4^2}\rho - (Y_G - Y_C) \geqslant 0$$

(5) 矩形结构 n 仓稳定性判别式为

$$\frac{n^2-1}{n^2}\rho - (Y_G - Y_C) \geqslant 0 \qquad (3-18)$$

由上式可知,当结构分仓数达到无穷大,可以近似认为结构是实体,因此气浮稳定的定倾半径与浮游稳定定倾半径无限接近,判别式可以通用。

3.6.1.5 验证

连云港港徐圩港区防波堤工程中的桶体基础结构尺寸及气浮拖运拉绳布置如图3-14所示。其中,基础桶体长30 m、宽20 m、高9 m、外壁厚400 mm、隔墙厚300 mm;上部结构有两个圆筒,圆筒外径8.9 m、高8 m、壁厚350 mm、盖板厚400 mm。在施工过程中,桶式基础结构吃水8.5 m,气浮稳定性很好,摆动角度小于1°。

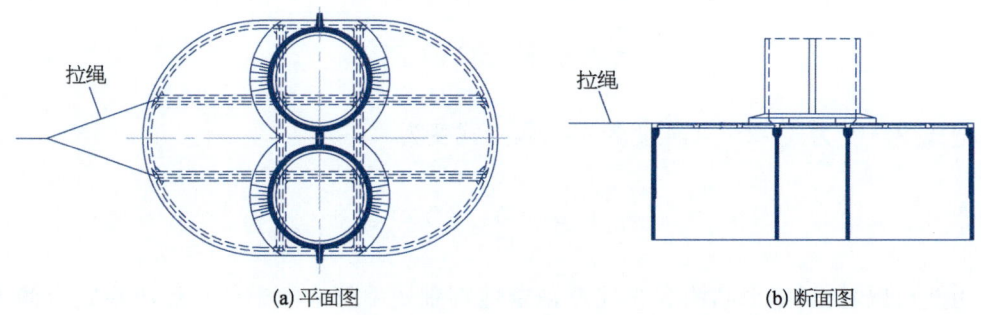

图 3-14 桶体结构尺寸及气浮拖运拉绳布置示意图

1) 水池试验

为验证桶式基础结构的气浮稳定性,采用1:20的钢结构,在水槽中试验了桶式基础结构的浮游稳定性。试验结果如下:

(1) 吃水为5.5 m时,桶式基础结构接近稳定的极限平衡。

(2) 吃水为6.0 m以上时,桶式基础结构稳定性极强。

2) 公式计算

(1) 吃水为5.5 m、封底水高度为1.04 m时,转角须小于1.49°结构内部气体才不会溢出。

$$\frac{3^2-1}{3^2}\rho - (Y_G - Y_C) = 0.136 \text{ m} \geqslant 0$$

(2) 吃水为6.0 m、封底水高度为1.55 m时,转角须小于2.22°结构内部气体才不会溢出。

$$\frac{3^2-1}{3^2}\rho - (Y_G - Y_C) = 0.602 \text{ m} \geqslant 0$$

以上分析可以看出,计算结果与实际工程、试验结果相近,变化规律相同。吃水浅时,结构浮游稳定性差,很小的转角气体就会溢出使结构平衡破坏,可能导致结构浮游失稳,反之结构浮游稳定性增强。该公式计算结果经过室内试验验证和工程实践检验,安全可靠,可以在工程上应用。

3.6.1.6 使用条件

桶式基础结构的气浮稳定性应满足以下条件:

(1) 气浮期间,波高不宜大于 1 m。

(2) 气浮期间,桶式基础结构定倾高度应大于 0.6 m。

(3) 气浮期间,桶式基础盖板底面应高于桶外水位 0.3 m,且气柱高度应大于内、外水位差的高度。

(4) 气浮期间,桶式基础富裕水深应大于 0.5 m。

3.6.2 下沉力验算

根据结构特点和施工工法,桶式基础结构下沉力一般包括安装结构自重、桶内负压和盖板上覆水压力,计算如图 3-15 所示。结合工程实践经验归纳下沉力按下式计算:

$$F_K = G + \gamma h A_0 + p A \quad (3-19)$$

式中 F_K ——下沉力(kN);

G ——安装桶体自重(kN);

γ ——安装桶体盖板上覆盖水的容重(kN/m³);

h ——安装桶体盖板上覆盖水的高度(m);

p ——安装桶体桶内的负压力(真空度,kPa);

A_0 ——安装桶体盖板上覆盖水的面积(m²);

A ——安装桶体的桶内截面面积(m²)。

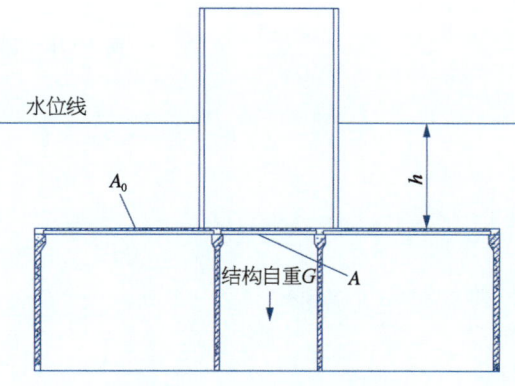

图 3-15 下沉力计算示意图

3.6.3 下沉阻力验算

根据结构特点和施工工法,桶式基础结构下沉阻力一般包括桶端土体的破坏力(即极限承载力)和入土桶壁的摩阻力,计算如图 3-16 所示。结合工程实践经验归纳下沉阻力按下式计算:

$$F_z = p_z A_1 + \sum_{i=1}^{n} f_i s_i \quad (3-20)$$

式中 F_z——下沉阻力(kN);

p_z——安装桶底端土层极限承载力(kPa);

f_i——安装桶壁和隔板在第 i 层土的动摩擦力(kPa);

A_1——安装桶底端的面积(m^2);

S_i——安装桶壁和隔板在第 i 层土的表面积(包括内、外表面,m^2);

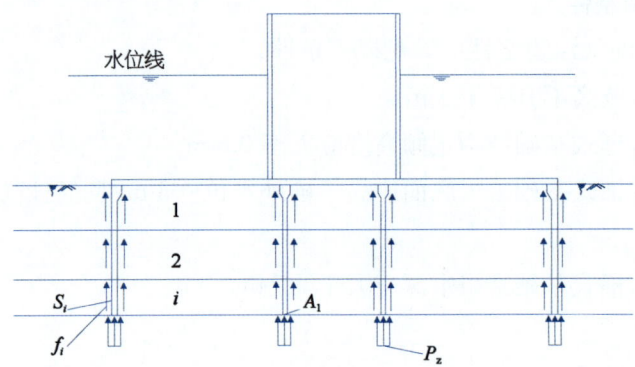

图 3-16 下阻沉力计算示意图

第 4 章

桶式基础结构设计

桶式基础结构的设计内容包括设计原则、结构设计、构造设计和结构耐久性设计等。本章主要介绍桶式基础结构的设计原则、主尺度设计、构造设计和结构防腐设计等。

4.1 设计条件与原则

（1）桶式基础结构设计应具备以下基础资料：
① 场地气象、水文、地形、地质等自然条件。
② 制作场地、施工装备、材料供应等条件。

（2）桶式基础结构应优先选用整体桶式基础结构，在水深较浅、施工条件受限的情况下，可采用分离桶式基础结构。当地质分布不均匀时，应选用组合桶式基础结构。

（3）桶式基础平面形状可选用圆形、椭圆形、矩形等，并应根据结构受力、稳定性、制作及施工条件、经济性等，经论证选用。

（4）桶式基础结构主尺度应结合使用功能要求、自然条件、施工能力，结合计算成果进行综合技术、经济比较确定。

（5）桶式基础结构设计应进行抗倾、抗滑、承载力、沉降、内力、护底块石稳定性、浮游稳定性、下沉力、下沉阻力及土塞隆起高度验算与计算，并应进行结构耐久性设计。

4.2 主尺度设计

4.2.1 混凝土桶式基础结构

4.2.1.1 结构主要尺度

混凝土桶式基础结构适用于软土地基，结合结构特点，该结构应以平面尺度为主、埋深为辅，结构安装施工主要依靠大气压力和覆盖水的压力，下沉力有限制条件，因此设计主尺度时应考虑安装荷载因素。混凝土桶式基础结构的主尺度分为桶式基础主尺度和上部结构主尺度，其中桶式基础主尺度又分为荷载方向尺度、垂直荷载方向尺度及高度方向尺度，上部结构主尺度根据功能要求设计。

1）混凝土桶式基础的荷载方向尺度

混凝土桶式基础的荷载方向尺度应根据地质条件和外部荷载，通过桶式基础结构稳定验算方法计算确定有效长度，再结合平面形状确定荷载方向尺度。如果桶式基础平面形状是矩形，即采用计算结果作为荷载方向尺度；如果平面形状是圆形，即以直径为一边，另一边换算成荷载方向有效宽度,换算后的宽度大于计算有效长度,可以采用直径作为荷载方向尺度。

2) 混凝土桶式基础的垂直荷载方向尺度

混凝土桶式基础的垂直荷载方向尺度应根据制作场地、陆上运输工艺及船机设备等条件,进行综合考虑后确定垂直荷载方向。

(1) 制作场地的地基承载力决定混凝土桶式基础结构制作时的总重量,进而荷载方向尺度确定后,垂直荷载方向尺度越大对地基承载力要求越高。

(2) 陆上运输工艺也是控制垂直荷载方向尺度的重要因素。例如,制作场地内采用小车运输,支撑方式采用两边条形托盘,荷载方向尺度确定后,垂直荷载方向尺度越大对小车承受荷载越高,进而导致小车对地基要求提高;如果采用气囊托盘运输工艺,则对垂直荷载方向尺度无限制,因为托盘将混凝土桶式基础结构重量转化为均布荷载。

(3) 船机设备是垂直荷载方向尺度最重要的控制因素,如果制作的尺度过大,没有船机可以运输,就没有实施条件。

因此,混凝土桶式基础的垂直荷载方向尺度应综合以上三个因素,设计出最经济的组合。

3) 混凝土桶式基础的高度方向尺度

混凝土桶式基础的高度方向尺度应根据地质条件、下沉能力等因素,进行综合考虑确定。

桶式基础一般都在软土地基上使用,其表层地基承载力都不满足要求,需通过增加埋深边载作用提高桶式基础底面地基的承载能力。因此,混凝土桶式基础的高度方向尺度需根据地基承载力验算公式核算埋深高度,进而作为确定高度方向尺度的重要条件。

下沉能力也控制高度方向的尺度,因为下沉力有限制条件,突破这个限制条件施工成本增加过大,所以在限制条件下的最大下沉力控制桶式基础能下沉的最大深度。

因此,混凝土桶式基础的高度方向尺度应综合以上两个因素确定高度方向尺度。

4.2.1.2 构件主尺度

1) 隔仓设计

桶式基础施工过程中,浮运和下沉纠偏都与隔仓密切相关,隔仓设置合理有利于桶式基础浮运和安装。根据浮运稳定性验算结果,每个方向隔仓数不少于两个,隔仓数越多浮运稳定性越好,纠偏控制精度越高。一般情况隔仓对称分布对浮运有利,边隔仓尺度大对下沉纠偏效果明显。因此,隔仓设计不仅要考虑浮游稳定性和下沉纠偏工况,还要考虑下沉过程中抽排设备的配备情况,尽量做到每个隔仓抽排速度相近,使桶式基础安装过程中受力均衡,充分发挥各个构件的承载能力。

2) 桶壁设计

桶式基础的桶壁设计与桶壁内力计算结果紧密相连,在设计内力下应尽可能减小壁厚,断面形状采用规则形状,考虑预制施工便利,尽量避免做变截面设计。桶壁上下两端受力复杂,内力计算很难做到精确,因此桶壁上下两端做加强设计,一般通过加密钢筋的形式来实现。主受力方向桶壁尽量采用弧面设计,来提高结构成拱效应,如果不是完整柱面,在缺失部位和有支撑部位进行加强设计,一般采用加密钢筋的方法处理。

3) 隔板设计

桶式基础的隔板是划分隔仓的作用,主要承受浮运过程中和下沉过程中的纠偏荷载,其承受荷载相对桶壁较小且是内部构件,设计时,使用期裂缝控制宽度可以不考虑,按承载力极限值进行设计。隔板壁厚也与隔板内力计算结果紧密相连,在设计内力下尽可能减小壁厚。隔板断面一般是以矩形为主的平板,但是平板尺度不宜过大,一般不宜大于 12 m×12 m。隔板下端受力复杂,内力计算很难做到精确,因此隔板下端做加强设计,一般通过加密钢筋的方法处理。

4) 盖板设计

桶式基础的盖板是荷载转换的重要构件,同时也对各个隔仓密封起到控制的作用。桶式基础无底,在施工过程中采用内部支撑现浇盖板对后期拆模困难较大,施工效率低。因此,盖板设计除了考虑荷载因素外,还要考虑施工因素。盖板设计主要依据内力计算结果,确定盖板厚度,再根据叠合板施工工艺确定预制和现浇厚度分配比例,一般考虑在中性面分开,考虑预制起到底模板作用,预制板相对厚度比现浇部分厚度大。

4.2.2 钢混桶式基础结构

钢混桶式基础结构设计的关键点是结合部的设计。钢结构部分参考钢质桶式基础结构设计,混凝土部分依据混凝土桶式基础结构设计。结合部是盖板时,钢结构盖板按混凝土盖板的模板功能设计,并应考虑耐久性设计。结合部是桶壁或隔板时,结合部通过钢结构进行加强设计。

4.2.3 钢质桶式基础结构

4.2.3.1 结构主要尺度

钢质桶式基础结构适用于浅水区软土地基,结合结构特点,该结构应以平面尺度和埋深双重控制,即埋深产生的被动土压力与平面尺度产生的平面剪力,基本在一个量级上不分主次。另外,桶式基础的端面积减小,下沉端阻力可以忽略,在相同的下沉力下,桶式基础安装深度更深,因此结构主尺度设计要从空间尺度考虑。同样,钢质桶式基础结构的主尺度也分为桶式基础主尺度和上部结构主尺度,主尺度确定方法与混凝土桶式基础相同。

4.2.3.2 构件主尺度

1) 隔仓设计

钢质桶式基础结构的隔仓设计与混凝土桶式基础结构的隔仓设计不同,钢质桶式基础隔仓设计重点要考虑自身稳定和局部屈曲情况,因此受力隔仓尽量采用柱壳形式,其他形式的隔仓受力后空间翘曲情况严重。另外,钢质桶式基础的隔仓设计还要考虑狭小区域的土塞作用,设计过程中隔仓截面形状应尽可能避免锐角区域出现,一般采用相同直径的柱壳作为受力主隔仓,副仓尽可能减小狭小空间。隔仓平面设置与混凝土桶式基础相同,每个方向隔仓数不少于两个,隔仓对称分布,边隔仓尺度应尽量大,隔仓体积应尽量相近,尽量做到每个隔仓抽排速度相近,使桶式基础安装过程中受力均衡,充分发挥各个构件承载能力。

2) 桶壁设计

钢质桶式基础的桶壁设计重点是空间刚度设计,桶壁壁厚主要考虑防腐,受力可从调整空间刚度进行设计。主隔仓采用柱壳时,持力层以上考虑环向加强筋提高空间刚度,加强筋间距可根据内力计算结果确定,柱壳底端考虑加大桶壁厚度提高空间刚度,一般加强高度为 50 cm 左右。平板桶壁一般不宜采用,采用时持力层以上应考虑纵横加强,持力层中通过增加壁厚进行加强设计。

3) 隔板设计

钢质桶式基础的隔板分为连接平板和柱壳。同心柱壳形式设计时,内部柱壳设计同桶壁柱壳设计,连接平板设计高度方向考虑设置加强筋,水平方向只考虑受拉,不考虑受压作用,隔板厚度根据内力计算结果选取;若是采用多个相同直径小桶组合形式时,连接平板设计考虑持力层以上水平向加强或采用箱梁形式,持力层以下高度方向考虑设置加强筋,设置密度以不形成土塞为控制标准。

4) 盖板设计

盖板是钢质桶式基础的控制部件,它的设计控制着结构的整体重量。盖板一般采用主次梁结构,面板将力传给次梁,再由次梁传给主梁,由主梁传给桶壁和隔板,其主次梁尺度通过内力计算确定。但是这种设计容易出现应力集中,交界处构造措施复杂。盖板设计还可以采用箱梁形式,在主梁下面增加一层钢板,使盖板底面形成整体,减小主梁应力集中,在传导荷载时更均匀,有利于避免桶壁和隔板处应力集中,但是增加了盖板的重量,设计时应综合比较确定。

4.3 构造设计

4.3.1 盖板构造
4.3.1.1 混凝土盖板

盖板内力主要由下沉负压和回填土压力控制。板厚一般较厚,配筋量也较大。为控制板厚尺寸减少板的配筋量,一般可采用设置肋梁方式来解决板厚问题,以优化盖板结构的受力,降低了配筋量,达到控制造价的目的。盖板可采用预制叠合板结构,为了保证整个盖板的气密性,将预制盖板搁置的下桶壁、隔板、肋梁等设置放大牛腿,增大现浇结合部。图4-1为混凝土桶式基础结构盖板构造示意图。

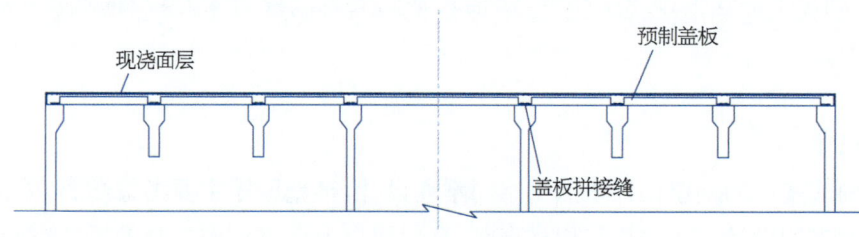

图4-1 混凝土盖板构造示意图

4.3.1.2 钢质盖板

钢板平面外承载能力差,因此钢质盖板设计时增加构造骨架提高盖板的承载能力,构造骨架一般采用纵横主梁网格布置,次梁平行一个主梁方向布置,在主次梁平面上设置钢板,形成钢质盖板结构。图4-2为钢质桶式基础结构盖板构造示意图。

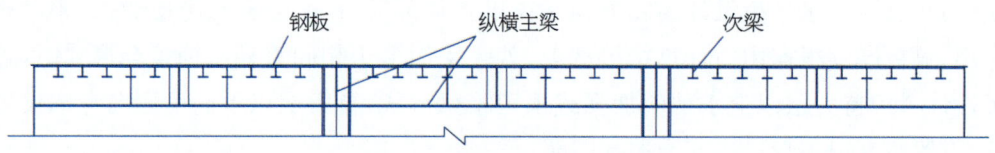

图4-2 钢质盖板构造示意图

4.3.1.3 钢混盖板

钢混盖板的构造设计主要以钢盖板构造为主,混凝土盖板直接现浇。钢盖板构造设计时只考虑施工期荷载作用下的构造,使用期的构造设计可不考虑。钢盖板构造设计除了考虑荷载作用外,还需考虑与混凝土盖板的结合面设计,一般采用剪力钉进行结合面的加强设计,钢盖板四周增加钢质竖板构造,为混凝土现浇提供模板。图4-3为钢混桶式基础结构盖板构造示意图。

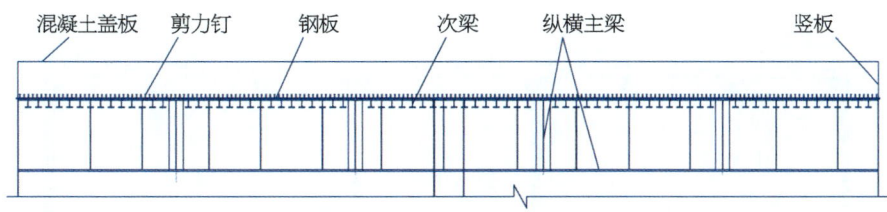

图 4-3 钢混盖板构造示意图

4.3.2 上部结构与桶式基础盖板结合部构造

桶式基础结构的上部结构与桶式基础的连接有两种形式：一种是柔性连接，即上部结构与桶式基础分离，桶式基础盖板顶部设一圈梁，上部结构坐落在圈梁内；另外一种是刚性连接，即上部结构与桶式基础连为一个整体。上部结构在外荷载作用下，使桶式基础盖板局部应力较大，盖板厚度不能适应，因此采用设置趾板来解决盖板上局部应力集中问题。图 4-4 为混凝土桶式基础盖板结合部的构造。

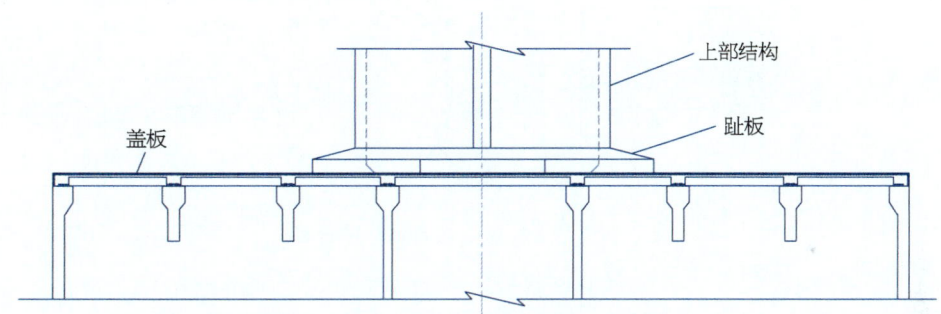

图 4-4 上部结构与桶式基础盖板结合部构造示意图

4.3.3 桶壁变截面

4.3.3.1 混凝土桶壁

桶式基础外壁底部控制工况为施工期陆域出运工况，此时内力不大，但考虑到下沉施工过程中下沉阻力较大，下沉时负压增大对整个结构受力不利，同时增大了下沉施工的难度，为减少下沉阻力，设计可采取将桶式基础的桶壁厚度减小。通过采取变截面措施，可减少下沉端部阻力，同时减少了工程量，降低工程造价。图 4-5 为连云港港徐圩港区防波堤工程所采用的桶式基础桶壁变截面构造。

4.3.3.2 钢质桶壁

钢质桶式基础的桶壁很薄，受平面外荷载很容易变形破坏，因此加强桶壁空间刚度，增设桶壁加强筋，根据桶壁受力特点和施工过程中的作用，加强筋分为环向加强筋和纵向

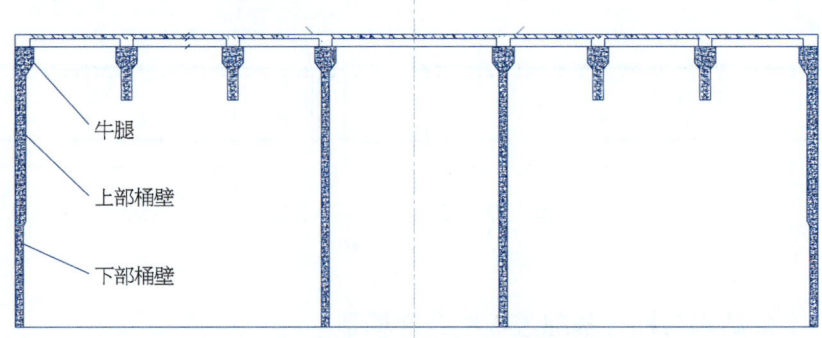

图 4-5　桶式基础桶壁变截面构造示意图

加强筋两种，设置位置根据施工过程中作用确定，一般在软土中设置环形筋，在持力层中设置竖向筋。设置原则以不形成环状土塞为标准，特别是竖向加强筋，设置数量不宜过多，避免增加过大的端阻力。图4-6为钢质桶壁构造示意图。

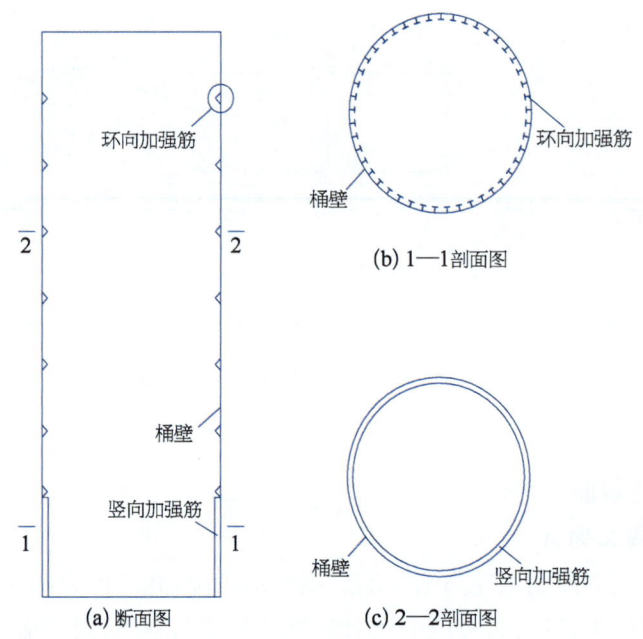

图 4-6　钢质桶壁构造示意图

4.3.3.3　组合桶壁

组合桶壁是为了增加桶壁穿透能力而产生的。在混凝土桶壁下端设置钢质桶壁，如图4-7所示。钢质桶壁需设置加强筋达到混凝土桶壁的空间刚度，再与混凝土桶壁组合。组合方式是在混凝土桶壁上预留螺栓安装孔，通过螺栓将两个桶壁连接成整体，螺栓主要起到抗弯作用，不考虑抗剪，因此钢质桶壁设置托板将混凝土桶壁下压力传递给钢桶壁。

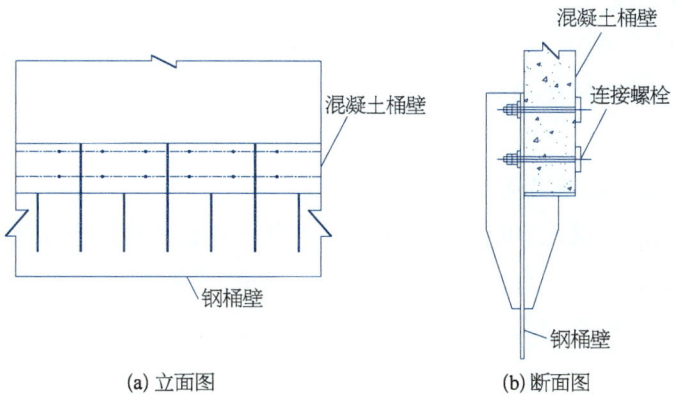

(a) 立面图　　　(b) 断面图

图 4-7　组合桶壁构造示意图

4.3.4　相邻上筒间构造

桶式基础结构在施工安装下沉时,相邻桶体之间会预留一定的安全空隙,加上施工会产生一定的偏移或倾斜误差,必须设置外伸板,以便采取堵缝措施。一般外伸板可采用搭接、错开布置。外伸板可设为端部薄、根部厚的梯形结构。图 4-8 为连云港港徐圩港区防波堤工程所采用的桶式基础结构的相邻上筒间构造构造图。

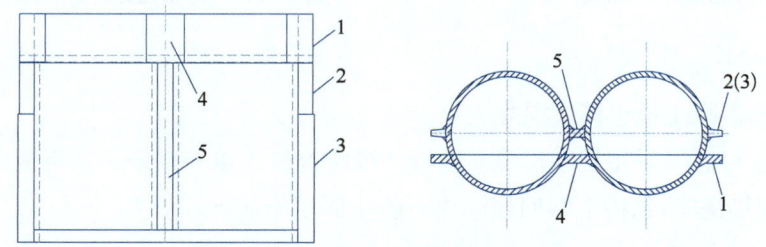

图 4-8　相邻上筒间构造构造图

1—挡浪翼缘板;2—现浇挡浪板;3—预制挡浪板;4—弧间挡浪墙;5—筒间挡浪板

4.3.5　抽气孔

桶式基础结构施工过程中需要抽气负压下沉及纠偏,在施工完成后,相关孔洞必须封闭,确保结构的稳定。因此,预制施工时,必须在桶式基础盖板预留抽气(水、泥浆)孔,每个隔仓设置两个,设置位置一般在每个隔仓中心区域。抽气孔在施工完成后必须进行封闭。

4.3.6　桶间堵缝构造

桶式基础结构间的构造处理可以根据结构后方是否回填而采用不同的构造处理形式。

4.3.6.1 回填段

回填段处理可以采用工字形钢板＋模袋混凝土、工字形混凝土板＋模袋混凝土、预制块体＋模袋混凝土或现浇接缝形式。

1) 工字形钢板＋模袋混凝土

考虑驳岸需要防止漏泥,可考虑采用图4-9所示构造措施处理接缝,即采用工字形钢板＋模袋混凝土填补接缝。海侧和陆侧钢板外表面采用涂层保护,特别是海侧每隔15年涂刷一次。工字板中间空隙采用模袋混凝土现场浇筑,结构下端回填厚块石防止回填土从下端流失。

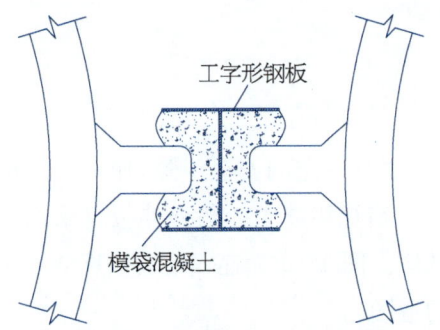

图4-9 工字形钢板＋模袋混凝土

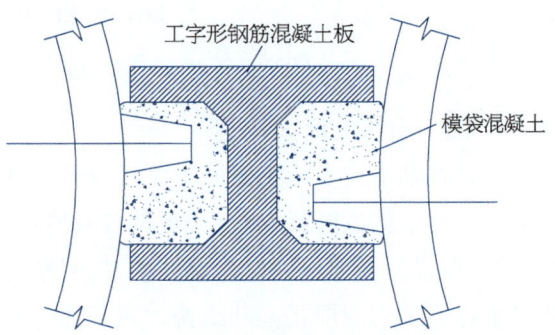

图4-10 工字形混凝土板＋模袋混凝土

2) 工字形混凝土板＋模袋混凝土

如图4-10所示,采用工字形混凝土板＋模袋混凝土填补接缝。工字板中间空隙采用模袋混凝土现场浇筑,结构下端回填厚块石防止回填土从下端流失。

3) 预制素混凝土块＋现浇素混凝土

如图4-11所示,采用水上安装预制块体,安装完成后,在预制块中间空腔处现浇素混凝土。预制块体泥面处回填厚块石进行防护回填土从下端流失。

4) 现浇接缝方案

如图4-12所示,采用水上现浇混凝土接缝。在预制厂预制时预留钢筋,桶体安装完成后,将接缝浇筑完成,浇筑接缝时,在两个挡浪墙中间设置橡胶垫将两个墙体分开。结构下端回填厚块石防止回填土从下端流失。

4.3.6.2 非回填段

非回填段桶式基础结构接头处理可以采用挡浪墙削角或挡浪墙扩大错位距离等方法。

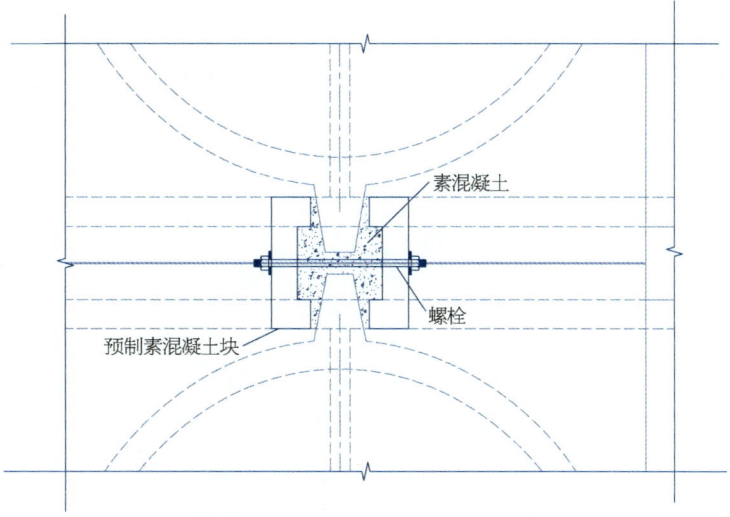

图 4-11 预制素混凝土块+现浇素混凝土

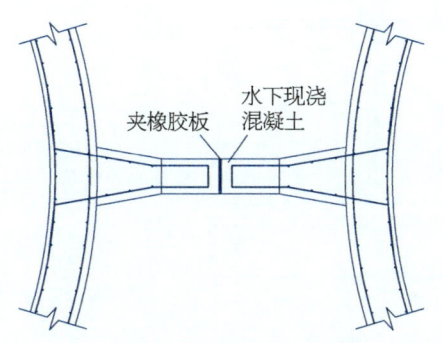

图 4-12 现浇接缝方案平面图

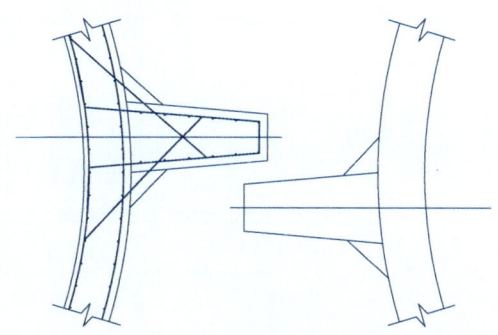

图 4-13 挡浪墙削角平面图

1) 挡浪墙削角

为了方便施工,考虑水位较高时安装挡浪墙容易发生碰撞,可将距盖板上 1 500 mm 范围内的挡浪墙削掉一个角,如图 4-13 和图 4-14 所示。

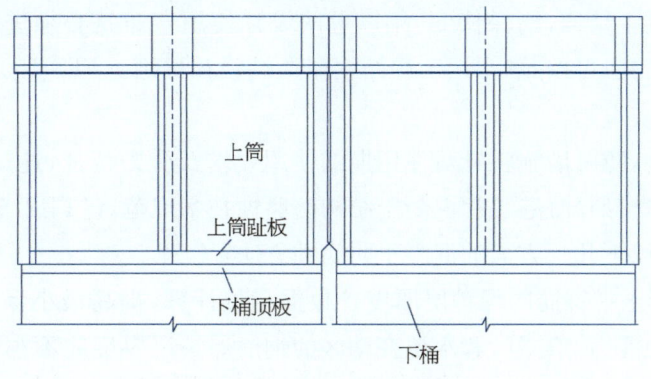

图 4-14 挡浪墙削角立面图

2）挡浪墙扩大错位距离

扩大挡浪墙搭接长度和间距，方便施工，如图 4-15 和图 4-16 所示。

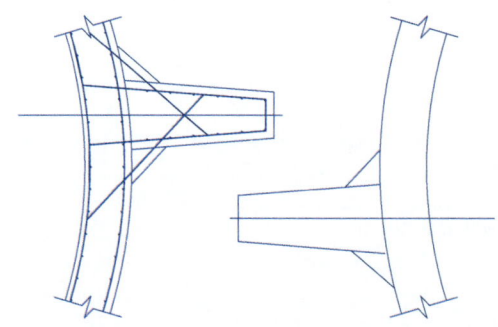

图 4-15　挡浪墙扩大错位距离平面图

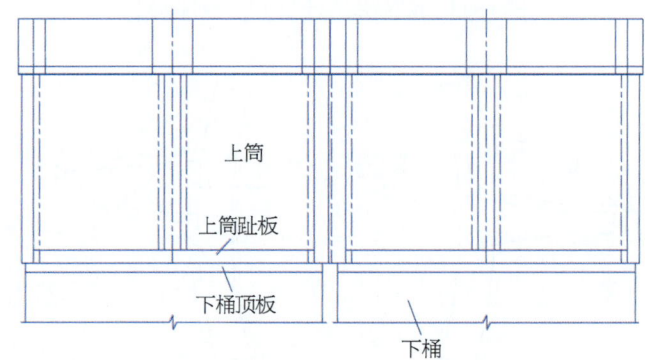

图 4-16　挡浪墙扩大错位距离立面图

4.4　结构防腐设计

4.4.1　混凝土桶式基础结构防腐

混凝土构件在海洋环境下存在腐蚀现象，尤其在结构的水位变动区和浪溅区。桶式基础结构作为混凝土结构，要保持 50 年以上的设计使用寿命就必须进行耐久性设计，采取必要的耐久性措施，可按照《水运工程结构耐久性设计标准》(JTS 153—2015)进行耐久性设计。

作为薄壁结构，防腐措施将针对使用期的使用要求及受力特征，通过试验和多方面的技术、经济比较，除按照《海港工程混凝土结构防腐蚀技术规范》(JTJ 275—2000)的有关要求执行外，还采用以下几个方面的混凝土防腐蚀方法：

（1）增加混凝土中钢筋的保护层厚度。根据相关计算，提高最小保护层厚度，增加混凝土自身的防腐蚀能力，浪溅区和水位变动区的钢筋保护层厚度应不小于 80 mm，水下区的钢筋保护层厚度应不小于 50 mm。

（2）桶式基础结构上筒位于大气区、浪溅区、水位变动区和水下区，外露表面防腐均采用硅烷浸渍和表层涂料联合防腐技术，硅烷浸渍在预制构件安装前完成，硅烷浸渍拟采用异丁烯三乙氧基硅烷单体作为硅烷浸渍材料，同时在混凝土表层采用涂料防腐，以延缓氯离子的侵蚀，考虑到浪溅区和大气区腐蚀最为强烈，表层涂料可通过定期涂刷以提高耐久性。

（3）采用高耐久性海工混凝土，通过配合比设计以达到高抗氯离子渗透性，以提高混凝土的使用寿命。考虑到处于浪溅区的上筒外壁承受循环荷载及受冲蚀作用，可采用纤维（钢纤维或合成纤维）对混凝土加以改性，提高混凝土的耐磨性和耐疲劳性，同时还可有效控制这部分混凝土表面在施工期产生的微裂缝（如温度应力裂缝及干缩裂缝等），从而改善整体耐久性能。该措施可作为备用措施。

（4）结构除了采取合适的综合防腐措施外，同时应注重防腐监控，防腐监控是结构检测的一种重要补充手段，其目的是通过预防手段来维护结构。通过对比检测结果、防腐监控或其他非破坏性试验，寻求最佳措施来调整营运和维修策略。因此，在结构全寿命使用期间，应定期进行巡回结构检测，如有裂缝、构件局部破损应及时进行维护，对表面混凝土涂层按涂层使用年限要求进行定期涂刷。

4.4.2 钢质桶式基础结构防腐

钢质桶式基础结构防腐应按《海港工程钢结构防腐蚀技术规范》(JTS 153—3—2007)进行设计，一般采用的防腐措施如下：

（1）根据规范，钢结构在海水环境中泥下平均每年单面腐蚀速度为 0.05 mm，钢结构根据使用年限预留腐蚀厚度。

（2）钢制桶涂装前先喷丸除锈处理表面达到 Sa2.5 级，并应立即涂防护漆。成品出厂前涂底漆（环氧富锌防锈底漆）一道，漆膜厚度 $80~\mu m$；中间层漆（环氧云铁防锈漆）两道，漆膜厚度 $120~\mu m$；面漆（脂肪族聚氨酯面漆）两道，漆膜厚度 $100~\mu m$。

第 5 章
桶式基础结构施工

桶式基础结构施工工艺主要包括制作、水平运输、定位下沉、施工监测和检测等。本章主要介绍桶式基础结构的施工流程、关键工序及相应的质量控制标准,包括桶式基础结构制作工艺、运输技术、排气排水下沉施工技术、施工监测和检测技术及施工技术规定等系统化施工工艺技术。

5.1 制作场地

5.1.1 混凝土桶式基础结构预制厂

混凝土桶式基础结构为一种大型无底钢筋混凝土结构,考虑构件体积大、自重大的特点,应就近建设具备与工程要求相匹配的专业化预制厂。根据工程规模,经过经济、技术比较后,可新建或改建专业预制厂。新建预制厂主要包括预制厂选址、场地布置形式、出运码头及配套设施等内容。

5.1.1.1 预制厂选址

新建预制厂的选址应尽可能地靠近工程现场,具备满足生产能力要求的陆域面积和临水岸线,水深具备构件出运条件,尽可能减少港池和航道挖泥。改建预制厂尽量选在出运条件不受航道限制,运输时间与预制强度、安装强度及工程建设进度相匹配的专业预制厂。

5.1.1.2 场地布置形式

桶式基础结构预制厂一般包括生产台线、搬运轨道、出运码头、搅拌站、起重设备、水电、办公及生活设施等。平面布置按功能划分区域,满足物料进出方便、运距短、各功能区布置应相对独立、利于安全生产管理的要求,布置如图 5-1 所示。

1) 生产台线

生产台线布置与桶式基础结构的搬运方式和生产周期密切相关。如果采用气囊搬运,预制过程中不宜搬运,成品后一次搬运,这就需要生产台线较长,一条生产线长度基本满足桶式基础结构半个预制周期预制出桶体数所占场地长的度,若采用台车移运,可按流水作业确定生产线长度。生产线宽度应该考虑模板拆装堆存空间和汽车吊通行宽度。生产台线数量应与工程规模和出运方式相关,若是出运码头岸线不受限制,生产台线数量越多,出运越方便,一般情况根据工程规模和工期确定生产强度,再结合出运方式确定生产台线数量。

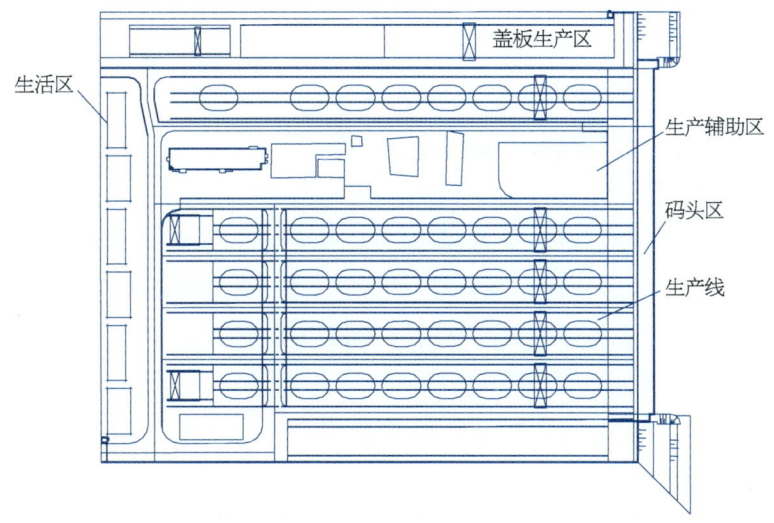

图 5-1 平面布置示意图

2) 出运码头

出运码头一般采用满堂式布置,减少预制桶体场内运输距离。在岸线允许的条件下,尽量与生产线对应,方便桶体装船。码头面高程尽量低,保证涨、落潮过程中都能装船。码头结构宜采用重力式结构,码头面板采用整体大板,板块划分以大于桶体尺度为基础,考虑一定富裕。若采用高桩梁板码头结构或板桩结构,前排桩基都应采用密排桩,码头面板与纵横梁浇筑成整体,码头面按每个出运桶位作为一个分段进行划分。码头前沿水深和航道水深可以按照《海港总体设计规范》(JTS 165—2013)确定。

3) 办公区、生活区

应选择在相对安静的上风向布置。办公区是厂区的管理中心和服务中心,集中了厂区对内服务、业务管理、行政办公、会议等多项功能;生活区应布置工人宿舍楼、食堂及必要的文体活动设施等。

5.1.2 钢质桶式基础结构加工厂

钢质桶式基础结构加工厂一般都选择已有的大型钢结构制作厂。与其他钢结构对加工厂要求的区别在于钢质桶式基础结构加工厂需要有出运码头,不论是整体出运,还是分体出运,构件尺度都超过公路运输的要求,需配备专业出运码头,通过船舶水上运输。钢质桶式基础结构一般都是在港口工程上使用,因此制作工厂应选择在能采用海船运输的河港附近加工厂,通行的航道等级尽可能选择三级以上航道,避免运输构件尺度大造成沿程船闸不能通过受到限制的问题。

5.2 制作工艺

5.2.1 混凝土桶式基础结构预制工艺
5.2.1.1 模板工程

桶式基础结构的底模板和内、外侧模板及上部结构的内、外侧模板尺度大,应采用钢模板。内模板每个隔仓宜采用单个仓体整体吊装工艺,通过内部调节丝杆进行安装和拆除。整体式模板施工合理、整体刚度高,在长时间重复使用过程中的总体变形量较小。根据桶体高度不同,预留模板调节功能。

1) 底模板

底模板采取活动底模板与固定底模板相结合的方式,只需进行首次精确定位,后续底模板拼装可模块施工,有效减少中间操作流程。一般底模板沿桶体长度方向分成四块:两侧为固定底模板;中间部分(放置出运托盘区域)为活动钢底模板+固定钢底模板,安放千斤顶便于钢底模板卸落和拆除。采用台车移运时,台车部分底模板采用千斤顶支撑底模板,中间的其余部分采用固定钢底模板;采用托盘移运时,中间部分底模板支撑全部采用千斤顶,如图5-2所示。

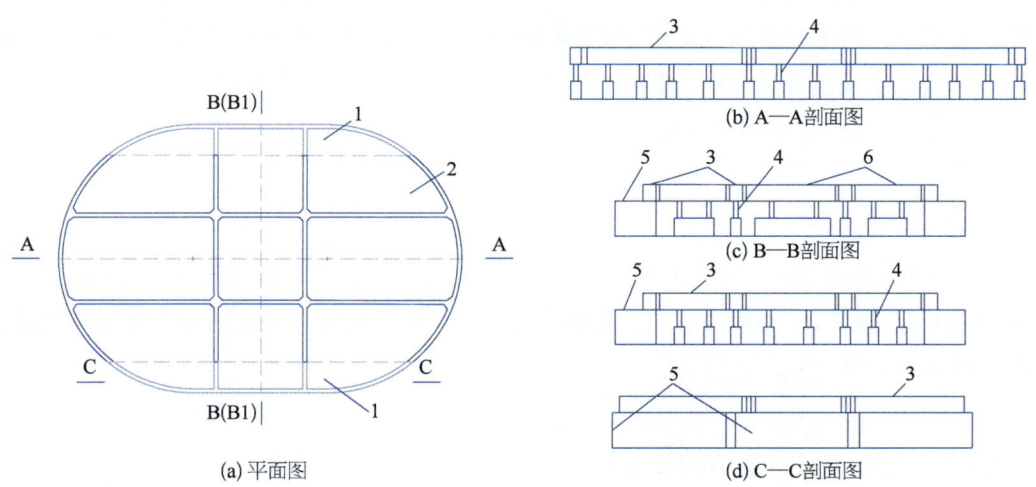

图5-2 底模板工艺图

1—固定底模板区域;2—活动底模板区域;3—底模板;4—千斤顶;5—固定底模板支撑墩;6—固定钢底模板

2) 侧模板

桶式基础结构如图5-3所示,整体尺寸较大,外模采用整体模板,分片拼装;内模板分为标准模板和角模板,分层支立。模板拆除顺序为先拆外模板再拆内模板,内模板是先拆除角模板,后拆侧模板。

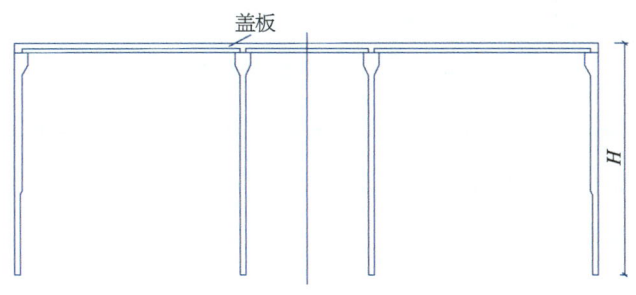

图 5-3 桶式基础结构示意图

一层外模板采用龙门吊或吊车直接吊装安装,内模板悬挂在吊装架上,吊装前先通过调节丝杆将模板面向内收缩,通过龙门吊吊运至模板安装位置;定位完成后,调节下部顶丝,调整模板标高,调节侧模板顶丝,将侧面模板调整到位,并通过上下对拉丝杆将内、外对称模板进行对拉加固。调整到位后,将角模板安装到位并进行加固,施工流程如下:

(1) 通过调节丝杆,模板面向内收缩如图 5-4 所示。

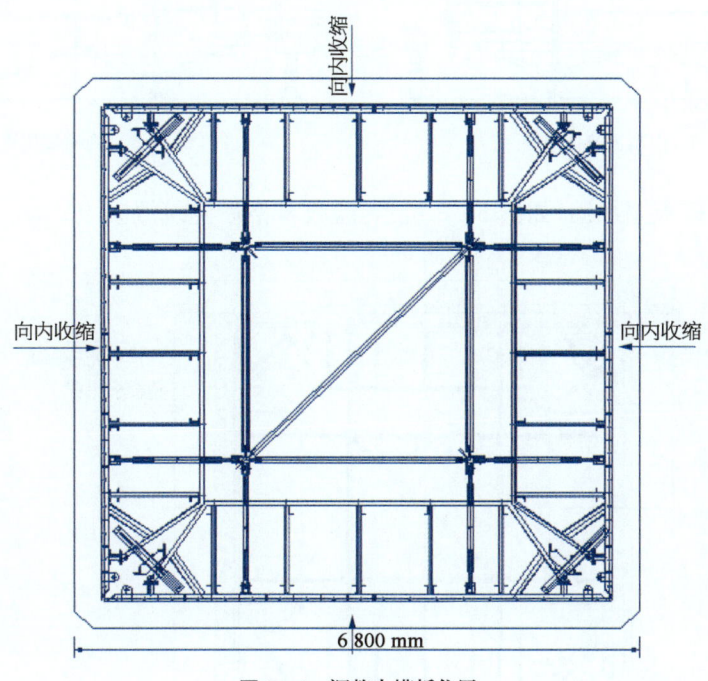

图 5-4 调整内模板位置

(2) 内模板底部位置支撑方案如图 5-5 所示。

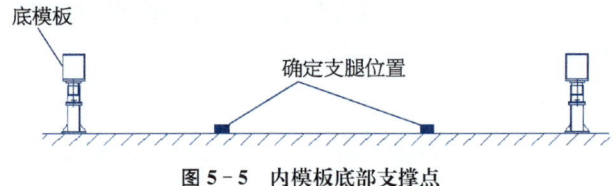

图 5-5 内模板底部支撑点

（3）模板整体吊装就位，调节底部丝杆，调整模板高度到位，如图 5-6 所示。

（4）调节丝杆，将模板顶推至预定位置，如图 5-7 所示，上下对拉丝杆加固。

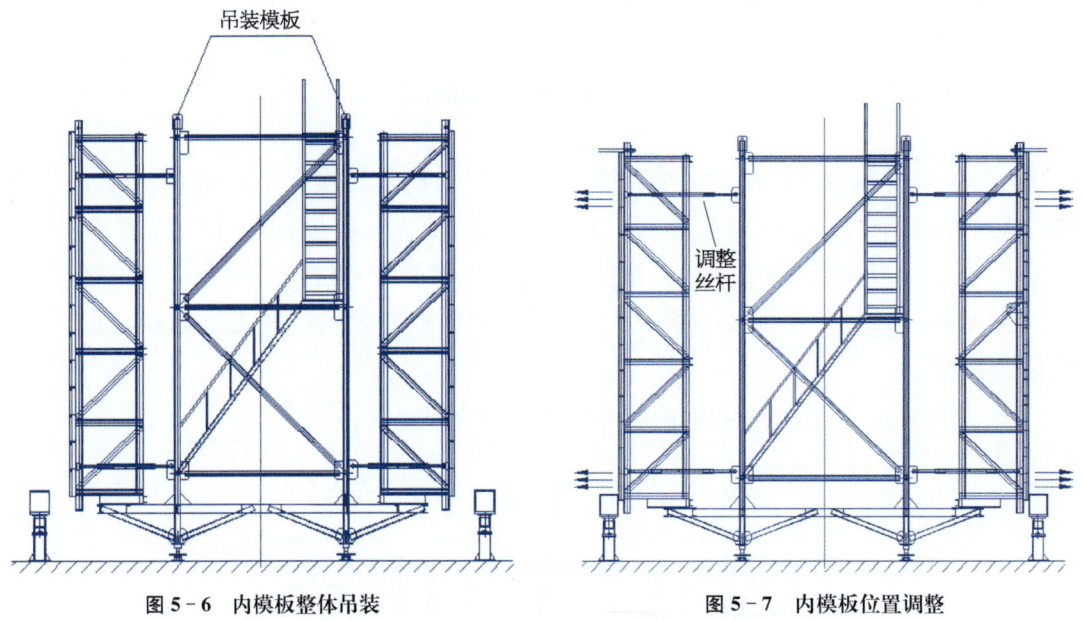

图 5-6 内模板整体吊装　　　　　图 5-7 内模板位置调整

（5）安装角模板并加固，如图 5-8 所示，验收合格后浇筑混凝土。

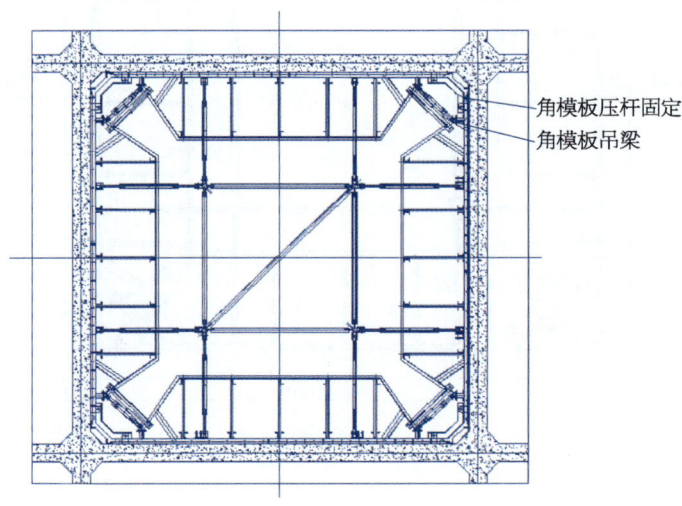

图 5-8 角模板安装

桶式基础结构二层内模板吊装施工流程与一层内模板相同，外模板同样为吊装安装施工，仅在模板底部加固方式有所不同。二层内底部采用顶丝支撑加固，在一层外模顶部以下250 mm处设置埋件（圆台螺母）用于二层外模板就位及加固。模板在内部支架上设置了三个调节点（二层内模板支架立杆采用圆管，下部调整段立杆材料为大一号直径的圆管，内径能放入二层内模板支架立杆），每个调节点间距为定值，同时模板设置了活接头，可根据需求进行拆装，满足模板高度调节需求。模板高度调整施工流程如下：

（1）起吊模板离开地面到达预拼装位置，如图5-9所示。

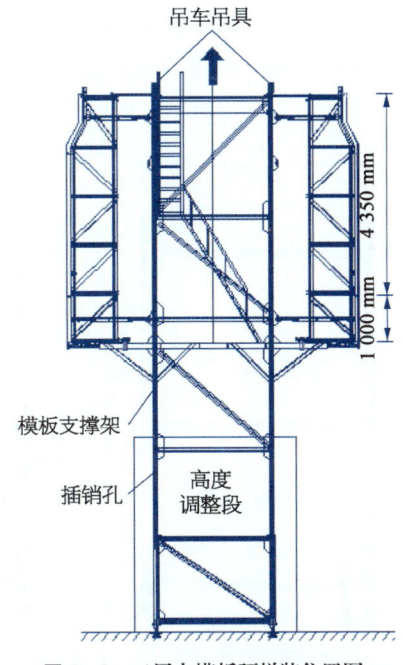

图5-9 二层内模板预拼装位置图

（2）调节步骤：拆除支撑架插销，调整上部圆管位置，将直径为89 mm的圆管下移一个模数0.5 m，就位后重新用插销固定，调整过程如图5-10所示。

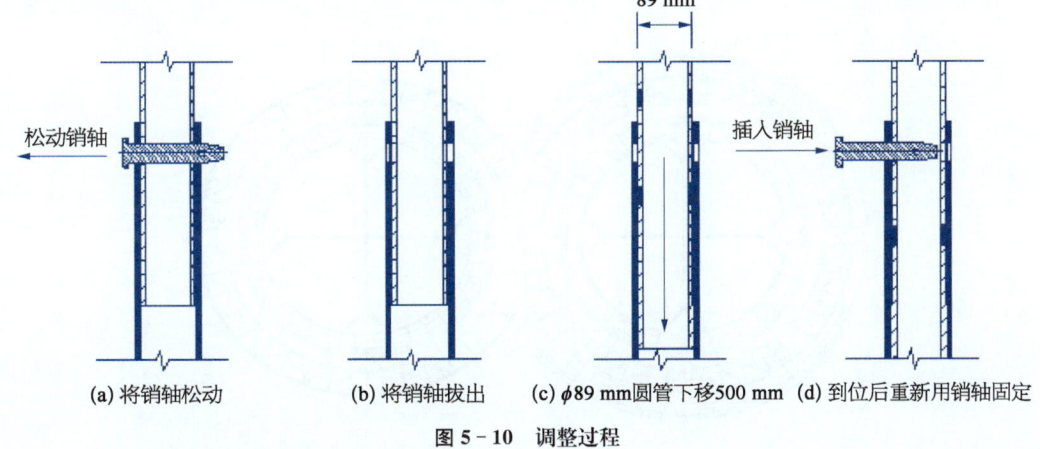

图5-10 调整过程

（3）调整前后内支架细部对比，如图5-11所示。

桶式基础结构三层混凝土模板按活接头槽钢配置，高度变化时将上部槽钢取下即可。在二层外模顶部以下设置埋件（圆台螺母）用于三层外模板就位及加固，如图5-12所示。

3) 上部模板

上部结构是圆筒结构时，单个圆筒内模板由内模板4片、拆模块4片组成；外模板由外模4片组成。模板连接部位采用角钢和螺栓进行连接。趾板的模板工艺与上层筒圆筒部分基本相同，仅增加斜坡面模板。上圆筒钢筋施工完成后，安装上圆筒一层模板，先安装内模板,模板加固好后,再安装外模板,安装完成后浇筑混凝土;上圆筒第二层模板在一层模板上安装,并浇筑第二层筒体,模板工艺如图5-13所示。

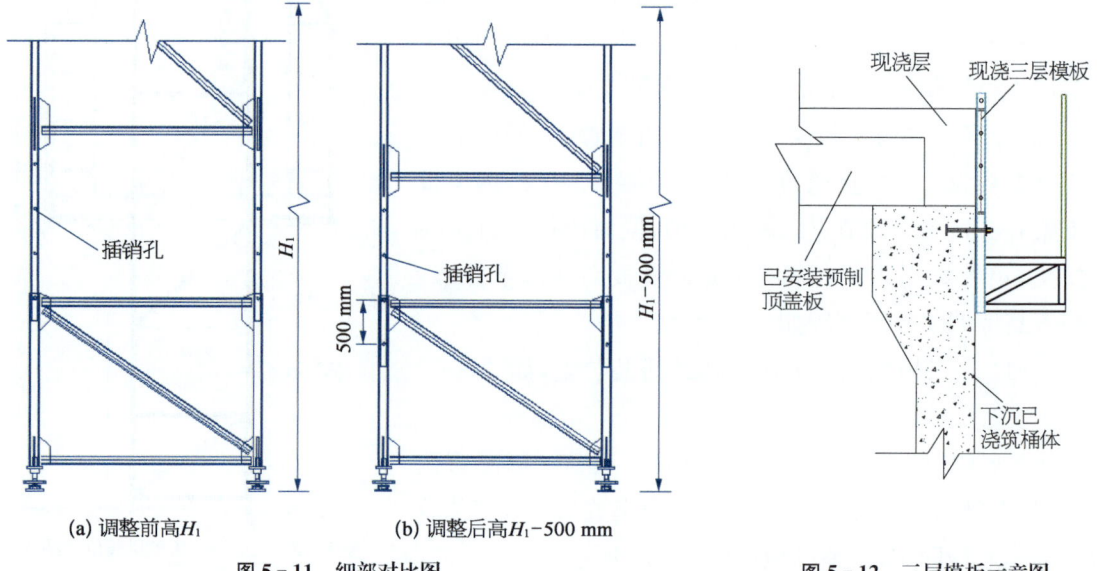

图5-11 细部对比图

图5-12 三层模板示意图

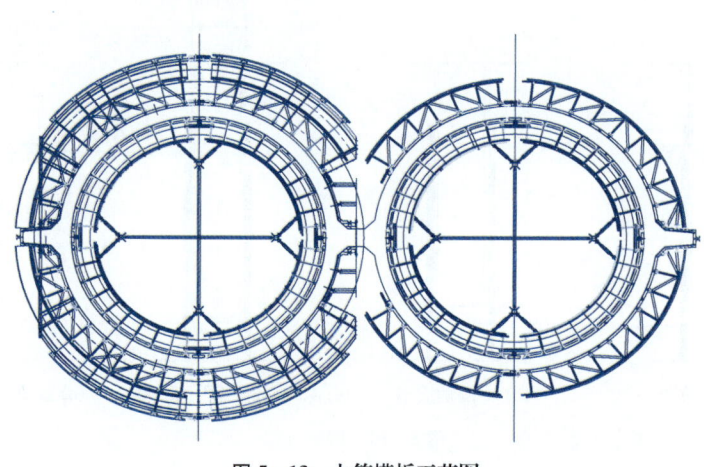

图5-13 上筒模板工艺图

4）预制盖板模板

盖板在预制板生产线上进行预制。盖板底模板采用混凝土地坪,侧模板采用钢模板,如图5-14所示。

5.2.1.2 钢筋工程

桶式基础结构的钢筋加工制作在钢筋区进行,钢筋原材料堆存采用混凝土支垫。钢

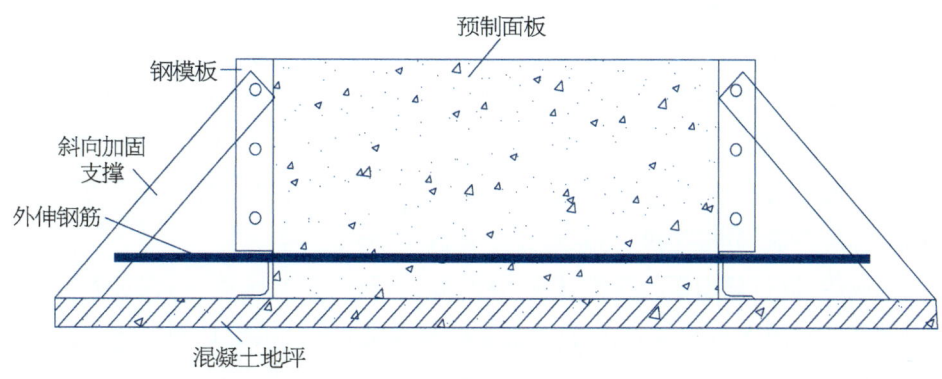

图 5-14　盖板断面示意图

筋接长采用对焊及绑扎,成型后的钢筋用平板车或龙门吊运往钢筋绑扎区或绑扎台座,上部结构钢筋绑扎在台座外专用区域,绑扎后吊装到桶式基础结构盖板上进行连接。

在钢底模板验收合格后,吊装进入专用绑扎架(图 5-15),同时将已加工好的半成品钢筋运输到位,开始进行下桶体一层钢筋绑扎。下桶体一层模板拆除后,及时吊装二层绑扎架,并运输半成品材料到场,进行钢筋绑扎施工。待预制盖板安装完成后,焊接预制盖板连接钢筋,并绑扎面层钢筋。在生产线后方放置上部结构钢筋绑扎架(图 5-16),并进行上部结构钢筋绑扎,待下桶体现浇面层浇筑完成,且强度到达要求后,将上部结构钢筋笼整体吊装,与下桶体预留钢筋对位准确后,进行焊接施工。

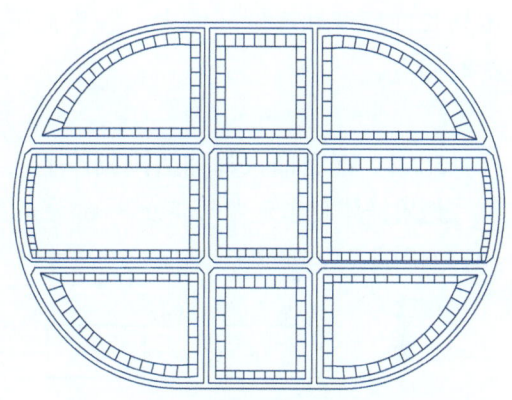

图 5-15　下桶体钢筋绑扎架平面示意图

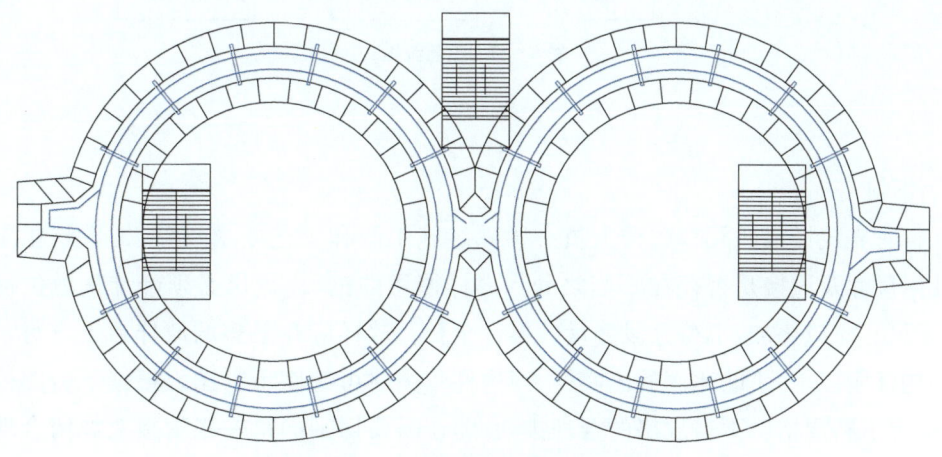

图 5-16　上部结构钢筋绑扎架平面示意图

5.2.1.3 混凝土工程

混凝土采用拌和站集中拌和,罐车水平运输,泵车泵送入模。混凝土泵送前泵车管道用同标号砂浆润滑管道,混凝土浇筑时沿着桶式基础结构桶壁和隔板均匀下灰,采用竖向分层,水平方向先桶壁后隔板的浇筑顺序。浇筑混凝土时采用一次成型,呈阶梯形推进,从模板上部直接下灰浇筑;由于构件较高,混凝土输送管前端的软管部分尽可能靠近混凝土浇筑面。分层下灰,分层振捣,分层厚度不超过 40 cm。

浇筑完成后,进行顶面混凝土的抹面,接茬处抹粗面,并凿毛处理,保证新老混凝土接合面的质量。及时用保水性较好的土工布等材料覆盖,防止风干日晒失水。结硬后立即开始保湿养护。

混凝土养护时在顶部敷设水管,采取滴水养护。同时辅助喷水养护,采用高压水泵喷水。

拆除模板前 12 h,拧松侧模板的紧固螺帽,让养护水顺模板与混凝土脱开面渗下,养护混凝土侧面。在气温较低时,注意覆盖保温材料,保持混凝土湿润和温度。在整个养护期间,尤其是从终凝到拆除模板的养护初期,确保混凝土处于有利于硬化及强度增长的温度和湿度环境中。在常温下至少养护 15 d,气温较低时,适当延长湿润养护时间。

5.2.2 钢质桶式基础结构制作工艺

钢质桶体制作分为两部分,一部分是在工厂制作,一部分是现场拼装。工厂制作工艺流程如图 5-17 所示。

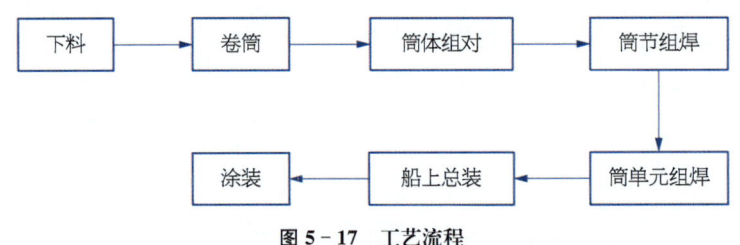

图 5-17 工艺流程

1) 下料

下料首先放样,放样前,放样人员必须熟悉施工图和工艺要求,核对构件与相应连接件的几何尺寸及连接是否存在不当之处。放样使用的钢尺、盘尺必须经计量单位检验合格,丈量尺寸时应叠加,不得分段测量后累计全长。放样应在平整的放样台上进行。凡放大样的构件应以 1∶1 的比例放出实样,当构件较大时可绘制下料图。根据下料图核验下料号,确定下料规格。下料规格的合理排列,即在需要切割的每一张钢板上如何合理安排所用规格,使之不剩料边、料头,尽量提高材料的利用率。下料人员将同材质、同厚度的用料,按宽度、长度、数量汇总,作出排版图。根据排版图进行切割,割口量与组对间隙的计算,实际下料尺寸=名义尺寸+割口量+公差尺寸+焊接收缩量。焊接收缩量与加工余量的预留焊缝收缩量可以每米焊缝收缩 1~1.5 mm 计算,加在应下料的总长度内,切割标准和质量按设计要求进行。切割后用油漆写明图号。

2) 卷筒

卷筒前首先按筒体的曲率半径制作内卡样板,用来校验卷圆时筒节的曲率,机器采用鼓形上辊和较小直径的下辊,下辊的下部有可以上下调节的托辊支撑。卷制筒节的检验标准以设计要求为准。

3) 筒体组对

单节筒体的组对质量直接影响焊接质量、筒的同轴度,组对时采用图 5-18 所示的夹具,分别调正丝杆,可使纵缝的错边准确对齐,并使纵缝的间隙达到工艺要求。端面错位采用图 5-19 所示的夹具进行调正,调正后可以达到工艺要求。

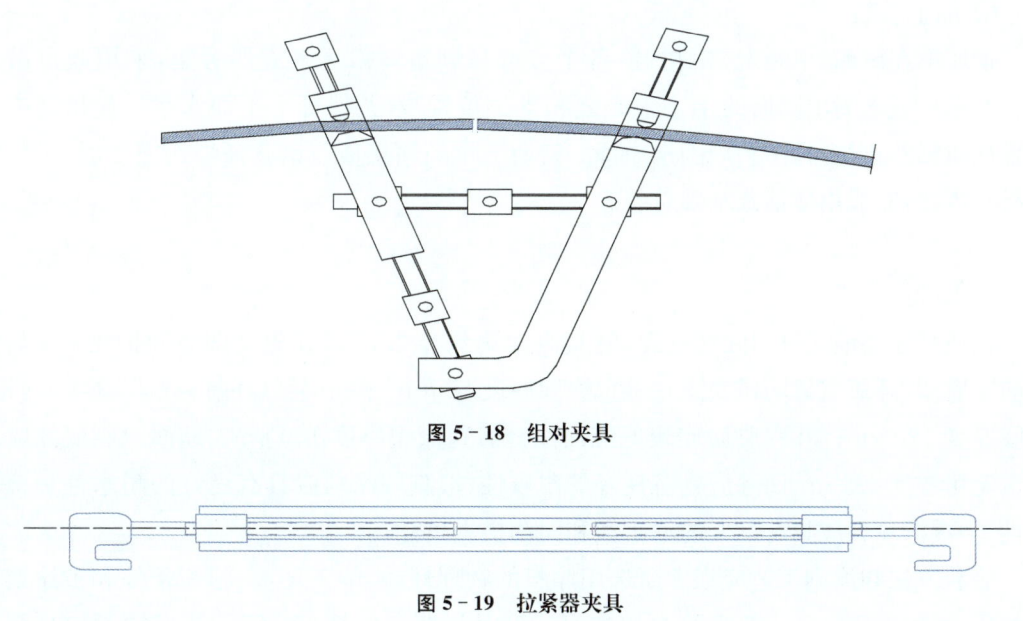

图 5-18 组对夹具

图 5-19 拉紧器夹具

4) 筒节组焊

按照排版图、接料单进行接料,对接接头应仔细对中,选用与母材相适应的焊条进行点焊加固。筒节纵缝焊接可采用二氧化碳气体保护焊、埋弧自动焊或 Y 形坡口双面焊,外壁焊接完毕后,内壁清根露出焊缝坡口金属后再焊。焊接完毕后焊工应清理焊缝面的熔渣及两侧的飞溅物,焊工自行检查焊缝的外观质量,检查合格后在工艺规定的焊缝及部位打上焊工钢号,焊工钢号一般位于焊缝端头 100 mm、焊缝边缘 50 mm 处,字号不小于 10 号,并做好焊接记录。按照技术工艺科室出具的探伤委托单进行无损探伤检测。合格后转下一工序,若检测出缺陷,应按相应的返修工艺进行返修,经检测合格后转入下一工序。

5) 筒单元组焊

按照筒单元的接料图进行组装。相邻筒节的纵焊缝应尽量错开 180°,若因板材规格不能满足全部要求时,其相错量不得小于 90°。筒节与筒节对接均采用外边对齐。筒节对接环缝焊接可采用二氧化碳气体保护焊、埋弧自动焊、Y 形坡口双面焊,外壁焊接完毕后,内壁清根露出焊缝坡口金属后再焊。严格按焊接工艺的要求施焊,一条焊缝要连续焊完,不能间断,焊接时注意反变形。焊接完毕后焊工应清理焊缝面的熔渣及两侧的飞溅物,焊工自行检查焊缝的外观质量,检查合格后在工艺规定的焊缝及部位打上焊工钢号,并做好焊接记录。

6) 船上总装

钢质桶在海船(甲板驳)上拼装,各个分部从制造厂搬运至海船旁边,采用起重吊组装。在甲板驳上划出圆筒的十字中心线和支垫位置线,并保证上平面水平。先吊装中间位置钢质桶并定位,再吊装周围钢质桶。待所有中间连接板与钢质桶焊接完工后,吊装顶盖板并焊接,完成钢质桶式基础总装。

7) 涂装

钢质桶涂装前先进行除锈处理,使其表面达到 Sa2.5 级,并应立即涂防护漆:成品出厂前涂底漆(环氧富锌防锈底漆)一道,涂膜厚度 80 μm;中间层漆(环氧云铁防锈漆)两道,涂膜厚度 120 μm;面漆(脂肪族聚氨酯面漆)两道,涂膜厚度 100 μm。防腐涂料底漆应具有一定粗糙度;大气区面漆应具有良好的耐候性;浪溅区涂料应具有良好的耐水性和抗冲刷性;全浸区涂料应具有良好的耐水性和耐阴极剥离性。

涂装方法和涂刷工艺应根据所选用涂料的物理性能、施工环境、施工条件和被涂钢结构的形状进行选择,并应符合涂料规格书或产品说明书的规定。第一道底漆不应采用辊涂施工,当采用刷涂施工时,刷子的型号和质量应获得涂料制造商的认可,刷涂后的涂层应尽可能平整、膜厚应均匀。需在工地拼装焊接的钢结构,其焊缝两侧应先涂刷不影响焊接性能的车间底漆,焊接完毕后应去除车间底漆,并对该区域进行二次表面清理(若焊缝热影响区大于该区域,应对焊缝热影响区进行二次表面清理),然后按设计要求进行重新涂装。对所有焊缝、角落、背角面、梁边等一些不能被充分喷涂到的地方应进行预涂,以获得规定的涂布率和厚度。每一涂层应均匀涂布整个表面,必须要避免漏涂、流挂和滴状物。每一涂层都不应含有针孔、气泡和漏点。

涂装后应对涂膜进行保护,在固化前应避免雨淋、暴晒及践踏,避免涂层损伤和污染。

5.2.3 施工技术

根据实际工程施工经验,针对桶式基础结构预制或制作做出如下规定:

(1) 模板体积大、高度高,制作前应进行模板设计和验算,确保模板使用时的变形尺寸满足标准要求。

(2) 底模板支立时,首先清理地坪,放线测量桶式基础位置,安装钢底模板。桶式基础的外形尺寸主要由底模板控制,底模板的加工和安装要求精确,高差小于 5 mm,安装好后的钢底模板要求整体性好。侧面用三角橡胶条防止混凝土漏浆。

(3) 侧模板支立,在钢筋绑扎完成后,先支立外侧模板,再安装内模板。利用装拆模架先将各个仓室的侧模板拼装好,每个仓室的侧模板分别整体吊装。模板整体调整、加固,通过验收后浇筑混凝土。为保证浇筑成品的几何尺寸符合规范标准要求,支立模板层层控制垂直度、标高和平面尺寸,螺栓紧固。

(4) 基础桶体外壁、隔墙及顶板除负压下沉需要的预埋钢管外,其他严禁开设孔洞。

(5) 模板支立前,先将表面清理干净,均匀涂刷好脱模剂,脱模剂采用专业生产厂家生产的、适用钢模板脱模、脱模后混凝土表观美观的品种。

(6) 当混凝土强度达到设计要求时拆除模板,拆除后的模板应清理干净,涂刷好脱模剂。

(7) 钢筋加工前,先进行平直、除锈、除油污等处理。

(8) 绑扎钢筋时,按照由内向外、由纵向到横向的顺序进行绑扎。

(9) 钢筋绑扎要求一次成型,钢筋制作时采用对焊接头,现场绑扎的钢筋接头采用搭接焊,其他尽可能采用对焊接头。注意错开搭接焊缝,保证处于同一断面的接头小于断面钢筋总数量的一半。预制盖板时注意预留上筒的趾板钢筋和搭接钢筋。

(10) 钢筋布置、绑扎尺寸、规格等必须符合设计要求,钢筋成型后有足够的刚度,避免成型后的钢筋骨架弯曲变形。扎丝统一向内侧按倒。

(11) 钢筋绑扎时注意避开圆台螺母。

(12) 钢筋保护层垫块采用机械制作,强度和抗氯离子渗透性能不低于构件本身的设计要求,垫块的厚度偏差满足规范和标准。垫块支垫牢固,每平方米不少于 4 个,保证钢筋在混凝土浇筑过程不发生位移与变形。

(13) 混凝土考虑掺加阻锈剂等因素,按规范要求适当延长搅拌时间,保证混凝土搅拌均匀。

(14) 混凝土振捣时,先外后内,振捣间距 300 mm,每一振点的持续振捣时间为 15~20 s,以混凝土表面呈现水泥浆和不再沉落为度。振捣棒垂直插入混凝土中,并快插慢拔,上下抽动,保证上下两层混凝土结合成整体,振捣棒应插入下层混凝土中不小于 5 cm。为避免顶部浮浆过多,分层减水。

(15) 为了控制好每层混凝土的振捣,在振捣棒软管上,用胶布等做好标记,根据标记控制好振捣棒的插入深度。

(16) 有较高的气密性要求,施工缝的处理作为重点进行控制。一般在下层混凝土中间压凹槽并设膨胀橡胶条,控制混凝土坍落度不要过大,浇筑完毕后,将顶部的浮浆排出。二次浇筑前施工缝处进行凿毛处理,在已硬化的混凝土表面上,清除水泥薄膜、松动石子及软弱混凝土层。在浇筑新混凝土前,先用水充分湿润老混凝土表面层,低洼处不得留有积水,并且使用界面剂,然后铺一层厚度为 10～30 mm 的水泥砂浆,水泥砂浆的水灰比小于混凝土的水灰比。

5.3 运输技术

钢质桶式基础结构和混凝土桶式基础结构的运输方式不同。钢质桶式基础结构主要采用吊装运输,不论装车还是装船都是吊装。而混凝土桶式基础结构运输较为复杂,运输要分为场内台车移运、装船气囊移运和水上气浮移运。下面主要介绍混凝土桶式基础结构运输技术。

5.3.1 混凝土桶式基础结构场地运输及装船

5.3.1.1 运输设备选型

1) 场内运输台车选型

根据桶式基础结构形式和重量设计台车。台车采用双轨道,轨道宽度在 80～100 cm,台车高度为轨道与支撑结构高差加 5 cm,台车顶升着力点位于隔板底部,台车顶升面与桶式基础结构底模板顶平行,轨道上轮压不能超过地基承载力,台车可以多组连接成一体,但要保证可以同步顶升,台车示意图如图 5-20 所示。

图 5-20 台车

2) 托盘

托盘是将桶式基础结构的线性荷载转化为面载的过渡设备。其外形尺度设计是根据桶式基础结构形状、重量、支撑结构和地基承载力确定下来的。桶式基础结构预制完成达到搬运强度后,通过气囊将托盘运至桶体底部,使用托盘辅助搬运,托盘结构如图 5-21 所示。

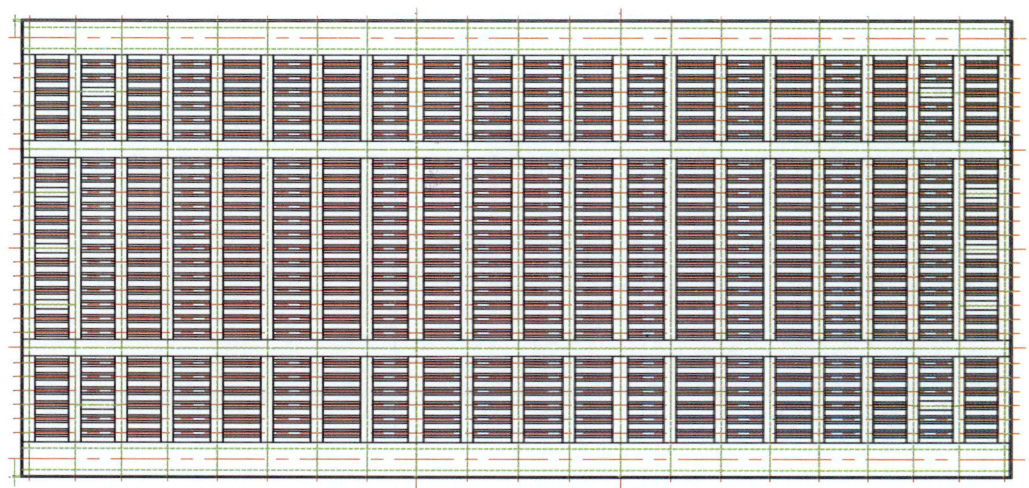

图 5-21 托盘结构示意图

3) 搬运气囊选型

气囊选择应根据托盘形状、运输重量、支撑结构及地基承载力确定。气囊按单排摆放,摆放间距以不影响移运的最小间距为准,顶升时气囊允许工作压力不大于额定工作气压的 0.6 倍。

4) 半潜驳选型

根据桶式基础结构建设工期、形状、重量和出运码头,选择半潜驳,尽量考虑全天候出运。

5.3.1.2 运输工艺流程

桶式基础结构预制完成后,通过台车、气囊运输装船的流程如图 5-22 所示。

5.3.1.3 场内运输及装船施工方法

1) 台车移运

台车使用前对台车进行进厂验收,仔细检查台车。桶体下层混凝土达到设计强度后拆除中间底模板,使用起重设备把台车吊运至桶体出运的生产线,启动电源,把台车开进要出运的桶体底部,开启泵站同步顶升桶体 5~10 cm,使桶体脱离两侧底模板,而后台车拖带桶体以 1 m/min 的速度向前移动。到达转换台座后启动液压系统缓慢降落,把桶体基础落在两侧固定底座上,把台车开回,移运过程如图 5-23 所示。

搬运工艺顺序为:拆除中间底模板→台车进入→顶升→向前运输→落在底模板上→

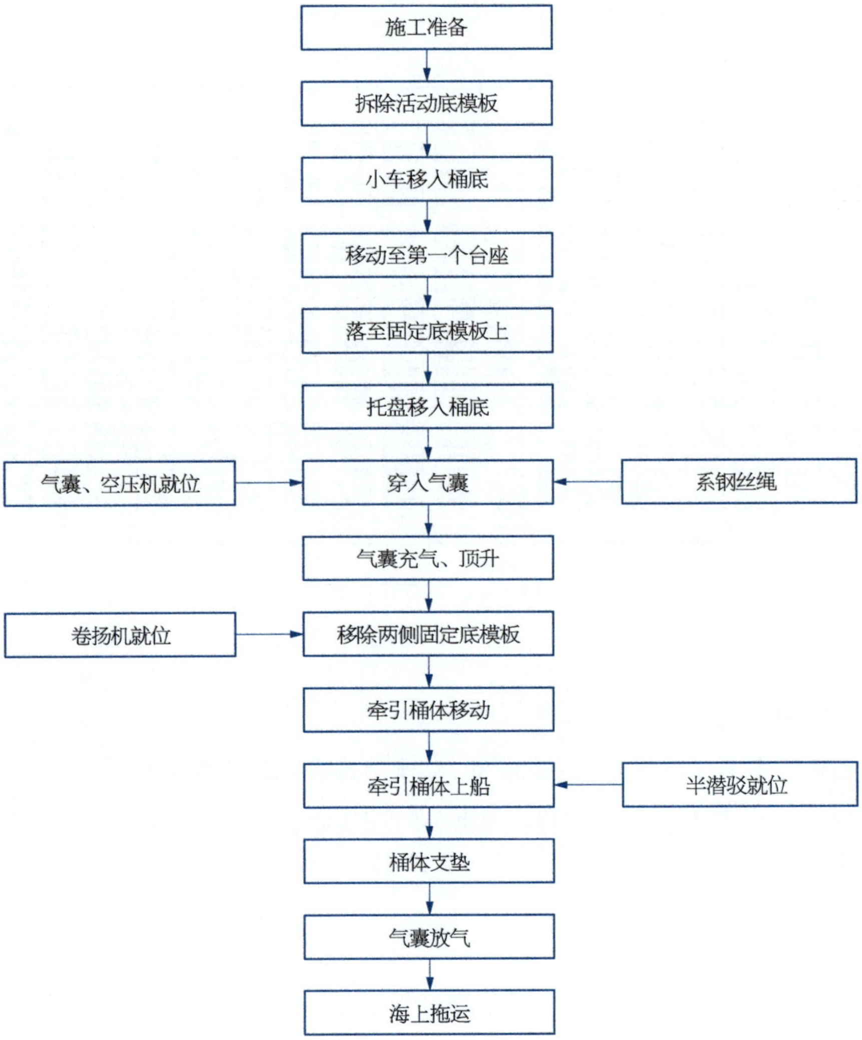

```
施工准备
  ↓
拆除活动底模板
  ↓
小车移入桶底
  ↓
移动至第一个台座
  ↓
落至固定底模板上
  ↓
托盘移入桶底
  ↓
气囊、空压机就位 → 穿入气囊 ← 系钢丝绳
  ↓
气囊充气、顶升
  ↓
卷扬机就位 → 移除两侧固定底模板
  ↓
牵引桶体移动
  ↓
牵引桶体上船 ← 半潜驳就位
  ↓
桶体支垫
  ↓
气囊放气
  ↓
海上拖运
```

图 5-22 工艺流程图

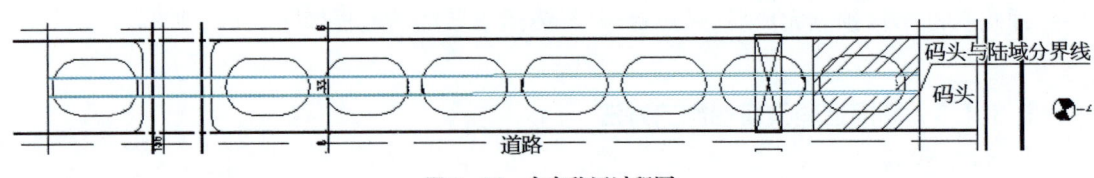

图 5-23 台车移运过程图

台车退出,过程示意如图 5-24 所示。

2) 托盘移运

用卷扬机将托盘拖运到桶式基础结构正下方,如图 5-25 所示,就位时注意托盘中心和桶式基础结构中心吻合。气囊利用装载机牵引,在托盘下穿入气囊,气囊摆放整齐、外露

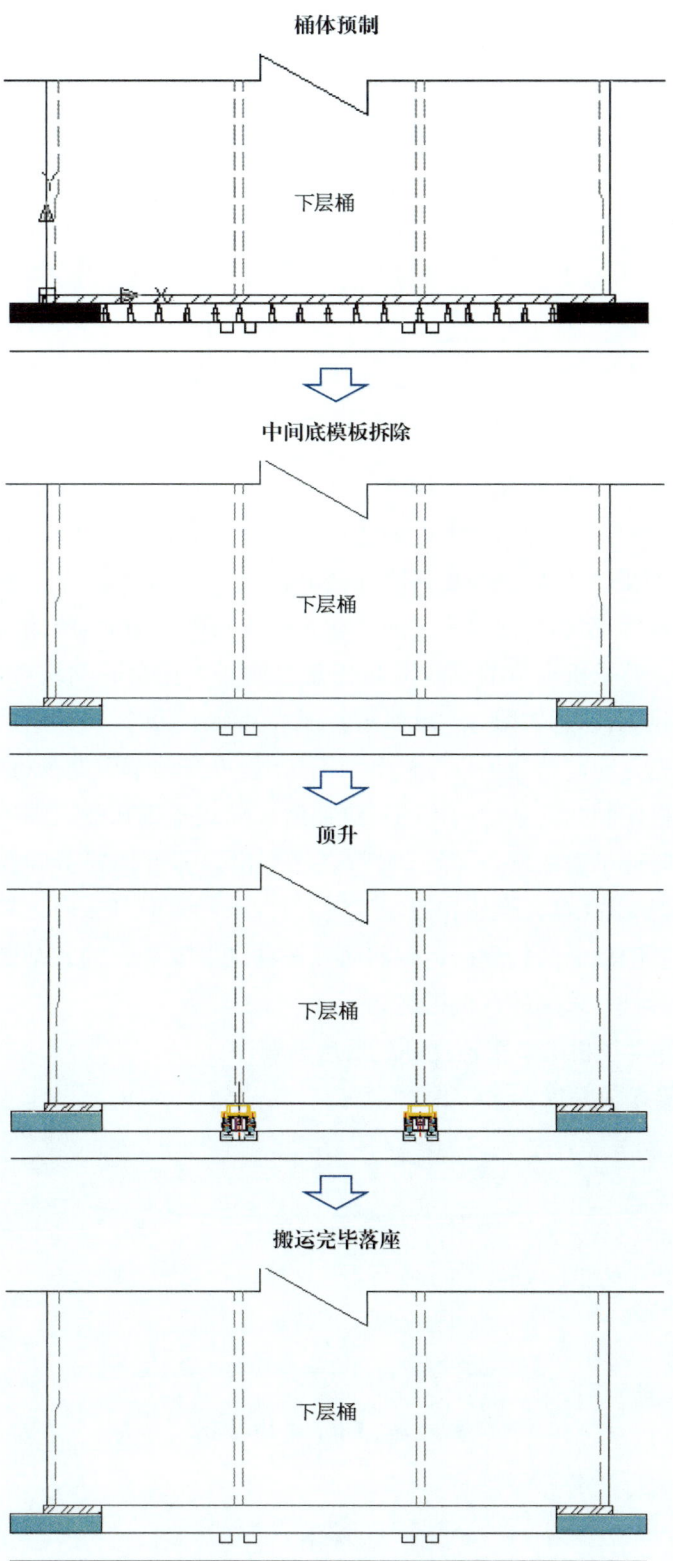

图 5-24 搬运工艺示意图

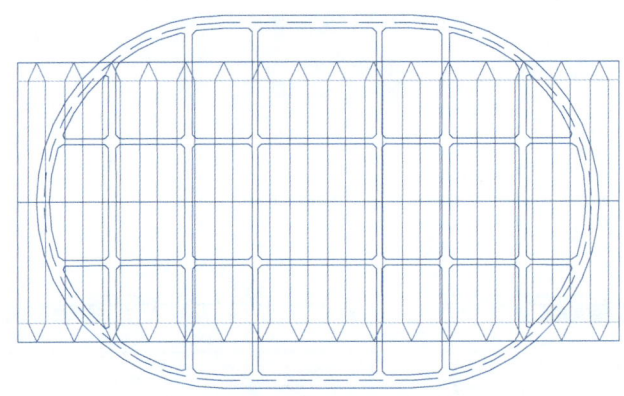

图 5-25 托盘顶升和气囊布置平面示意图

长度一致、相互平行。现场指挥人员检查气囊就位无误后,指令连接供气管道并启动空压机,由桶式基础结构中间向两侧对气囊进行充气,当气囊将桶体基础结构整体顶升约 5 cm,可将两侧直线段的固定底模板拆除并拖出。

桶式基础顶升后,在场内向码头方向移动。桶式基础出运时,两侧 10 m 设警戒线,无关人员严禁靠近。卷扬机牵引的钢丝绳与托盘连接并与托盘的轴线对称,确保在移动过程中沿轴线前进,牵引示意如图 5-26 所示。桶式基础出运时,在其前面按照预定位置摆放好接应气囊。先开动制动卷扬机放松牵制钢丝绳,再开动牵引卷扬机,要注意各卷扬机同步、协调,要严格控制桶式基础结构的行进速度。桶式基础托盘后端的气囊滚动邻近桶式基础托盘边缘时应迅速放气,严禁气囊带气压蹦出。邻近桶式基础托盘底部的气囊要迅速充气,当桶式基础托盘完全压在前端气囊上时,该气囊的气压应达到与其他气囊相同的气压。将桶式基础后面的气囊搬运到前面并按规定摆放好。桶式基础在拖运过程中如发生偏移,应及时纠偏,采用的纠偏措施如下:

(1) 调整两侧卷扬机的牵引速度和先后启动顺序。

(2) 调整气囊摆放角度。

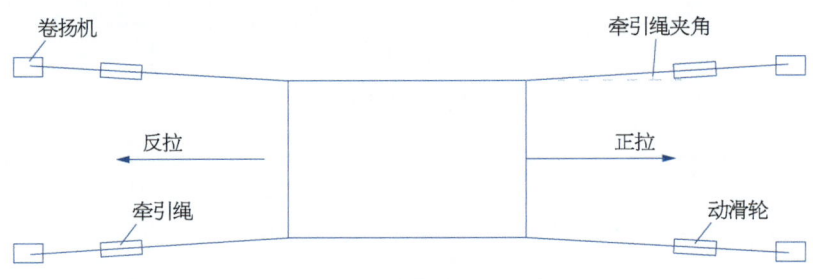

图 5-26 卷扬机牵引示意图

3) 装船

将半潜驳垂直靠岸,对正桶式基础结构的出运生产线。将半潜驳舱内注水调整船艏、船艉吃水至平衡状态,当船艏高于岸壁承台支座 20 cm 左右时,准确调整船位使半潜驳上钢支垫与出运到码头的桶式基础结构直线段的中心线吻合,然后注水使船艏支承于岸壁承台支座,同时将船体调平。甲板高程与码头前沿高程一致,开始通过牵引系统、气囊将桶式基础结构往半潜驳上牵引上船。为保持甲板面基本水平,应严格控制拖运速度,使其以不大于 1.0 m/s 的速度缓慢将桶式基础拖运到半潜驳上。在拖运过程中,及时调整压舱水,以保持半潜驳甲板基本水平,每一条气囊压上半潜驳总指挥都通知驳船反抽压舱水,以调整驳船;同时要控制桶式基础移动和停放位置,保持桶式基础的纵横轴线与半潜驳甲板的纵横轴线尽量吻合,误差在 10 cm 以内。桶式基础移动到半潜驳的停放支垫上时,各个气囊缓慢放气,使桶式基础平稳地坐落在支垫上,支垫完毕托盘拉回。装船示意如图 5-27 所示。

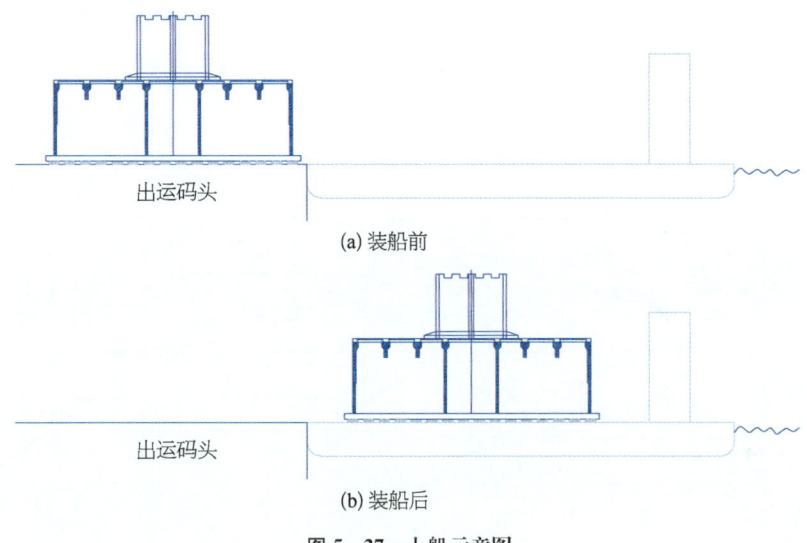

图 5-27　上船示意图

5.3.2　混凝土桶式基础结构水上气浮运输

5.3.2.1　平台及管道安装

操作平台在预制厂完成安装:在桶体顶部设置钢管支架,安装吊车进行吊装操作平台到支架顶部,人工配合拧紧固定螺栓。将操控平台上带有编号的金属软管与相应桶体上的接口对接。连接后进行检查,保证接口气闭严密,编号对应正确。控制平台的操作人员实验性地将空压机按编号依次打开充气,桶体基础结构上的指挥人员检验相应编号胶管内气体流动是否正常。发现异常时,应安排专人对胶管及管件连接处检查和维修。全部正常后,可关闭空压机,等待下一步气浮施工。操作平台示意如图 5-28 所示。

5.3.2.2　船舶站位

桶体上船后由半潜驳运输至下潜坑通过 GPS 进行抛锚定位,定位完成后通过打水砣

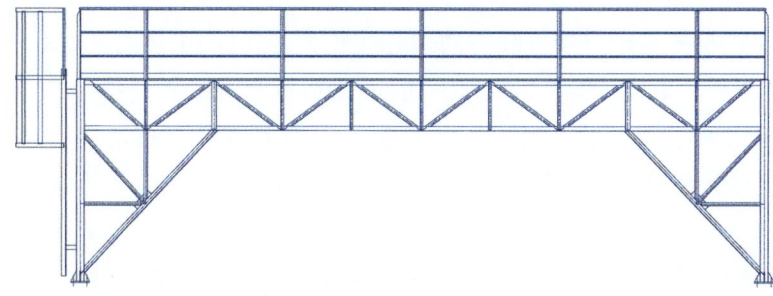

图 5-28 操作平台图

测水深确认位置正确。拖带桶式基础结构的起重船与半潜驳对头定位抛锚,连接桶式基础结构和半潜驳四角系船柱上的控制缆绳,连接起重船与桶式基础结构之间的拖带缆绳,操作人员检查管道及阀门连接情况。船舶抛锚站位如图 5-29 所示。

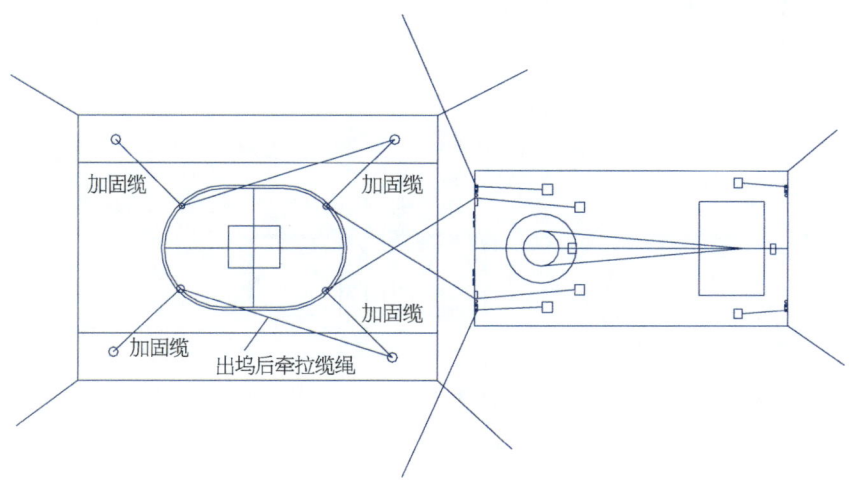

图 5-29 船舶抛锚站位示意图

5.3.2.3 半潜驳下潜

根据半潜驳抽排水性能不同,提前下潜确保潮水涨至平潮时拖带出驳,确认排水、排气阀门保持打开状态,半潜驳开始第一次下潜,各桶体第一次下潜至规定吃水时停止下潜。下潜过程中检查各阀门排气是否正常,如发现管道堵塞情况应处理后重新施工。用手感觉气体排放完成后关闭所有排水、排气阀门。阀门关闭后控制缆绳人员就位,实施第二次下潜,下潜过程中安排专人观察桶体是否存在漏气现象,控制室人员观察气压变化,待桶体下潜至起浮前 1.5 m 时停止下潜,拉紧拖带船舶与桶体拉环之间的缆绳,充气船靠近桶体,连接充气船与操作平台之间的气管。而后继续下潜至施工浮运吃水,桶体浮起,工人拉紧四角控制缆绳,防止桶体撞向半潜驳墙体。半潜驳下潜示意如图 5-30 所示。

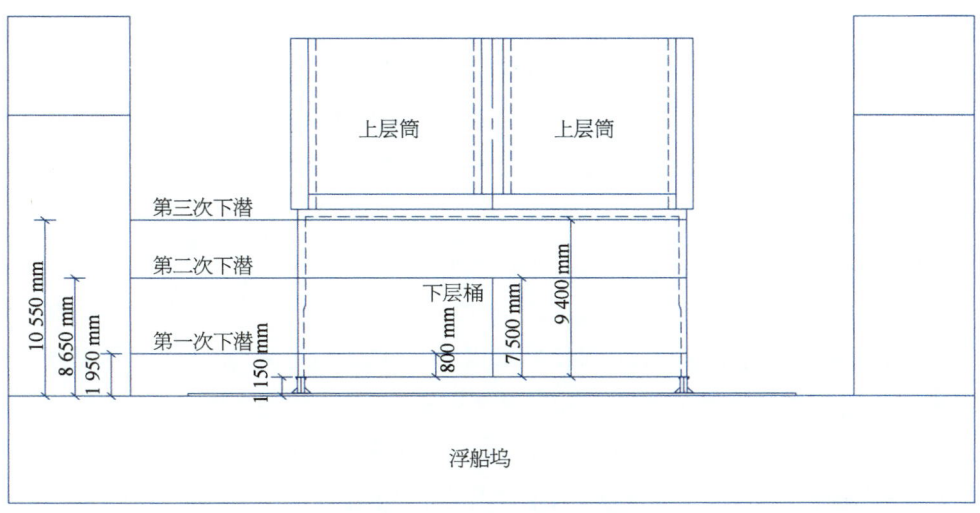

图 5-30 半潜驳下潜示意图

5.3.2.4 气浮拖带

气浮稳定后,开动起重船锚机缓慢将桶式基础结构移出半潜驳,移动过程中缓慢加力,同时收放塔楼上与半潜驳连接的绳缆控制桶式基础结构,确保拖轮缓慢并平稳地将基础结构牵出半潜驳,如图 5-31 所示。长途拖带时待结构完全移出半潜驳后,连接后方控制船和后方控制缆,桶式基础结构上的施工人员将半潜驳的四根控制缆松开,由半潜驳上的人员收回,进行拖运。拖航过程中通过抽排气保持桶体浮游吃水,拖航速度不大于 2 节。安排两条交通船在两侧观察吃水深度,并随时报告操作平台调度人员,调度人员根据平衡状况指挥操作人员进行人工干预调平。

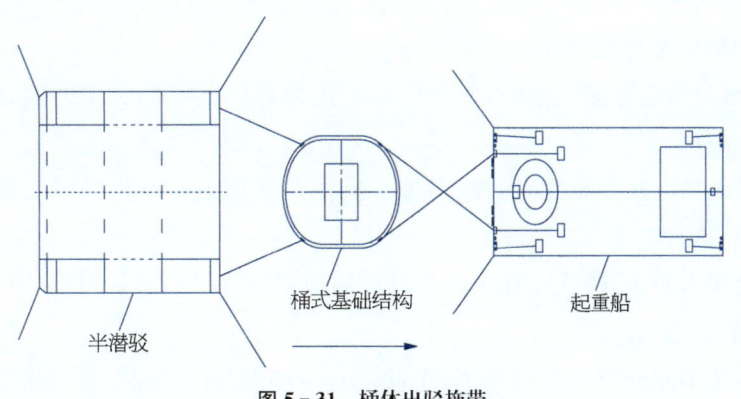

图 5-31 桶体出驳拖带

5.3.3 运输技术规定

根据实际工程施工经验,针对桶式基础结构运输做出如下规定:

（1）在气囊充气过程中，要保证各气囊进气均匀、缓慢，避免气囊压力突然升高。当充气压力达到额定压力的80%时停止供气，对所有气囊的压力进行检查，发现气囊压力不一致时可向单个气囊充气，使各气囊压力基本一致，然后继续充气直至桶式基础结构离开底模板约5 cm高且桶式基础结构的重量完全靠气囊支承，气囊高度达到40 cm左右，才将各气囊的气阀关闭，停止供气。

（2）桶式基础结构移运速度控制在2 m/min以内。

（3）桶式基础结构行进过程中，给桶式基础结构后部1～3条气囊间歇放气，始终保持桶式基础结构前高后低，高差控制在200 mm以内。桶式基础结构后方即将滚动出来的气囊在出来前要把压力降为原先工作气压的60%左右，在其快滚出来时，一直放气直至无压力，使其与桶式基础结构底安全分离，否则气囊挤压出来时会弹击伤人。

（4）桶式基础结构行进过程中，牵引钢丝绳及滑轮组的位置和高度要密切注意，防止磕碰损坏气囊充气嘴。

（5）指挥人员随时观察桶式基础结构行进过程中的偏移程度，及时进行纠偏。若桶式基础结构在行进过程中方位偏离，则停止牵引，将桶式基础结构前方新放入的气囊斜摆一个小角度，再按操作步骤牵引，直至纠偏为止。调整气囊角度不能过大，以防损伤气囊，需通过多条气囊逐渐纠偏，以防桶式基础结构行进成"之"字形；也可通过调节两台前牵卷扬机启动的时间差及两台卷扬机的牵引速度来进行纠偏。

（6）按照桶式基础结构前进方向墙体侧面划出长为0～2.5 m的刻度尺，严格控制桶式基础结构每次行进的距离。注意每条气囊的摆放位置，保证桶式基础结构横移牵引到位时，各个气囊平行，且各气囊间至少有50 cm的间距。

（7）气囊所经接触面不得有尖锐突出的硬物，防止刺破气囊。

（8）空压机吹出的空气中含有水分，可在气囊中灌入适量滑石粉对气囊进行干燥保养，防止气囊内侧胶皮老化黏结。

（9）利用导向滑轮穿抽气囊时，作业人员不得站在钢丝绳的转角内侧，防止钢丝绳溜出滑轮槽或断裂伤人。

（10）充气人员应站在充气嘴的侧面进行操作。其他人员不得处于气嘴正方向位置，防止气嘴蹦出伤人。

（11）气囊端头的进、排气孔在工作和存放时应采取保护措施，不使用时用丝堵将其封上，防止异物进入气囊。

（12）气囊使用完毕应及时收回，清理表面污垢，检查损伤情况，若有损伤要及时修补。破损修补后的气囊，尽量避免使用，若需使用应降低使用压力。

（13）气囊不得与酸、碱、油脂和有机溶剂接触，不得在气囊上堆压重物，气囊严禁在露天暴晒，应在阴凉通风处存放以防止脱胶老化或黏结。

（14）半潜驳靠岸、桶式基础结构上船趁高潮作业，准备工作必须充分、作业紧凑，在高潮期间完成桶式基础结构的上船。

(15) 气浮稳定性技术规定，新型桶式基础结构气浮稳定性计算公式，基本可以判别结构在气水共同作用下的稳定性，但是由于气体压缩性强，在稳定平衡变化过程中有一定的滞后性，因此实际工程中还不能完全依靠判别式。参考浮游稳定性的技术要求，结合气浮的特殊性，设计提出如下技术规定：

① 气浮期间，桶式基础盖板不能位于水下。
② 气浮期间，波浪、涌浪均不能大于 1.5 m。
③ 气浮期间，桶内封仓水高度不小于 2.5 m。
④ 气浮期间，桶式基础定倾高度不小于 0.6 m。
⑤ 气浮期间，桶内气柱高度不小于内、外液面差的高度。
⑥ 气浮期间，小于 6 级风。

5.4 安装工艺

钢质桶式基础结构和混凝土桶式基础结构的安装工艺基本相同。钢质桶式基础结构主要采用吊装定位，下沉和纠偏与混凝土桶式基础结构相同。下面以混凝土桶式基础结构安装为例进行介绍。

5.4.1 操作控制系统

桶式基础结构为单桶多仓结构，无底有盖，通过仓内充气进行浮游运输，利用排气、排水形成负压沉入土中。水上运输过程需要进行充气、隔仓气体量调节、调平等作业。下沉时则通过泵进行抽水、排气，形成桶内、外压力差使其沉入土中。气浮和下沉过程中仅依靠肉眼观察而后调节控制会严重滞后，易造成较大失误，控制系统放置在船舶上会因为波浪、船舶与桶体航行同步等影响可靠性，为此设计了专用操控平台放置在上筒顶部，设计控制柜根据 GPS、压力、倾斜等数据提前判断、快速控制。

5.4.1.1 自动控制系统

根据桶式基础结构充气浮运及负压下沉的施工需要，结合具体的施工地理、波浪条件、拖带船舶，对自动化控制系统进行理论研究和设计。

在桶式基础结构充气浮运阶段，通过桶体上的进气管路向桶体内部充入压缩充气，使结构漂浮于水面，调整桶体内的充气量，使桶体的入水深度达到满足拖航稳定性的要求。故控制系统首先要有对新型桶式基础结构的姿态监控的功能，其次要有快速响应处理的功能，可以根据监测的姿态数据，快速计算并反馈控制执行机构进行充放气调节，保证桶式基础结构的姿态稳定性。

在自重下沉和负压下沉阶段,控制系统不仅具有姿态监控功能,还必须具有标高监测功能,可以根据姿态、标高和标高计算出的下沉速率,进行下沉和姿态调整控制。通过排气和抽水的速度控制下沉的速率,下沉过程中发生倾斜时通过不同隔仓排气量和抽水量调节至水平状态,直至各桶内的水体全部抽出出现泥浆、桶体达到设计标高为止,桶体结构的下沉安装完毕。

控制系统原理如图 5-32 所示,由四台 GPS 通过 RS232 端口输出经、纬度信号,分别连接到可编程逻辑控制器(programmable logic controller,PLC)控制系统和计算机,PLC 系统根据 GPS 输出的 Z 方向信号来判断构件变化的情况,为姿态控制提供依据。同时计算机读取 GPS 信号并通过坐标转换软件,计算出构件在工程坐标系下的坐标,在计算机上进行显示。另配备有倾斜仪直接连到 PLC 控制系统的模拟模块,通过 PLC 的 CPU 对其进行循环扫描,桶体姿态根据扫描结果进行调整。

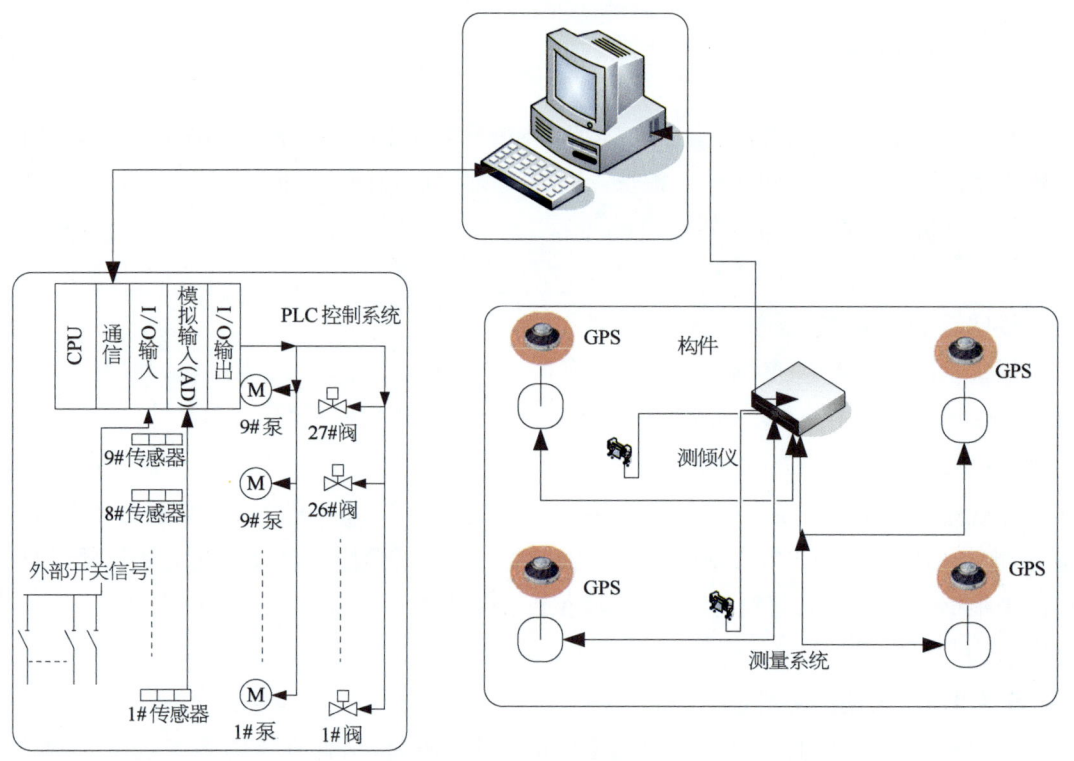

图 5-32 控制系统原理图

5.4.1.2 控制系统总成

1) 控制系统方案

根据工艺流程,控制系统需要在气浮上升、气浮拖运、自重下沉、负压下沉的四个环节中能够按照要求控制桶式基础结构的上升和下降,在上升和下降的过程中需保持桶式基础结构的稳定,而且要求控制系统能够控制桶体上升和下降的高度。该控制系统还具有手动功能,操作面板上的操作按钮开关连接到 PLC 的 I/O 模块,PLC 有通过操作开关对外部设备进行控制和通过操作台上"手动/自动"按钮来切换两种控制模式。施工的时候使用自动控制的方式,在设备出现故障时,切换到手动模式继续施工,待故障排除以后再切换到自动控制模式。

(1) 自动控制模式。自动控制系统外围加装传感器,进、排气管路安装真空压力传感器,桶体结构上安装测斜仪、GPS,充气管路、排水管路上安装电磁阀。控制系统采用 PLC 控制加上位机系统。在桶体气浮上升、充气浮运、自重下沉和负压下沉的过程中,PLC 根据传感器采集到的数据,以桶体倾斜度和工程标高为控制目标,通过自动纠偏程序计算后的反馈来控制电磁阀或排污泵,以调整桶体的浮运姿态和定位下沉及姿态。空气压力传感器测量充气管路内的空气压力,直接连到 PLC 系统模拟量输入模块,经 PLC 计算后在上位机界面上显示。计算机与 PLC 采用 RS485 的通信方式,通过上位机对现场设备状态和构件在运动过程中的姿态显示,对系统产生的报警进行提示,为现场操作人员提供操作参考。该自动控制系统控制精度高,桶体的倾斜角度和桶体的高度通过 GPS 和倾斜仪测量,测量结果经 RS485 通信接口实时传输给控制系统,可以对桶体的姿态和上升、下降的高度进行精确的控制,操作自动化程度比较高,能有效地保证施工质量。

(2) 手动控制模式。手动控制方式是采用按钮和接触器组合来控制阀门和排污泵,在施工过程中操作人员需观察桶壁的水位刻度来判断桶体的倾斜姿态,从而确定桶体各个仓上进气阀、排气阀和排污泵的开启和关闭情况,然后通过操作台上的按钮对阀门和排污泵进行控制,从而保持桶体的平衡。该方案主要为应急处理,确保工程施工的连续性和可靠性。

2) 控制系统构建

压力采集系统:检测仓内压力的变化,并设计专用数据库进行存储,作为姿态影响因素之一进行研究;该压力传感器为真空压力模拟量传感器,压力测量量程为$-0.1\sim 1$ MPa,测量精度为 0.1%,可以满足负压测量的精度要求。

姿态采集系统由 4 台 Trimble SPS852 GPS 和 1 台德国 FRABA/POSITAGL 公司的精密双轴倾角传感器 ACS-080 组成。GPS-RTK 实时提供新型桶式基础结构的位置三维坐标,GPS 系统在 Z 轴方向精度可以到达 5 cm、水平方向精度 3 cm。精密双轴倾角传感器实时提供新型桶式基础结构的倾斜姿态,倾角仪精度为 0.01°。通过数字量输入模块采集现场的数字信号,通过模拟量输入模块采集现场的模拟信号,并结合上位机的操作指令,判断出桶式基础结构的倾斜姿态,再根据不同的工艺流程,来控制隔仓的进排气阀和排水泵的打开和关闭情况,通过调节隔仓内部的气压或排污泵产生的负压来调节桶式基础结构的姿态,以达到自动纠偏的目的。

上位机操作软件采用模块化设计方法,在 LabVIEW 2009 环境下进行开发,界面简洁、操作方便,施工人员可以在电脑上观察到桶式基础结构的位置、高程、倾斜姿态及现场电磁阀、排污泵的开闭状态和仓内大气压力等信息,而且所有传感器信息、操作信息全部录入数据库,可以随时查看以前的记录。在自动纠偏的过程中,施工人员可以通过上位机界面实时观察桶式基础结构的状态。

自动报警系统能够监测系统的工作状态,当出现传感器断线、GPS 通信故障、排污泵过载等问题时,系统自动发出声音和闪光报警信号,上位机操作界面上会显示当前的故障信息,这时按下"消音"按钮,系统警报声解除,闪光报警继续保持直至故障排除。故障解除后,故障信息进入数据库供以后查询。

在施工过程中每个流程结束后,上位机自动跳出表格,把施工过程中必要的信息录入,在整个桶式基础结构安装完成后,自动生成施工记录表,记录安装过程中每个工艺流程的开始和结束时间、最后安装的位置和标高、前后和左右的倾斜角度、各个仓内部的大气压力值等。

5.4.1.3 控制系统操作

1) 登录界面

顶层活动平台安装到位,检查控制系统所有设备是否工作正常,控制系统是否通电,将空压机连接到平台上的储气罐,打开空压机并保持空气压力,打开上位机软件,登录控制系统,输入相关施工信息。自动控制系统登录界面如图 5-33 所示。

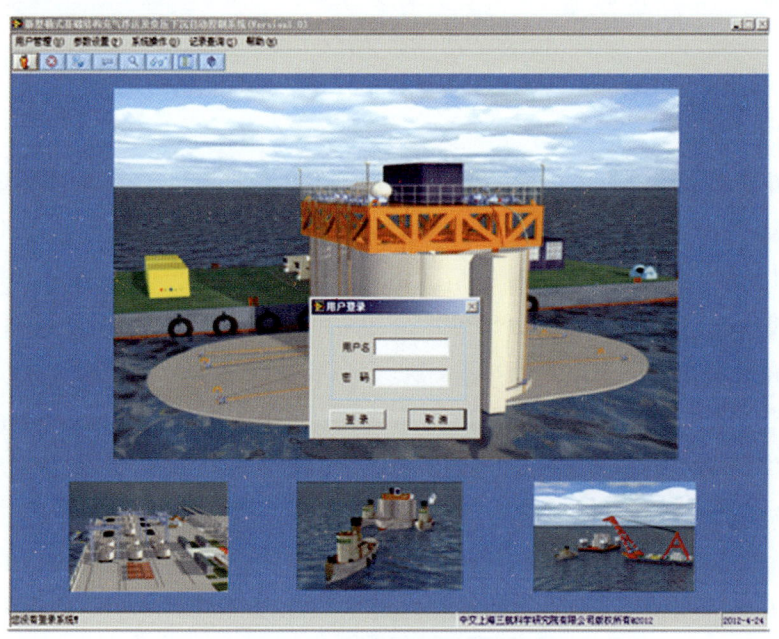

图 5-33 自动控制系统登录界面

2) 气浮上升阶段

在上位机上点击"气浮上升"按钮并输入上升的目标高度,控制系统自动打开进气阀,空压机不断地往储气罐内灌入压缩空气,压缩空气通过进气管路进入桶式基础结构的内部,使桶体内部气压升高,操作人员可以在上位机软件界面上观察到每个仓的空气压力值、桶式基础结构 X 轴和 Y 轴的倾斜角度及 4 个 GPS 的标高,若桶体产生倾斜,则控制系统自动关闭该仓对应的进气阀来调整桶体的姿态,施工人员可以在上位机软件界面上实时观察进气阀的开闭情况,当桶体到达设定的高度时,则自动关闭所有进气阀。气浮上升阶段软件操作界面如图 5-34 所示。

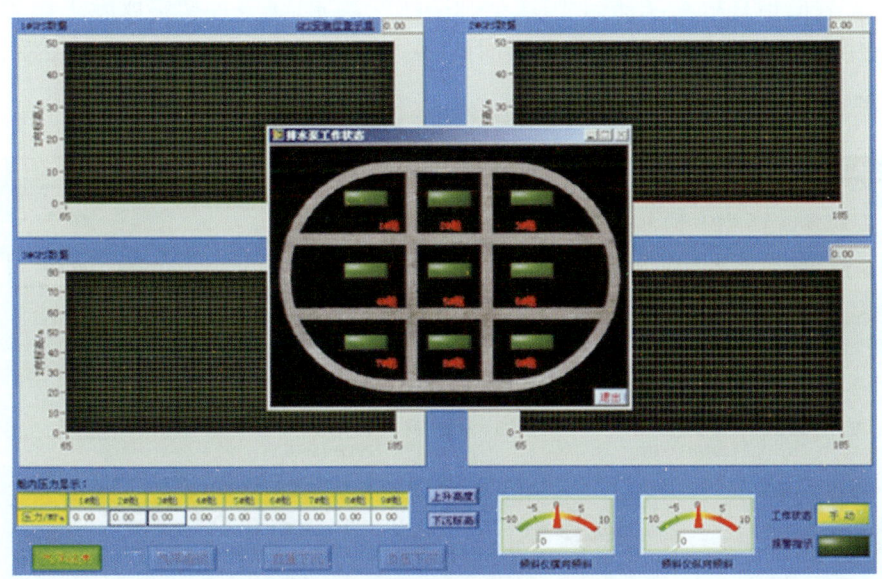

图 5-34 自动控制系统软件操作界面

3) 气浮拖运阶段

在上位机上点击"气浮拖运"按钮,控制系统进入气浮拖运状态。在该状态下桶式基础结构处于平衡状态可以进行拖运,在气浮拖运工程中,控制系统实时监测桶式基础结构的倾斜度和高度,当桶体发生倾斜或低于目标高度时,控制系统自动打开进气阀进行补气,当桶体重新回到平衡状态或到达设定高度时,则控制系统自动关闭进气阀。桶式基础结构维持平衡状态继续拖运直至目的位置。

4) 自重下沉阶段

当桶体到达指定位置时,在上位机上点击"自重下沉"按钮,控制系统关闭进气阀门,打开排气阀门,桶式基础结构在自身重量的作用下开始下沉。在下沉过程中控制系统自动调节排气阀的打开和关闭,使桶体平稳下沉,直至下沉结束。

5）负压下沉阶段

在完成桶体结构自重下沉后，在上位机上点击"负压下沉"按钮，并设置下沉高度，控制系统关闭排气阀，自动打开排水泵产生负压，桶体在大气压力的作用下继续下沉。在下沉过程中，控制系统自动调整桶体的倾斜度，使桶式基础结构平稳入泥，当到达目标高度时，控制系统自动关闭排水泵，负压下沉阶段结束。

6）施工过程记录

在施工过程中每个流程结束后，上位机自动跳出施工记录界面，如图5-35所示，把施工过程中必要的信息录入，在整个桶式基础结构安装完成后，自动生成施工记录表，记录安装过程中每个工艺流程的开始和结束时间、最后安装的位置和标高、前后和左右的倾斜角度、各个仓内部的大气压力值等。

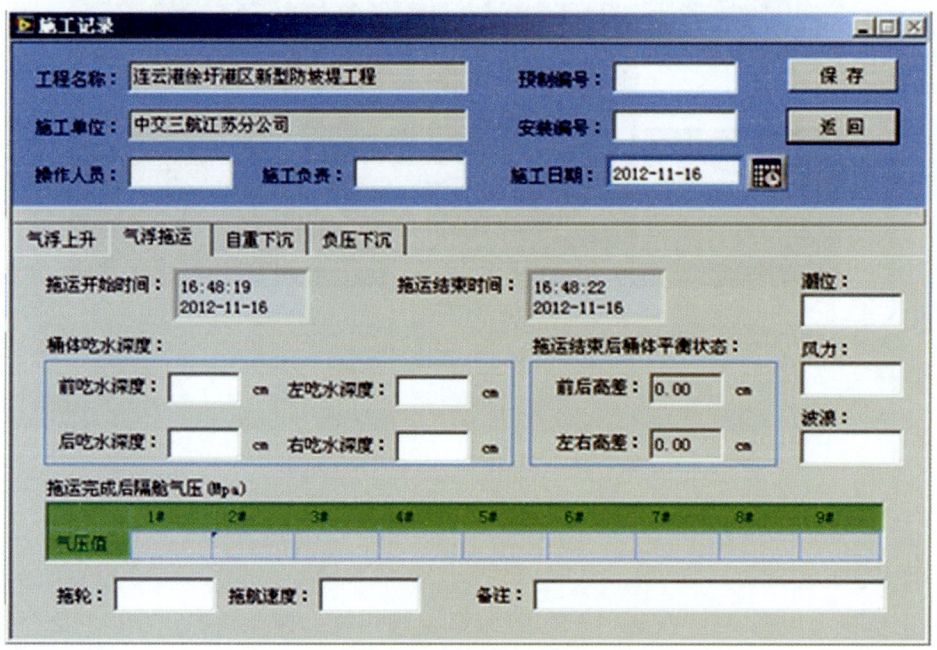

图 5-35　自动控制系统施工过程记录界面

5.4.2　定位下沉

5.4.2.1　桶体定位

桶体气浮运输到距离安装位置时开始精确定位，如图5-36所示，定位采用起重船和驳船共同完成。精确定位时测量人员到前一个桶顶手持拐尺进行测量，另一测量人员观察自动测量系统数据实时报告桶体位置，指挥人员根据测量数据指挥定位船、起重船通过拉锚和卷扬机搅动缆绳移位。定位时首先将肋板移动到相对轴线的正确位置，然后向已经安装的桶体移动,当桶体在预定安装位置 10 cm 以内时拉紧锚缆确保桶体位置基本固定,开始下沉作业。

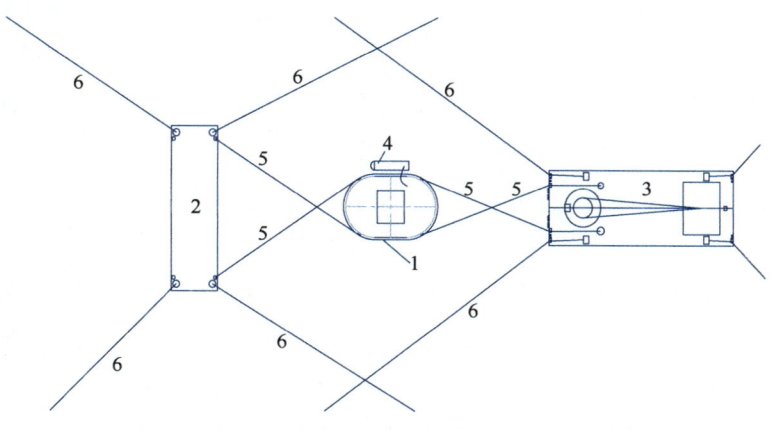

图 5-36 定位工艺图
1—桶式基础结构;2—定位船;3—拖带起重船;4—充气船;5—定位缆绳;6—船舶锚缆

5.4.2.2 排气下沉

当桶体定位确定无误后,操作自动化控制系统打开排气阀门,在自重作用下桶体开始下沉。由悬浮状态下沉至泥面上 30 cm 后,关闭排气阀门停止排气,测量人员再次通过 GPS 精确定位并检查桶体垂直度,确认满足设计要求后,再次打开阀门排气,最终入土下沉。

由于原泥面的高差及土质不均,桶体入土下沉会产生倾斜位移。通过测倾仪监控侧倾状况,如发现超过要求,关闭下沉较大侧隔仓的排气阀门,同时观察桶体的平衡状况,待桶体平衡后,再次打开全部排气阀门进行排气下沉,确保桶体顺直、平稳地完成第一阶段下沉。本阶段下沉深度主要取决于桶内气体量,桶体自重形成的下沉力满足此阶段下沉荷载要求。

5.4.2.3 排水负压下沉

完成上述工作后,根据桶内水位情况启动排污泵,进行负压下沉,不间断地观测桶壁水位刻度线,随时反馈,当桶体 30 min 下沉不超过 10 cm 或纠偏困难时应开启真空泵。当下沉倾斜超过要求时,暂停下沉较大一侧隔仓的水泵(或真空泵),下沉较小一侧的继续工作,直至桶体下沉处于均衡状态,其后继续负压下沉作业。作业通过操作平台阀门进行控制,随时调整各台泵的开关,确保桶体的平衡下沉。当排污泵出口处无水排出并有泥浆出现时,关闭各排污泵,校核下沉深度,当下沉深度达到设计要求后下沉作业完成。

5.4.2.4 定位下沉技术规定

根据实际工程施工经验,针对桶式基础结构定位下沉做出如下规定:

(1) 操作台安装完成后固定GPS、侧倾仪,设置测量仪器与桶体之间的关联参数,参数应经校核。定位过程中确有必要时可在已经安装的桶体上架设全站仪进行校核。

(2) 定位船靠近桶体的一侧船舷挂橡胶圈,防止桶式基础结构与混凝土摩擦破坏桶体结构。

(3) 自动化控制系统需要输入参数调整,初期参数不够详尽、精确,需要积累数据进行优化。

(4) 下沉过程应设总调度,进行协调指挥。

(5) 自动化控制系统设置有旁路操作系统,必要时总调度可以指挥操作人员转为手动控制调节。

(6) 试验段施工时主动配合监测工作,通过试验段下沉作业为后续桶体下沉积累施工经验。

(7) 按下桶体最大隔仓的水量进行排污泵抽取能力的计算,确定排污泵。

(8) 下沉前应提前计算涌泥量,内隔板排开泥体积全部计入隔仓内,外墙已入土体积的1/2计入隔仓内。

(9) 为保证桶体下沉真空度及抗倾调节能力,需要在下潜坑进行桶体气密性测试。气密性测试时相邻隔仓保持1.5个标准大气压的气压差,然后观察气压表的变化,20 min损失小于0.2个标准大气压时可以进行下一步施工。

(10) 桶式基础结构通过排气、排水方式下沉过程中,在淤泥层中纠偏高差小于50 cm,进入持力层后纠偏高差小于15 cm;下沉速度在淤泥层中控制在5 cm/min以下,进入持力层后控制在2 cm/min以下。

5.5 施工监测技术

5.5.1 监测目的与内容

5.5.1.1 监测目的

对施工过程中桶式基础结构和地基的现场监测是工程建设必不可少的环节。通过现场监测,收集现场浮运、下沉、结构位移、结构应力、结构与软土相互作用等资料,更好地把握该新型结构的真实状况,进一步完善结构设计、确定合理的施工参数。

5.5.1.2 监测项目

桶式基础结构在施工、运行期主要经历三种不同的工况:工况1为出运及浮运;工况2为负压下沉;工况3为防波堤运行期间桶式基础结构-地基-波浪(回填土压力)共同作用。

5.5.1.3 技术要求

(1) 技术方案中应充分考虑现场依托条件的复杂情况,如电源、数据传输等。

(2) 现场监测应注意实测结果与环境条件的同步性,如监测桶体内隔板、桶壁下桶顶板及桶底端等重要部位的应力时,应同步记录桶内气压、水位等外部环境条件的变化数值。

(3) 测试元件的选择及数据传输方式应与本工程所在环境相匹配,解决仪器和信号线的防水、防潮、防腐、防撞、防雷及电缆防断等问题,使检测、监测少受自然条件影响。仪器埋设与安装过程不宜大量占用额外的施工期,仪器和测试元件埋设完成后成活率应超过80%,使用寿命不少于3年,测试元件的埋设和测试不得妨碍桶体正常施工。

(4) 测试数据及数据传输均采用遥测遥控手段,及时跟踪结构的位移、变形与受力,对施工安全和工程质量进行预控。

(5) 测试精度满足规范要求,必要时设置观测平台。

(6) 应注意测试过程中人员的安全。

(7) 观测周期为3年,出运、浮运、下沉及风暴潮要进行实时观测,使用期间根据需要定期观测。

(8) 测试精度,出运、浮运、下沉工况的桶式基础结构位移精确到1.0 cm,应力精确到1.0 kPa,使用期(工况3、工况4)结构位移测试精度达到2.0 mm,应力精确到1.0 kPa。

(9) 工况3、工况4的部分试验内容可根据工程实施情况,选择在后续工程中实施。

5.5.2 实施方法

5.5.2.1 海域环境及地形监测

(1) 收集浮运时环境风、浪及潮位资料。

(2) 地形监测:对防波堤施工区域地形进行监测采用冲刷监测系统,系统包括多波束测深系统、GPS接收机等。施工下沉完成后每天测试一次地形变化,连续监测一周,在风暴潮前后测量地形变化,根据冲刷情况调整监测周期。

5.5.2.2 施工期桶式基础结构的浮运气压、吃水深度及定位

(1) 气压测试,浮运、下沉期间,隔仓的气压拟采用RD133型压力变送器配合精密气压表进行测量。

(2) 桶内外液面深度测试,在浮运、负压下沉阶段通过两种方法对桶外水位进行测量:一是预先在桶壁标记高度刻线,二是在桶内及桶外安装水位测量仪。

(3) 施工期桶体实时高程、下沉速度拟采用两种方案测量:一是利用徕卡GR10变形监测系统观测桶体下沉位移;二是采用南京水利科学研究院自行研制的光电位移编码器精确测量桶体下沉位移。

(4) 施工期桶体的垂直度和摇摆幅度采用预埋在桶壁内部的固定式测斜仪和安装在结构表面的电子测斜仪两种方法测量。

5.5.2.3 结构所受外部荷载测试

（1）波浪力测试。波浪压力是一个具有周期性的动力荷载，不同于静水压力的测量，所以要求测试传感器具有较好的动力响应特性和较高的灵敏度，压电式波压力传感器是一种较理想的专用传感器。

（2）土压力和孔隙水压力测试。土压力一般用土压力计来测量。土压力计分土中土压力计和界面土压力计。测试结构在负压下沉、填土等工况下所受土压力，属于界面土压力。土压力计测出的是桶体与地基土之间的界面压力，为土、水压力之和，通过振弦式孔隙水压力计测出该测点处的水压力，即可确定地基对桶体不同位置的作用力。另外，埋设于桶壁及隔板底端的孔隙水压力计可测量下卧土在不同荷载作用下的孔隙水压力变化情况。

5.5.2.4 结构内力测试

通过对桶式基础结构气浮运输、负压下沉、波浪及填土荷载作用下桶壁、基础桶盖板和连接墙内的结构内力进行测试，可以了解桶体结构各关键部位的受力状况，分析混凝土是否开裂，判别结构是否安全。结构内力测试主要包括钢筋应力和混凝土应变两个方面。

1）钢筋应力测试

钢筋应力计安装时将两端与直径相同的待测钢筋对焊后连成整体，浇入混凝土中，当钢筋受到轴向拉力或压力产生拉伸或压缩变形时，与钢筋紧固在一起的传感器感应组件随之拉伸或压缩，使钢弦频率发生变化，即可测得钢筋某一段长度的平均应变，由此推算钢筋轴向应力变化。

2）混凝土应变测试

由于应变计的压缩模量较小，为防止混凝土连续浇筑时，对仪器挤压造成仪器超量程压缩而失灵，在混凝土浇筑前两天将应变计预制在混凝土块中，预制混凝土可以用与待浇建筑物的混凝土相同级配的砂浆，直径为 75～100 mm，长度为 250 mm，采用绑扎丝将预制的块体固定在钢筋或支架上。

5.5.2.5 运行期桶式基础结构的整体位移与变形测试

桶式基础结构在波浪和回填荷载作用下的整体位移可通过徕卡 GR10 变形监测系统完成。结构倾角测量仪器仍利用预先埋设于桶体内部的固定式测斜传感器和安装于桶顶的电子测斜仪，传感器埋设与安装方法与前述相同。

5.5.2.6 地基测试

（1）孔隙水压力测试。在港侧和海侧地基内埋设孔隙水压力计，测试地基土体孔隙水压力的变化,据此分析土体在不同荷载作用下的强度变化。

(2) 不同深度处的水平位移测试。为全面了解港侧回填对地基和结构位移的影响,在地基内埋设测斜管,平面位置离下桶 30～50 cm。测斜管采用高强度铝合金管,深度至少进入持力层 1 m。通过活动测斜仪对测斜管自上而下或自下而上进行测读,每间隔 0.5 m 为一个读测点,测得沿土体深度各处不同倾角换算出土层各标高位置处的水平位移。

(3) 原状地基及回填地基强度测试,在港侧填土或风暴潮过后,若结构发生较大的位移,在桶体前后利用十字板剪切或静力触探等方法进行地基土强度的原位测试,了解地基强度和承载力变化情况,分析地基土扰动后力学特性的变化及其对结构稳定性的影响。十字板剪切或静力触探强度指标的测试钻孔尽可能地靠近结构,孔底比结构底部深 2～3 m,从孔顶到孔底每隔 1 m 深度进行一次十字板剪切强度试验。

第 6 章

桶式基础结构质量检验

桶式基础结构是一种新型结构,在《水运工程质量检验标准》(JTS 257—2008)中没有相应的规定,为有利于该结构在防波堤与护岸工程中应用,保证工程质量,必须制定有关检验标准。为此,依托连云港港徐圩港区防波堤工程制定了桶式基础结构质量检验标准,其主要内容包括桶式防波堤与桶式护岸工程建设质量的检验方法、检验程序和质量标准等。

6.1 一般规定

(1)桶式基础结构质量检验应符合现行行业规范《水运工程质量检验标准》(JTS 257—2008)和《水运工程桶式基础结构设计与施工规程》(JTS/T 167—16—2020)的有关规定。

(2)桶式基础结构工程分部工程、分项工程可按表6-1的规定划分。当工程内容与表列项目不一致时,可根据结构特点进行调整。

表6-1 桶式基础结构防波堤及护岸工程分部、分项工程划分及名称

序 号	分部工程	分项工程
1	基础	桶式基础预制、桶式基础安装、基槽开挖、袋装砂压载软体排护底、块石护底等
2	上部结构	现浇接高桶体、现浇防浪墙、道路板预制、道路板安装、堵缝、防腐等
3	附属设施	踏步、现浇观景平台、栏杆等

6.2 基础

6.2.1 基槽开挖

(1)基槽开挖与整平分项工程的检验批宜按施工段划分,每段的长度不宜大于10组桶式基础或200 m。

(2)基槽开挖与整平后应进行定期维护,桶式基础安装前应进行验槽。

(3)护底分项工程的检验批宜按施工段划分,每段的长度不宜大于5组桶式基础或100 m。

(4)泥面局部开挖与整平的允许偏差、检验数量和检验方法应符合表6-2的规定。

6.2.2 桶式基础

(1)桶式基础预制和安装的检验批宜按单个结构划分。

(2)施工过程中应对桶式基础的沉降位移进行观测和记录。

(3)桶式基础应进行气密性检验,检验结果应满足设计要求。

表6-2 泥面局部开挖与整平允许偏差、检验数量和方法

项目	允许偏差(m)		检验数量	单元测点	检验方法
	有掩护水域	无掩护或离岸500 m以上水域			
平均超深	0.3	0.4	每5～10 m一个断面,且不少于三个断面	1	用测深仪或测深水砣测量,2～5 m一个点,每断面取平均值

（4）桶式基础构件的规格和质量应满足设计要求。

（5）预制桶式基础构件应满足表6-3的规定,表中没有的项目应按《水运工程质量检验标准》(JTS 257—2008)中的圆沉箱标准执行。

表6-3 预制桶式基础构件允许偏差、检验数量和方法

序号	项目		允许偏差(mm)	检验数量	单元测点(个)	检验方法
1	长短轴长	$L \leq 20$ m	±25	逐件检查	4	用钢尺按"米"字形测量
		$L > 20$ m	±(5+L)/1 000			
2	高度		±10		8	
3	壁厚		-5,+10		8	
4	端圆度	$D \leq 10$ m	50		2	取两组相互垂直直径之差
		$D > 10$ m	5D/1 000			
5	顶面平整度		10		8	用2 m靠尺按"米"字形测量
6	内、外壁竖向倾斜		2H/1 000		4	用经纬仪或吊线测量
7	内、外壁平整度		5		8	用2 m靠尺和弧形靠尺顺母线和垂直母线两方向按"米"字形测量
8	相邻段错台		10		4	用钢尺测量

注：表中 L 为桶式基础长短轴长,D 为桶式基础或上部结构外径,H 为桶式基础或上部结构高度,单位均为mm。

（6）桶式基础安装前应对已开挖的水下基槽进行检查,基槽底标高应符合设计要求。

（7）桶式基础下沉完成后,应复核标高及承载力,复核结果应满足设计要求。

（8）桶式基础构件安装合格后应及时进行护底施工,施工过程中不得砸坏构件棱角。

（9）桶式基础安装的允许偏差、检验数量和方法应符合表6-4的规定。

表6-4 桶式基础安装允许偏差、检验数量和方法

序号	项目	允许偏差	检验数量	单元测点(个)	检验方法
1	轴线偏差	±300 mm	逐件检查	2	用经纬仪和钢尺测量顶部
2	两桶间距偏差	±300 mm		2	用经纬仪和钢尺测量
3	竖向倾斜	1/100		2	吊线测量或用测斜仪测量两个方向

6.3 上部结构

(1) 桶式基础结构上部结构形式的质量检验标准应符合现行行业标准《水运工程质量检验标准》(JTS 257—2008)中的有关规定。

(2) 上部结构分项工程的检验批宜按结构段划分,每段的长度不宜大于5组桶式基础或100 m。

(3) 上部结构的模板、钢筋和混凝土等分项工程质量检验应符合现行行业标准《水运工程质量检验标准》(JTS 257—2008)中的有关规定。

(4) 上部结构接高根据不同的结构形式选用相应的检验标准,主要检验项目应符合现行行业标准《水运工程质量检验标准》(JTS 257—2008)中的有关规定。

(5) 上部结构接高段允许偏差、检验数量和方法应符合表6-5的规定。

表6-5 上部结构现浇接高允许偏差、检验数量和方法

序号	项目	允许偏差(mm)	检验数量	单元测点(个)	检验方法
1	顶面标高	±30	逐件检查	4	用水准仪测量
2	壁厚	±10		4	用钢尺按十字形测量
3	主尺度	±25		2	用钢尺测量
4	相邻段错台	20		2	用钢尺测量迎水面和顶部,取大值
5	竖向倾斜	2H‰		2	用经纬仪或吊线测量
6	顶面平整度	10		2	用2 m靠尺和塞尺测量三分点处
7	孔洞位置	20	抽查50%	1	用钢尺量纵横两方向,取大值

注:表中 H 为桶式基础结构上部结构接高高度,单位为mm。

(6) 采用桩与模袋混凝土组合、预制块体与现浇混凝土组合等方式封堵桶式基础结构间缝隙时,应符合下列规定:

① 预制桩、钢管桩的规格、品种和技术指标应满足设计要求。
② 沉桩贯入度或桩尖标高必须满足设计要求。
③ 拼接桩的接头接点处理应满足设计要求。
④ 预制块体质量应满足《水运工程质量检验标准》(JTS 257—2008)中的有关规定。

(7) 结构堵缝的允许偏差应符合表6-6的规定。

(8) 桶式基础结构应进行抗氯离子渗透检验。浪溅区及其以上应按照现行行业标准《水运工程混凝土质量控制标准》(JTS 202—2—2011)中的有关规定执行;浪溅区以下应按照现行行业标准《水运工程混凝土结构实体检测技术规程》(JTS 239—2015)中的有关规定执行。

表 6-6 结构堵缝允许偏差

序号	项 目		直桩允许偏差（mm）	检验数量	单元测点（个）	检验方法
1	设计标高处桩顶平面位置	内河和有掩护近岸水域沉桩	100	逐件检查	1	用经纬仪和钢尺测量两个方向，取大值
		无掩护近岸水域沉桩	150			
		无掩护离岸水域沉桩	200			
2	桩身垂直度（每米）		10	抽查10%且不少于10根	1	吊线测量或测斜仪测量

注：① 序号1、2项偏差按夹桩铺底后所测的数值为准，但禁止拉桩纠偏。
② 长江、闽江和掩护条件较差的河口港沉桩，桩顶偏位按"无掩护近岸水域沉桩"的标准执行。

（9）桶式基础结构采用硅烷浸渍进行防腐蚀时，应进行取样检验，取样面积1 000 m² 一组，且不少于三组，如出现不合格时，则对应取样区的全部面积进行重新涂装。

（10）防腐材料的品种和质量应满足设计要求，并应符合现行行业标准《海港工程混凝土结构防腐蚀技术规范》(JTJ 275)和《海港工程钢结构防腐蚀技术规范》(JTS 153—3—2007)中的有关规定。

6.4 工程总体

桶式基础结构工程竣工整体尺度应符合表6-7～表6-9的规定。

表 6-7 桶式基础结构防波堤工程竣工整体尺度允许偏差、检验数量和方法

序号	项 目	允许偏差（mm）	检验数量	单元测点（个）	检验方法
1	轴线位置	300	每20～50 m一处	1	用GPS、全站仪或经纬仪测量
2	总长度	±L/200，且不超过±2 000	逐座检查	1	
3	顶标高与设计控制标高	±30	每20～50 m一处	1	用GPS、全站仪或水准仪测量

注：表中L为堤的总长度，单位为mm。

表 6-8 桶式基础结构护岸工程竣工整体尺度允许偏差、检验数量和方法

序号	项 目	允许偏差（mm）	检验数量	单元测点（个）	检验方法
1	轴线位置	200	每20～50 m一处	1	用GPS、全站仪或经纬仪测量
2	总长度	±L/200，且不超过±2 000	逐座检查	1	
3	顶标高与设计控制标高	−20	每20～50 m一处	1	用GPS、全站仪或水准仪测量

表 6-9　桶式基础结构码头工程竣工整体尺度允许偏差

序号	项　目	允许偏差(mm)	检验数量	单元测点(个)	检验方法
1	总长度	+3.5 L/1 000，且不大于 3 000，-0.5 L/1 000	逐座检查	1~2	用 GPS、全站仪或钢尺测量
2	前沿线位置	±50	每 10 m 一处	1	全站仪或经纬仪测量
3	前沿线顶面标高	±20	每 10 m 一处	1	用水准仪检查
4	前沿水底高程	0 -500	每 5~10 m 一个断面，每 2 m 一个点	10	垂直码头拉 20 m 线，用测深水砣检查

注：表中 L 为码头的总长度，单位为 mm。

第 7 章

桶式基础结构防波堤工程实例

本章主要介绍连云港港徐圩港区防波堤工程的工程建设条件、桶式基础结构方案、室内试验研究、数值模拟分析、稳定性简化计算、结构强度计算及施工技术等成果,以算例的形式演示了桶式基础结构计算的全过程,同时介绍了桶式防波堤工程建成后的工程效果和实践检验情况。

7.1 工程建设条件

7.1.1 地形和地质条件

徐圩港区地处淤泥质海岸开敞海域,水下地形较为平缓,港区位于0～−5 m水域,是典型的"浅水深用"港区。防波堤区无岛屿、暗礁等,地势上总体皆呈西南高东北低走势。

防波堤所在位置属于淤泥质海岸,浅部淤泥土层物理力学指标较差,下部黏土层、粉砂层物理力学指标相对较好。淤泥层厚度在10.0 m左右,底面高程在−13.0～−17.0 m;黏性土层与粉砂性土层交替出现,黏土层标贯击数为12击,粉砂性土层标贯击数为23击;钻孔范围内未见基岩。根据《连云港港徐圩港区防波堤工程岩土工程勘察报告(施工图设计阶段)》,整理土体计算参数见表7-1。

表7-1 土体计算参数

土体类型	顶面标高	底面标高(m)	天然重度(kN/m³)	浮容重(kN/m³)	直剪快剪		十字板强度(kPa)
					黏聚力	内摩擦角	
淤泥层	−5.21	−15.26	16.0	6.0	5.56	2.74	23
粉质黏土层	−15.26	−19.7	18.4	8.6	24	20	65

7.1.2 设计水位

根据2005年9月和2006年1月水文测验期间小丁港临时潮位观测资料,与连云港长期潮位站同步潮位资料建立相关,推算获得徐圩港区设计水位,见表7-2。

表7-2 设计水位

设计水位	水位(m)	备 注
设计高水位	5.41	高潮累积频率10%
设计低水位	0.47	低潮累积频率90%
极端高水位	6.56	50年一遇高潮位
极端低水位	−0.68	50年一遇低潮位

7.1.3 波浪条件

规划连云港港徐圩港区位于连云港区南翼,埒子口以西至小丁港之间海岸,该海岸N~SE向为开敞海岸,规划港区防波堤将主要承受外海 N~E 向外海浪的直接影响。外海波浪传入近岸浅水区时,受地形变浅的影响将产生折射及浅水变形现象,遇到岛屿及防波堤等障碍物时,波浪将绕过障碍物传播至受障碍物掩护的水域,产生波浪绕射现象。在确定外海深水波浪要素后,采用波浪折射、绕射数值计算模型模拟波浪由外海向工程区的传播,从而得到防波堤工程海域的波浪场分布及防波堤沿线各向设计波浪要素,本工程波浪要素采用表 7-3 数据。

表 7-3 50 年一遇设计波浪要素

波浪要素	$H_{1\%}$ (m)	$H_{4\%}$ (m)	$H_{13\%}$ (m)	$\bar{H}$ (m)	T (s)	L (m)
波 高	6.72	5.93	5.05	3.47	8.76	84.1
波浪力	17 485 kN(一组桶体 21 m)					

7.1.4 潮流条件

本海域海流以潮流为主,潮流不强,余流一般较小。由于受黄海旋转潮波系统控制,海州湾海域的潮流大体上呈逆时针方向旋转。在海州湾北部的海域,外海潮流基本沿NE~SW方向运动,即与鲁南岸线基本平行,在连云港以南的海域,从外海向近岸涨潮流的方向变化较大:由外海的 SW 走向转外海 S 向,而在灌河口南部转为沿岸的 SE 向。大体趋势上海州湾以北和灌河口以东沿岸的往复流运动为主,两者中间海域以旋转流为主,其中海州湾内和小丁港附近海域潮流主轴方向位离向岸方向,连云港老航道海域主流向不明显。

水文测验表明该区潮流流速呈大潮大于中潮、涨潮流速大于落潮流速的趋势。徐圩港区附近的各测点外侧为旋转流,近岸流场长短轴呈顺岸方向。大潮涨急垂线平均流速为 0.49~0.67 m/s,落急垂线平均流速为 0.37~0.73 m/s;中潮涨急垂线平均流速为 0.42~0.64 m/s,落急垂线平均流速为 0.34~0.71 m/s。

7.2 结构设计

7.2.1 结构设计方案

7.2.1.1 胸墙顶高程及堤顶高程

直立式防波堤的堤顶高程应符合下列规定:
(1) 对允许越浪的直立堤,宜定在设计高水位以上不小于 0.6 倍设计波高值处。
(2) 对基本不越浪的直立堤,宜定在设计高水位以上不小于 1.0 倍设计波高值处。

连云港港徐圩港区防波堤工程具有防浪、减淤的双重功能。根据总体布置，结合二段直立堤远近期防波堤功能的不同，胸墙高程确定标准与之匹配。综合考虑以上因素，确定直立式结构东防波堤胸墙顶高程近期按允许少量越浪标准控制，远期回填部分做好堤后防护排水措施，也按允许少量越浪控制。胸墙顶高程为 10.5 m，堤顶高程为 7.5 m。

为了进一步掌握防波堤越浪量，通过试验研究可知：

越浪量随堤顶高程的增加呈逐渐减小的趋势。设计高水位下，胸墙顶高程为 10.5 m 时，弧形胸墙的越浪量为 0.043 90 $m^3/(s/m)$，反弧形胸墙的越浪量为 0.033 56 $m^3/(s/m)$，两种结构形式都满足越浪量小于 0.05 $m^3/(s/m)$ 的要求，试验验证了设计取用标高是可行的[1]。

7.2.1.2　上筒尺寸及堤顶宽度

直立堤的堤顶宽度一般可根据结构本身稳定性和使用要求确定，同时还应从施工工艺、使用要求等条件综合确定。

（1）桶式基础结构本身稳定性和强度要求。桶式基础结构是空间薄壳结构，上部筒体的整体抗弯性能与结构的截面形式有关，一般以圆形截面为佳，强度与筒壁厚和直径有关。

（2）桶式基础结构的上筒截面形式与波浪力密切相关，圆形截面对波浪有散射作用，散射效果与筒直径相关，直径接近 1/4 波长时，消浪效果最佳。

（3）桶式基础结构的上筒重量与施工密切相关，上筒尺寸过大结构自重增大，不但混凝土用量增大导致成本增高，而且施工时浮运水深增加，从而限制施工作业时间。

（4）直立式结构防波堤堤顶路与斜坡堤堤顶路相接，直立式结构位于口门段，考虑人员要从陆域沿堤到堤头需要简易通道，并且沿堤贯通，因此直立式结构和斜坡堤的道路要合理顺接。

综合考虑以上因素，充分考虑结构自身稳定性、强度要求和施工水位要求，并兼顾上筒体对波浪散射效果和堤顶道路顺接要求，上筒结构平面尺寸近似取为波长的 1/8，约为 8.9 m。上筒顶铺设宽 6 m、厚 50 cm 的盖板，满足使用期堤顶通行小型车辆的要求。

7.2.1.3　桶式基础结构

针对本工程地质条件和波流条件，结合桶式基础结构的主尺度，桶式防波堤结构断面设计为钢筋混凝土椭圆腔体结构件和护底块石组成。

标准桶式防波堤结构每一组结构构件由一个基础桶体和两个上部筒体组成。基础桶体呈椭圆形，长轴为 30 m、短轴为 20 m，桶内通过隔板划分为 9 个隔仓，外桶壁厚为 0.4 m（底部 4 m 范围壁厚为 0.3 m），中间隔仓板厚为 0.3 m，桶式防波堤结构底端需进入淤泥层下黏土层1.5～2 m,根据地质资料确定,下桶高度为9.5～11 m。两个上部筒体坐落在基础桶顶板上,顶板厚0.5 m,采用预制安装及现浇叠合板结构,上筒外侧底部设1.5 m宽趾板与顶板连接,上筒体为圆形,直径为8.9 m,筒壁厚为0.4 m,两筒沿短轴方向排列,间距为10 m,部分上筒及基础桶一起陆上预制,根据施工水位及施工船机设备的能力,确定上筒预制锯齿状拼缝中心顶标高为3.5 m,上筒其余筒体待下桶沉放就位后水上现浇施工,上筒沿堤轴线方向外侧设挡浪板,挡浪板厚度为0.4～0.6 m。

上筒顶海侧设弧形挡浪墙,挡浪墙由海侧部分筒体升高而成,挡浪墙顶设计标高为10.5 m,后期预留沉降量为0.3 m,施工期控制挡浪墙顶标高为10.8 m。堤顶设5.1 m宽简易道路,以方便巡视,道路顶标高为7.5 m,道路板采用预制安装结构,厚度为0.5 m,每组筒顶两块,之间采用现浇接头连接,道路板港侧设波形护栏。桶式基础结构示意如图7-1所示。

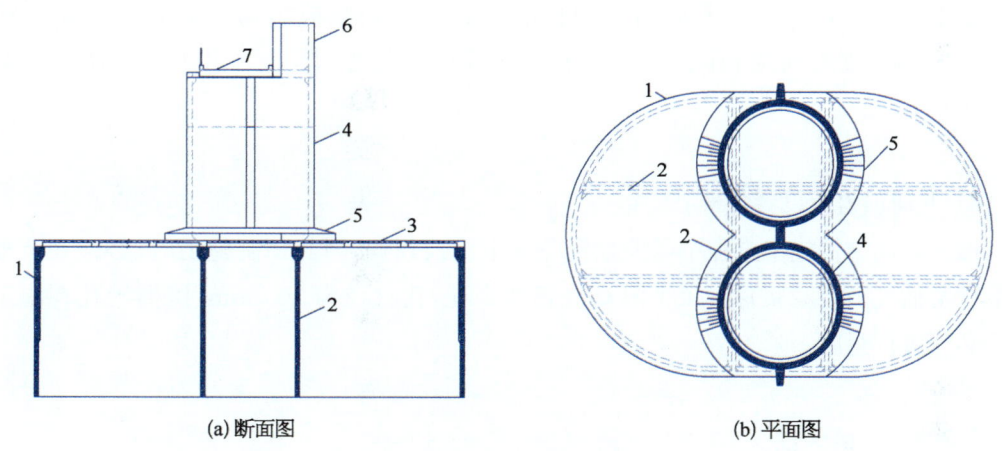

(a)断面图　　　　(b)平面图

图7-1　桶式基础结构示意图

1—桶壁;2—隔板;3—盖板;4—上筒;5—趾板;6—弧形挡浪墙;7—走道板

7.2.1.4　桶式基础结构构造

1)上筒底部与下桶顶盖板结合部构造措施

桶式基础结构的上筒与下桶的连接采用刚性连接,即上筒与下桶盖板连为一个整体。在下桶盖板上设置1.5 m宽的趾板,趾板与上筒连接部分厚度为900 mm,最外部厚度为500 mm。趾板和上筒的钢筋都锚固在下桶预制盖板底层或下桶壁、隔墙内。

2)盖板构造措施

下桶顶盖板采用预制现浇叠合板,预制盖板根据下桶隔仓尺度分成21块,相邻板块间距为500 mm,预制盖板厚为300 mm,两端预留钢筋与现浇面层钢筋连接,现浇面层厚为200 mm。

3) 下桶壁、隔板的构造措施

在下桶壁、隔板顶端设置放大牛腿,下桶壁在桶内侧设置宽为 300 mm、高为 600 mm 的牛腿;隔板两侧设置宽为 250 mm、高为 600 mm 的牛腿。下桶壁、隔板的钢筋伸入下桶盖板现浇部分。

4) 挡浪板的设置

上筒轴线外缘设置挡浪板,相邻挡浪板间距为 300 mm。挡浪板端部厚度为 500 mm、根部厚度为 800 mm、外伸长度为 1 150 mm。同一基础的上筒间采用 500 mm 厚的直墙板连接。

5) 挡浪墙的设置

迎浪侧的上筒壁局部升高与外伸直墙一起作为挡浪墙结构。上筒升高筒壁的弦高为 2.9 m,厚度与筒壁相同,外伸直墙与升高筒壁相连,厚度为 600 mm,外伸长度为 11 748 mm。

6) 下桶顶盖板设置抽气孔

桶式基础结构施工过程中需要抽气负压下沉及纠偏,因此预制施工时,必须在下桶顶盖板预留抽气(水、泥浆)孔,每个隔仓设置两个孔,孔直径为 100 mm,该抽气孔在施工完成后必须进行封闭。

7.2.1.5 耐久性

结合徐圩港区防波堤实际运营情况,直立式防波堤结构的耐久性设计年限按 100 年设计。因此,在结构设计中,工程材料的采用应在确保结构耐久性和可靠性的前提下,通过可靠性论证,并采取有效的耐久性工程措施,以确保工程达到使用年限 100 年的要求。

本工程混凝土结构防腐措施将针对 100 年使用期的使用要求及受力特征,通过试验和多方面的技术性、经济性比较,除按照《海港工程混凝土结构防腐蚀技术规范》(JTJ 275—2000)的有关要求执行外,还采用以下几个方面的混凝土防腐蚀方法:

(1) 增加混凝土中钢筋的保护层厚度。本工程将根据相关计算提高最小保护层厚度增加混凝土自身的防腐蚀能力,本工程浪溅区和水位变动区的钢筋保护层厚度应不小于 80 mm,水下区的钢筋保护层厚度应不小于 50 mm。

(2) 本工程桶式基础结构上筒位于大气区、浪溅区、水位变动区和水下区,外露表面防腐均采用硅烷浸渍和表层涂料联合防腐技术。硅烷浸渍在预制构件安装前完成,拟采用异丁烯三乙氧基硅烷单体作为硅烷浸渍材料,同时在混凝土表层采用涂料防腐,以延缓氯离子的侵蚀,考虑到浪溅区和大气区腐蚀最为强烈,表层涂料可通过定期涂刷以提高耐久性。

(3) 采用高耐久性海工混凝土,通过配合比设计以达到高抗氯离子渗透性,以提高混凝土的使用寿命。考虑到处于浪溅区的上筒外壁承受循环荷载及受冲蚀作用,可采用纤维(钢纤维或合成纤维)对混凝土加以改性,提高混凝土的耐磨性和耐疲劳性,同时还可有效控制这部分混凝土表面在施工期产生的微裂缝(如温度应力裂缝及干缩裂缝等),从而改善整体耐久性能。该措施可作为备用措施。

(4) 直立式结构除了采取合适的综合防腐措施外,同时应注重防腐监控。防腐监控是结构检测的一种重要补充手段,其目的是通过预防手段来维护结构。通过对比检测结果、防腐监控或其他非破坏性试验,寻求最佳措施来调整营运和维修策略。因此,在直立堤全寿命使用期间,应定期进行巡回结构检测,如有裂缝、构件局部破损应及时进行维护,对表面混凝土涂层按涂层使用年限要求进行定期涂刷。

7.2.1.6 冲刷防护设计

桶式基础结构防波堤堤头位于港区口门处,由于水流相对集中导致堤头流速较大,局部冲刷较明显。根据试验研究,受口门堤头分流的影响,局部冲刷的最深点并不紧靠桶式防波堤结构,而是在稍外侧的靠后处,防波堤口门直立堤桶式防波堤结构周围的冲刷形态呈现为明显的沙波与局部冲坑的合成。桶式防波堤结构迎、背水面的冲刷幅度与距口门堤头距离的远近成正比。

遭遇强浪、强增水极端情况时,防波堤口门直立堤桶式防波堤结构周围的冲刷形态也呈现为明显的沙波与局部冲坑的合成,过口门后冲坑形态呈发散状,冲深明显变小。下部基础间的空隙处存在锅底状的冲深,少数桶间的最大冲深在 10 m 以上。冲深范围在 3 m 以内(桶式防波堤结构的横向轴线断面)主要分布在东堤口门处。口门堤头局部冲坑沿水流方向的长度在 100~120 m。

根据堤头的冲刷形态对做了相应防护后的冲刷进行了试验。研究结果表明,面临强浪、强增水作用的极限情况时,口门堤头虽波流湍急、淘刷能力增强,防护区铺设 350~400 kg 块石也能够保持稳定。同时,试验结果还显示,直立式防波堤堤身两侧较合适的防护宽度(以下部基础桶顶向外起算):海侧控制在 20 m 左右、港侧控制在 15 m 左右较为适宜。

堤头段的堤身两侧由上筒外侧边线向外防护 30 m,堤头前方防护 50 m(包括没有上筒的下桶宽度)。护底由土工格栅和护底块石组成,护底块石重量采用 400~600 kg,护底厚度 2 m。

沿堤身段的两侧采用块石护底。护底块石重量和范围根据波流条件确定,通过计算可得:海侧护底块石设置为两层 400~600 kg 的块石,有效护底宽度为 25 m;港侧护底块石为两层 200~400 kg 的块石,有效护底宽度为 20 m。

冲刷研究结果表明[2],防波堤拐点处迎水面受到波流的共同作用,冲刷形态呈沙波状,背水面的海床受到桶壁的遮护,呈平坦状。在波、流的共同作用下,桶式防波堤结构迎水面冲刷较明显的区域大多为距下部基础桶顶 25 m 以内;背水面由于有桶式防波堤结构桶体的遮护,冲刷较明显的区域大多为距下部基础桶顶 20 m 以内。然而无论是与接岸段相接的 24 桶,还是拐弯后回填段方向上的 14 桶,其下部基础的桶顶迎水面均为向外 30 m 以内冲刷较明显。因此,得到桶式防波堤结构的冲刷影响范围为向外海侧头部 30 m,桶式防波堤结构向岸侧 25 m。该范围外的周边海床为波、流引起的正常冲淤,幅度较小。

根据试验研究结果,设计摆放和防护桶式防波堤结构采用以下方式:

(1) 在拐点处摆放一个桶体,桶长轴线与拐点角平分线重合,桶中心点与轴线交点重合。其他桶体沿轴线摆放,但是与拐点桶体相接的桶体要保持 0.5 m 的最小安放距离。且上筒靠拐点桶一侧的悬臂板要与拐点桶体悬臂板长度相同,拐点处悬臂板根据波浪力计算结果进行加厚处理。

(2) 在拐点两侧设置 50 m 防护范围,堤身靠海侧由上筒外侧边线向外防护 40 m,港侧由上筒外侧边线向外防护 20 m。护底采用土工格栅和护底块石组成,护底块石重量为 400~600 kg,护底厚度为 2 m。

7.2.1.7 堤头结构及桶间堵缝措施

根据试验分析研究,徐圩港区防波堤堤头波压力与堤身波压力相差不大。因此,为减小波压力,结合堤头没有越浪量的要求,堤头的上筒高程设置在设计高水位上,确定为 6.0 m。同时,为了加强堤头稳定性,增设一个桶式基础结构,以起到加固堤头地基的作用。

桶式基础结构堤头与斜坡堤堤头不同,根据试验研究,防波堤口门堤头的冲刷类似于丁坝冲刷,由于水流相对集中导致堤头流速较大,局部冲刷较明显。受口门堤头分流的影响,局部冲刷的最深点并不紧靠桶式基础结构,而是在稍外侧的靠后处,防波堤口门直立堤桶式基础周围的冲刷形态呈现出明显的沙波与局部冲坑的组合。桶式基础结构迎、背水面的冲刷幅度与距口门堤头距离的远近成正比。遭遇强浪、强增水极端情况时,防波堤口门直立堤桶式基础周围的冲刷形态呈现出明显的沙波与局部冲坑的组合,过口门后冲坑形态呈发散状,冲深明显变小。下部基础间的空隙处存在锅底状的冲深,少数桶间的最大冲深在 10 m 以上。冲深范围在 3 m 以内(桶式基础的横向轴线断面)主要分布在东堤口门处。口门堤头局部冲坑沿水流方向的长度在 100~120 m 范围。

根据堤头的冲刷形态和防护后的冲刷形态研究,堤头段桶体摆放和防护措施如下:

(1) 在堤头最外端摆放一个没有上筒的基础桶体,对其他桶体起到稳定防护作用。

(2) 没有上筒的基础后依次摆放 3 个堤顶高程为 6.0 m 的桶体，高程为 6.0 m 的桶体后接堤顶高程为 10.5 m 的桶体。

堤头段的堤身两侧由上筒外侧边线向外防护 30 m、堤头前方防护 50 m（包括没有上筒的基础桶体的宽度）。护底采用土工格栅和护底块石组成，护底块石重量为 400～600 kg，护底厚度 2 m。堤头结构剖面如图 7-2 所示。

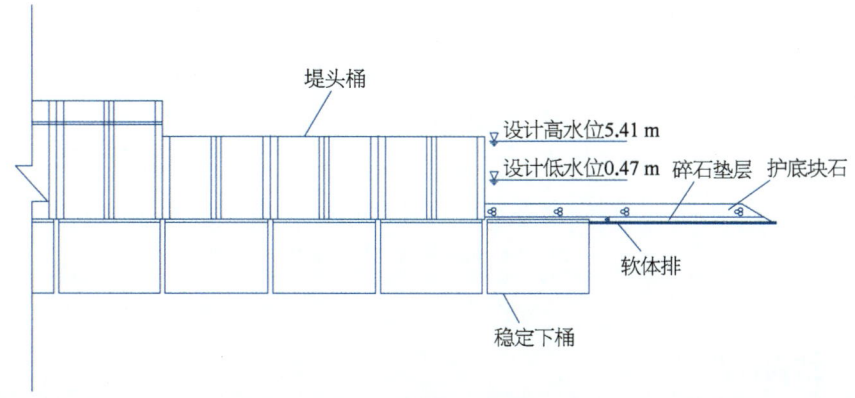

图 7-2　堤头结构方案

沿堤身段的两侧采用块石护底。护底块石重量和范围根据波流条件确定，通过计算可得，海侧护底块石为两层 400～600 kg 的块石，护底宽度为 25 m；港侧护底块石为两层 200～400 kg 的块石，有效护底宽度为 20 m。堤身护底断面如图 7-3 所示。

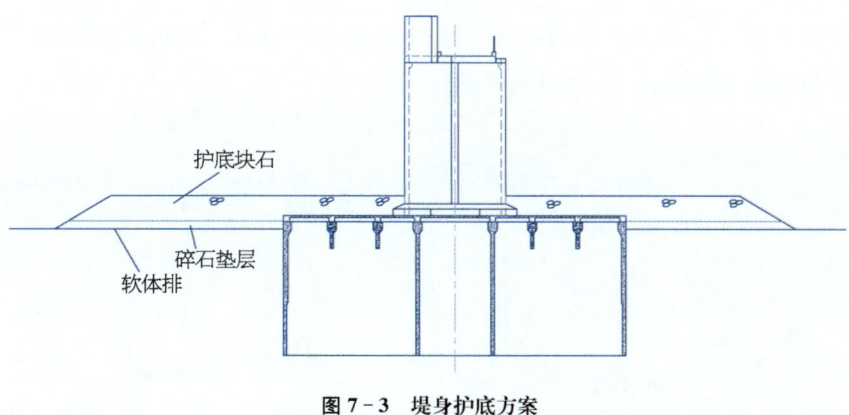

图 7-3　堤身护底方案

桶式基础结构防波堤的桶体之间设计间隙为 1.0 m，对于后方有回填土的桶体之间的间隙必须设计堵缝措施。连云港港徐圩港区桶式防波堤工程的桶间堵缝措施采用钢管桩+模袋混凝土措施，工程实施顺序为先打设钢管桩，再在钢管桩与上筒缝隙之间浇筑模袋混凝土，方案如图 7-4 所示。

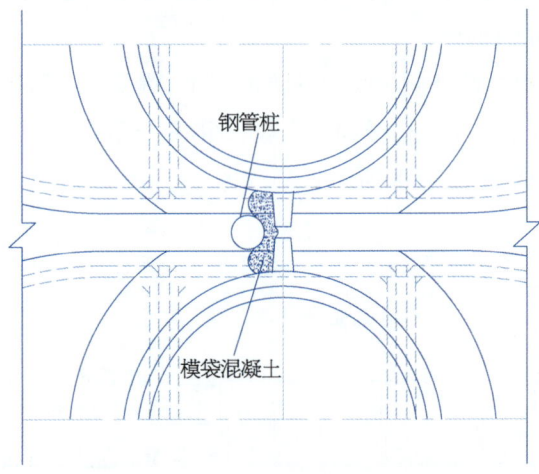

图 7-4 桶间堵缝方案示意图

7.2.2 结构特性
7.2.2.1 波浪模型试验

1) 试验目的及内容

通过波浪断面物理模型试验[3-4]，在各种工况条件下研究结构各部分最大波压强分布，计算出波浪总力，为结构形式的选择和尺寸优化提供参考依据。

2) 模型设计

上筒顶高程为+7.0 m，以上设胸墙。胸墙形式分为弧形，其结构图如图 7-5 所示。模型比例尺仍取 1∶20，桶体模型用钢板制作。

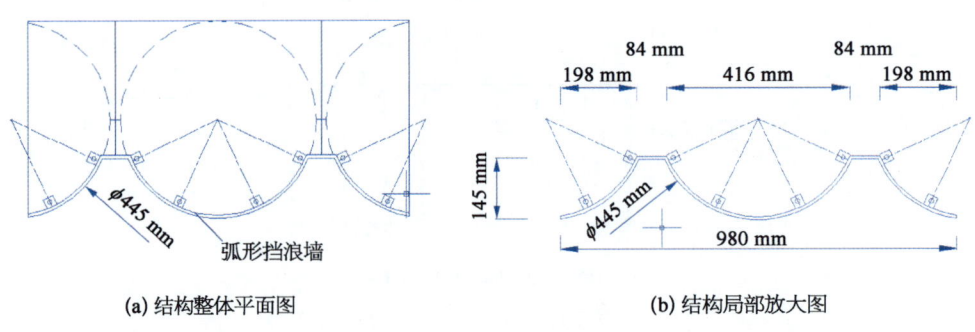

(a) 结构整体平面图　　　　　　　(b) 结构局部放大图

图 7-5 弧形胸墙结构示意图

3) 试验组次

测量波压力的试验组次见表 7-4。

表 7-4 试 验 组 次

试验水位	模型堤前水深(m)	胸墙顶高程(m)	试验内容	造波类型
极端高水位	0.578	+10.5	波压力	规则波
设计高水位	0.521	+10.5	波压力	规则波

注：堤前泥面高程为－5 m，堤前水深从泥面高程起算。

4) 波浪力试验结果

表 7-5 给出了规则波作用下胸墙在各种水位时最大波压力的试验结果。

表 7-5 波压力试验结果

试验水位	模型堤前水深(m)	胸墙顶高程(m)	模型波压力(kN)	原型波压力(kN)
极端高水位	0.578	+10.5	1 905.7	15 672.56
设计高水位	0.521	+10.5	1 470.3	13 809.05

7.2.2.2 桶式基础结构数值分析

为进一步深入研究桶式基础结构的整体稳定性，本次设计以 ABAQUS 有限元软件为平台，建立结构的三维弹塑性有限元数值模型和非线性弹塑性的三维桶式基础结构与土共同作用的计算模型，考虑各种工况组合下波浪动载对结构与土的动力响应。

1) 模型简介

极端高水位(6.56 m)条件下，1%波高(6.72 m)对应的波浪力作用在上部结构时，进行桶式基础的稳定性分析。图 7-6 为桶式基础结构的平面布置图，由于桶式基础结构布置的对称性，选取图中阴影部分区域为计算区域。该区域宽 10.5 m，长度方向取 3 倍桶式基础结构长边的长度为 90 m。模型分析关注的是桶式基础结构在淤泥土地基上的稳定情况，为减少计算量，取地基土计算厚度为 25 m(标高为－5～－30 m)，其中上部淤泥层厚度为 8.5 m(标高为－5～－13.5 m)，下部 16.5 m 厚土层(标高为－13.5～30 m)按粉质黏土考虑。桶式基础结构上筒高 15.1 m、下桶高 9.0 m。

桶式基础结构面与地基土之间设置接触面，指定结构上的接触面为主接触面、土体接触面为从接触面。接触面间采用库伦摩擦模型，结构面与淤泥间的摩擦系数为 0.04，结构面与粉质黏土间的摩擦系数为 0.2。接触面法向采用硬接触方式。

桶式基础结构采用弹性模型，重度 γ 取 25 kN/m³，水面以下浮容度 γ' 取 15 kN/m³，弹性模量为 3×10^4 MPa，泊松比 ν 取 0.167。

地基土的本构模型分别采用摩尔-库伦模型(M-C 模型)和扩展的 Drucker-Prager

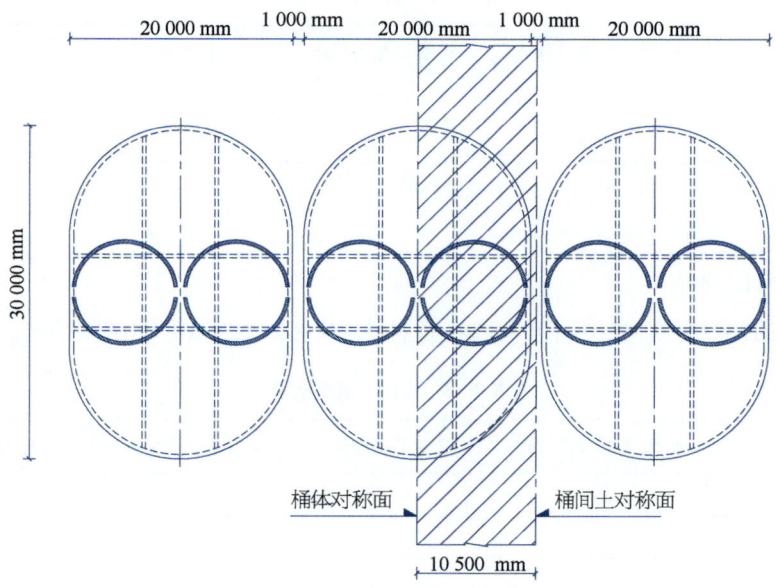

图 7-6 桶式基础结构平面图

模型(D-P模型)进行模拟,分析过程采用总应力法,土体参数指标取快剪指标。

2) 稳定性分析步骤

采用有限元方法进行波浪力等荷载作用下圆结构稳定性分析的步骤如下:

(1) 建立有限元分析模型。

(2) 根据波浪力等荷载的分布,在结构上逐级加波浪荷载,采用有限元分析模型计算不同加载荷载时对应的土与结构体系的位移和应力,加载至有限元计算不收敛。

(3) 绘制荷载-结构位移关系曲线。

(4) 依据荷载-结构位移关系曲线确定判别结构失稳的准则。

(5) 根据失稳判别准则,确定结构稳定性破坏对应的荷载,该荷载定义为结构的极限承载力。

(6) 将结构极限承载力与设计荷载的比值定义为稳定性安全系数。

3) 加载系数

为清楚表达计算时施加荷载与设计荷载的关系,定义一个表征加载程度的加载系数 α,对荷载加载值进行无量纲化处理:

$$\alpha = P/P_D \tag{7-1}$$

式中 P——计算时施加的荷载;

P_D——设计荷载(计算的波浪作用力)。

当 P 加载到结构极限承载力 P_u 时,若加载系数 $\alpha<1$,表明结构极限承载力小于设计荷载,结构是不安全的;若加载系数 $\alpha=1$,表明结构极限承载力等于设计荷载,结构处于极限状态;若加载系数 $\alpha>1$,则表明结构极限承载力大于设计荷载,结构是安全的。故当 P 加载到结构极限承载力 P_u 时,加载系数 α 可定义为结构稳定性安全系数 K。

4)失稳判别准则

可参照以下两个准则来判别桶式基础的稳定状态:

(1)标准Ⅰ:极限承载力作为判别标准。以 P-S 曲线斜率接近于零时对应的波浪力作为极限承载力。若土体本构关系为理想弹塑性模型,根据理想塑性流动概念,此时即使波浪力增加很小,结构也将产生非常大的位移值,说明结构此时已发生破坏。

(2)标准Ⅱ:基于 P-S 曲线出现较明显拐点作为稳定性判别标准。在波浪力值不是很大的情况下,大部分土体处于弹性状态,P-S 曲线大体为线性。当作用的波浪力值继续增大,进入屈服的土体单元增多,土体的塑性区逐渐扩展。当塑性区扩展到一定程度时,结构位移增加幅度变快,P-S 曲线出现较明显拐点,结构稳定性受到威胁。

5)结构转角 θ 的定义

对于结构转角 θ 的推导如下:由于结构整体刚度远大于软土地基,可以将其看成刚体,则结构转角 θ 可由结构在竖直方向上两任意点(图7-7中的 A 点与 B 点)的水平位移和两点之间的距离 L 推导得出,即

$$\theta = \arcsin[(U_A - U_B)/L] \quad (7-2)$$

图7-8中 A、B、C、D 四点为本次分析过程中选择的桶式基础结构关键点。后续分析过程中

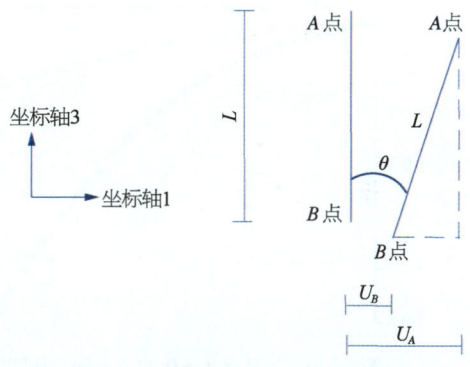

图7-7 结构转角 θ 公式推导示意图

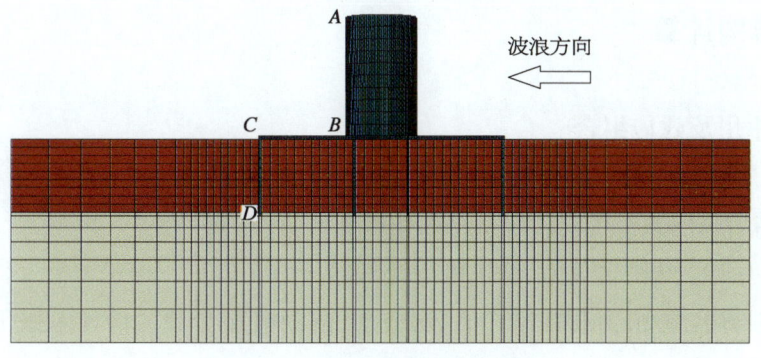

图7-8 模型关键点分布示意图

将给出这些关键点在波浪力作用下的位移变化情况,根据上述各点位移来计算不同波浪荷载下的结构转角。由于桶式基础结构刚度远大于土体刚度,在波浪力作用下,结构体变形较小,因此根据 A、B 点计算出的转角应与 C、D 点计算结果一致。

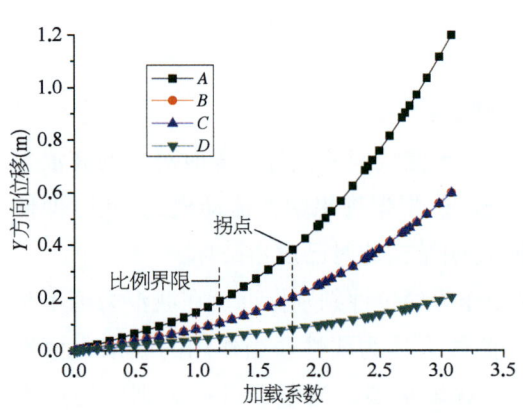

图 7-9 关键点 A~D 的 Y 方向位移曲线

6）计算结果

首先对位移量 $U_1 \sim U_3$ 的方向做如下说明：U_1 方向与桶式基础结构短轴方向一致（X 方向）、U_2 方向与桶式基础结构长轴方向一致（Y 方向）、U_3 为竖直方向（Z 方向），位移单位均为 m。绘制位移与加载曲线,如图 7-9~图 7-11 所示。

综上所述,根据各曲线得到的安全系数:U_2 方向为 1.78,U_3 方向为 1.88,结构转角 θ 为 1.68。

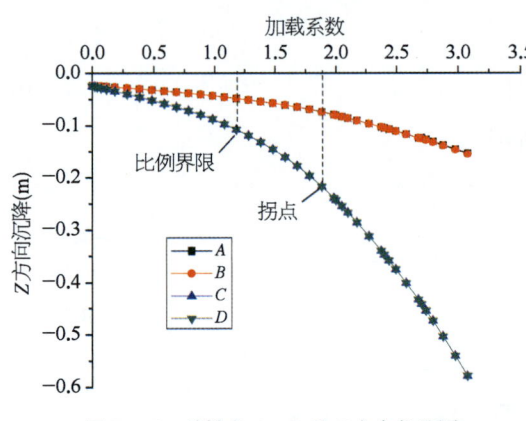

图 7-10 关键点 A~D 的 Z 方向位移图

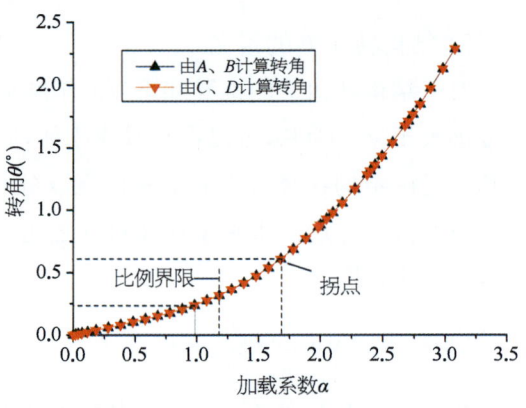

图 7-11 桶体转角随加载变化曲线图

7.3 结构计算

7.3.1 作用及效应组合

7.3.1.1 作用

防波堤结构采用的作用应力包括永久作用和可变作用。

（1）永久作用：结构自重力、静水压力及其浮托力。

（2）可变作用：波浪力及其浮托力、水流力、流动机械荷载。构件承载力计算时作用分项系数见表 7-6。

表7-6 构件承载力计算时作用分项系数表

荷载名称	分项系数	荷载名称	分项系数
构件自重、填料重力	1.20	浮托力	1.50
剩余水压力	1.05	水流力	1.50
静水压力及其浮托力	1.20	均载	1.40
波浪力	1.50	流动机械荷载	1.40

注：当永久荷载对结构承载力起有利作用时，分项系数的取值不大于1.0。

7.3.1.2 作用效应组合

作用在防波堤上的荷载主要有永久作用、可变作用，其作用效应按承载能力极限状态和正常使用极限状态进行组合。根据防波堤结构受力特点，考虑三种设计状况：

(1) 持久状况：在使用期应按承载能力极限状态的持久组合和正常使用极限状态的持久组合进行设计。

① 自重＋波浪荷载。

② 自重＋波浪荷载＋局部均载（10 kN/m²）。

(2) 短暂状况：在施工期应按承载能力极限状态的短暂组合进行设计，必要时按正常使用极限状态的短暂组合进行设计。

① 自重＋负压荷载。

② 自重＋纠偏负压荷载。

③ 自重＋浮运荷载自重＋施工荷载＋波浪力（5年一遇）。

(3) 地震状况：在使用期受到地震作用时，按《水运工程抗震设计规范》(JTS 146—2012)有关规定执行，仅按承载能力极限状态的地震组合进行设计，即自重＋地震惯性力。

以上组合均应考虑不同设计水位，按最不利情况计算。

7.3.2 地基承载力验算

对于桶式基础结构的基底地基极限竖向承载力，可用《水运工程地基设计规范》(JTS 147—2017)中关于极限竖向承载力计算方法进行计算，并确定地基的允许承载力。计算情况如图7-12所示。

7.3.2.1 竖向荷载

竖向设计荷载包括结构自重、竖向使用荷载10 kPa和桶式基础结构内土体自重等。

桶式基础结构设计高水位下，结构水下体积为1 375 m³、水上体积为217 m³。

(1) 结构自重为

$$G_{st}=1\,375\times15+217\times25=26\,000 \text{ kN}$$

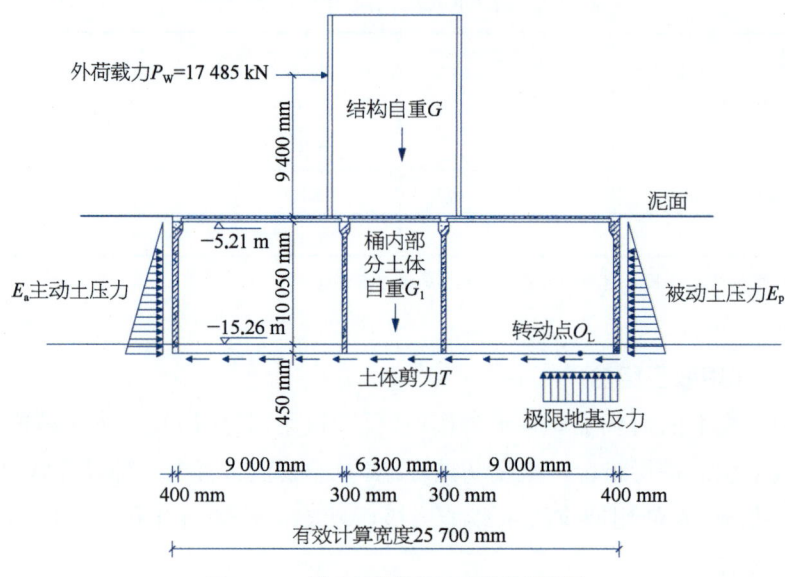

图 7-12 桶式基础结构防波堤计算简图

竖向使用荷载 10 kPa，作用于每组桶体上的走道板上，走道板长 21 m、宽 5.1 m。

（2）竖向使用荷载为

$$G_q = 10 \times 21 \times 5.1 = 1\,071\text{ kN}$$

桶式基础结构插入地基中，下桶内土体按土层不同计算自重，下桶截面面积为 514 m²，桶底面积为 60.8 m²，桶体插入淤泥层深度为 10.05 m，粉质黏土层深度为 0.45 m，淤泥浮容重为 6.0 kN/m³，粉质黏土浮容重为 8.6 kN/m³。

（3）桶式基础内土体自重为

$$G_{sl} = (514-60.8) \times 10.05 \times 6.0 + (514-60.8) \times 0.45 \times 8.6 = 29\,081.84\text{ kN}$$

7.3.2.2 土压力

1）主动土压力

（1）淤泥层主动土压力计算时，淤泥黏聚力为 5.56 kPa、摩擦角为 2.74°、土层厚度为 10.05 m。

淤泥层顶面主动土压力为

$$E_{a1} = -2 \times 5.56 \times \tan(45°-2.74°/2) = -10.6\text{ kN/m}$$

淤泥层底面主动土压力为

$$E_{a2} = 6 \times 10.05 \times \tan^2(45°-2.74°/2) - 2 \times 5.56 \times \tan(45°-2.74°/2) = 46.67\text{ kN/m}$$

(2) 粉土层主动土压力计算时,粉质黏土黏聚力为 24 kPa、摩擦角为 20°、土层厚度为 0.45 m。

粉土层顶面主动土压力为

$$E_{a3}=6\times10.05\times\tan^2(45°-20°/2)-2\times24\times\tan(45°-20°/2)=-4.33 \text{ kN/m}$$

粉土层底面主动土压力为

$$E_{a4}=(6\times10.05+8.6\times0.45)\times\tan^2(45°-20°/2)-2\times24\times\tan(45°-20°/2)$$
$$=1.7045 \text{ kN/m}$$

(3) 总主动土压力计算时,负的主动土压力部分按 0 取用,总主动土压力为

$$E_a=0.5\times46.67\times10.55+0.5\times1.7045\times0.45=247.45 \text{ kN/m}$$

2) 被动土压力

(1) 淤泥层被动土压力计算时,淤泥黏聚力为 5.56 kPa、摩擦角为 2.74°、土层厚度为 10.05 m。

泥层顶面被动土压力为

$$E_{p1}=2\times5.56\times\tan(45°+2.74°/2)=11.68 \text{ kN/m}$$

淤泥层底面被动土压力为

$$E_{p2}=6\times10.05\times\tan^2(45°+2.74°/2)+2\times5.56\times\tan(45°+2.74°/2)=78 \text{ kN/m}$$

(2) 粉土层被动土压力计算时,粉质黏土黏聚力为 24 kPa、摩擦角为 20°、土层厚度为 0.45 m。

粉土层顶面主动土压力为

$$E_{p3}=6\times10.05\times\tan^2(45°+20°/2)+2\times24\times\tan(45°+20°/2)=176.65 \text{ kN/m}$$

粉土层底面主动土压力为

$$E_{p4}=(6\times10.05+8.6\times0.45)\times\tan^2(45°+20°/2)+2\times24\times\tan(45°+20°/2)$$
$$=198.9 \text{ kN/m}$$

(3) 总被动土压力计算时,泥面处被动土压力按 0 取用,总被动土压力为

$$E_p=0.5\times78\times10.55+0.5\times(176.65+198.9)\times0.45=495.95 \text{ kN/m}$$

3) 土压计算汇总

根据主、被动土压力的计算结果,绘制土压力分布如图 7-13 所示。

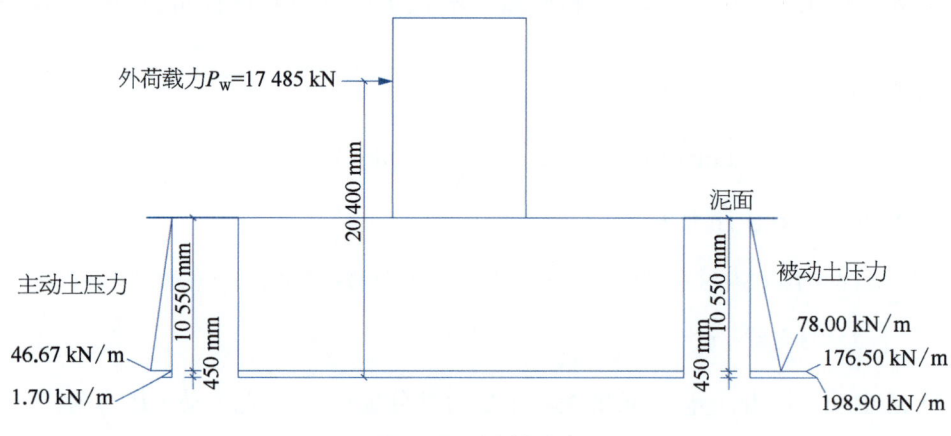

图 7-13　土压力分布

7.3.2.3　桶式基础底面以上荷载力臂

(1) 根据土压力分布(图 7-13)，计算主、被动土压力相对桶底的力臂。

主动土压力合力对桶底边的力臂 y_a 为

$$y_a = [(10.55/3+0.45)\times(0+46.67)/2\times10.55+0.45/3\times(0+1.70)/2\times0.45]/$$
$$[(0+46.67)/2\times10.55+(0+1.70)/2\times0.45] = 3.95 \text{ m}$$

被动土压力合力对桶底边的力臂 y_p 为

$$y_p = [(10.55/3+0.45)\times(0+78.00)/2\times10.55+0.45/3\times(176.50+198.90)/2\times0.45]/$$
$$[(0+78.00)/2\times10.55+(176.50+198.90)/2\times0.45] = 3.32 \text{ m}$$

(2) 根据试验可知，波浪荷载相对桶底的力臂为 20.4 m。

7.3.2.4　荷载相对桶式基础结构底的力矩

1) 倾覆力矩

根据土压力分布(图 7-13)，计算土压力与波浪力对桶底边前趾倾覆力矩 M_O 为

$$M_O = 17\,485/21\times20.4+247.45\times3.95-495.95\times3.32 = 16\,316.31 \text{ kN}\cdot\text{m/m}$$

2) 抗倾覆力矩

(1) 将竖向的结构自重荷载、桶式基础结构内土体自重荷载和使用荷载，换算成断面的延米荷载，计算结果如下：

$$V_k = (G_{st}+G_q+G_{sl})/21 = (26\,000+1\,071+29\,081.84)/21 = 2\,673.94 \text{ kN/m}$$

(2) 根据土压力分布(图 7-13),计算竖向合力对桶底边前趾的抗倾覆力矩 M_R 为

$$M_R = 2\,673.94 \times 27/2 = 36\,098.25 \text{ kN·m/m}$$

7.3.2.5 桶式基础结构底的应力分布

1) 合力作用点与桶底前趾的距离

根据《水运工程地基设计规范》(JTS 147—2017)中的计算方法,进行计算合力作用点与桶底前趾的距离 ξ 为:

$$\xi = (M_R - M_O)/V_k = (36\,098.25 - 17\,962.86)/2\,673.94 = 7.40 \text{ m} < 25.7/3 = 8.57 \text{ m}$$

2) 桶式基础结构底的应力最大值和最小值

根据《水运工程地基设计规范》(JTS 147—2017)中的计算方法,计算出最大、最小应力如下:

$$\sigma_{max} = 2V_k/(3\xi) = 2 \times 2\,673.94/(3 \times 7.40) = 240.90 \text{ kPa}$$

$$\sigma_{min} = 0$$

3) 桶式基础结构底的应力分布宽度

根据最大最小应力换算出应力作用宽度 B_1:

$$B_1 = 2V_k/\sigma_{max} = 2 \times 2\,673.94/240.90 = 22.20 \text{ m}$$

7.3.2.6 极限承载力

1) 地基极限承载力竖向应力的平均值

根据《水运工程地基设计规范》(JTS 147—2017)中的极限承载力竖向应力的平均值计算公式,并结合相应参数来计算竖向应力的平均值:

$$p_z(b_j^*) = 0.5\gamma_k(b_{j-1} + b_j)N_\gamma + q_k N_q + c_k N_c \tag{7-3}$$

通过《水运工程地基设计规范》(JTS 147—2017)中的附表,查得 N_γ、N_q、N_c 的取值。

(1) N_γ 取值。根据《水运工程地基设计规范》(JTS 147—2017)中的计算方法确定,先确定桶底计算面以上的荷载 q:

$$q = 10.05 \times 6.0 + 0.45 \times 8.6 = 64.17 \text{ kPa}(10.05 \text{ m 是 } 10.55 \text{ m 扣除盖板厚度 } 0.5 \text{ m})$$

$$\lambda = \gamma_k B/(c_k + q\tan\phi) = 8.6 \times 25.7/(24 + 64.17 \times 2.27) = 1.30$$

N_γ 按 $\phi = 20°$、$\lambda = 2$ 取值,$N_\gamma = 1.137$。

(2) N_q 取值。根据 N_c 值和所在土层的摩擦角确定。

$$N_q = N_c \tan\phi + 1 = 6.227 \times \tan 20° + 1 = 3.27$$

(3) N_c 取值。根据计算荷载倾斜角正切值和所在土层的摩擦角确定。

$$\tan\delta = H_k/V_k = (17\,485/21 + 247.45 - 495.95)/2\,673.94 = 0.22$$

N_c 按 $\phi = 20°$、$\tan\delta = 0.3$ 取值,查表得 $N_c = 6.227$。

(4) 将 N_γ、N_q、N_c 的值和土体浮容重代入式(7-3),求出极限承载力竖向应力的平均值:

$$P_z(b_j^*) = 0.5 \times 8.6 \times 25.7 \times 1.137 + 64.17 \times 3.27 + 24 \times 6.227 = 484.93 \text{ kPa}$$

2) 地基极限承载力竖向合力标准值

地基极限承载力竖向合力标准值 P_z 由地基极限承载力竖向应力的平均值乘以计算宽度求得:

$$P_z = 484.93 \times 25.7 = 12\,462.80 \text{ kN/m}$$

3) 荷载作用下的地基极限承载力竖向合力标准值

(1) 竖向合力设计值:

$$V_d = \gamma_s \cdot V_k = 1.0 \times 2\,673.94 = 2\,673.94 \text{ kN/m}$$

(2) 极限承载力竖向合力的标准值与竖向合力设计值的比值 K^*:

$$K^* = P_z/V_d = 12\,462.80/2\,673.94 = 4.66$$

(3) 作用于计算面上的竖向应力:

$$p_v^*(b_j^*) = K^* p_v(b_j^*) = 4.66 \times 240.90 = 1\,122.59 \text{ kPa}$$

(4) 根据计算面上的竖向应力、地基极限承载力竖向应力平均值和荷载作用下地基应力分布宽度,可以绘制地基极限承载力计算示意图(图7-14)。

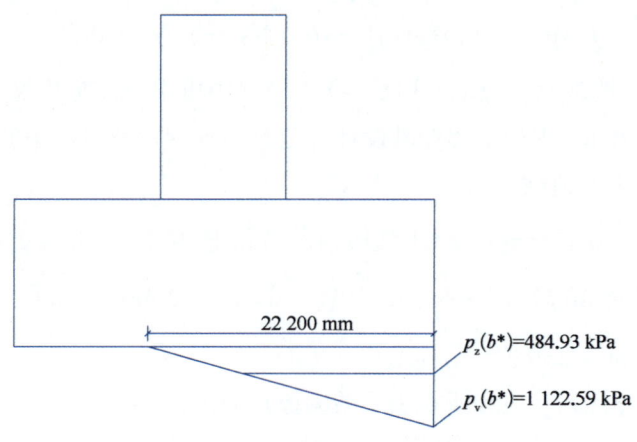

图 7-14 地基极限承载力计算简图

(5) 根据图 7-14 可以计算荷载作用下的地基极限承载力竖向合力标准值 F_k：

$$F_k = [(1\,122.59 - 484.93)/1\,122.59 \times 22.2 + 22.2]/2 \times 484.93 = 8\,439.72 \text{ kN/m}$$

7.3.2.7 地基承载力验算

《水运工程地基设计规范》(JTS 147—2017) 中的地基承载力极限状态验算表达式为

$$\gamma_0 V_d \leqslant \frac{1}{\gamma_R} F_k \tag{7-4}$$

将前面计算出的各个参数代入验算式可得：

$$1.0 \times 2\,673.94 = 2\,673.91 < 8\,439.72/3 = 2\,813.24 \text{ kN}$$

满足稳定性要求。

7.3.3 抗滑稳定性验算

桶式基础结构滑移可能出现三种情况：第一种是沿桶底面滑移；第二种是沿破裂角到土层交界滑移；第三种是沿破裂角滑移。下面按三种情况分别进行验算。

7.3.3.1 沿桶底面滑移

桶式基础结构在荷载作用下沿着桶体底面滑动，计算示意如图 7-15 所示。

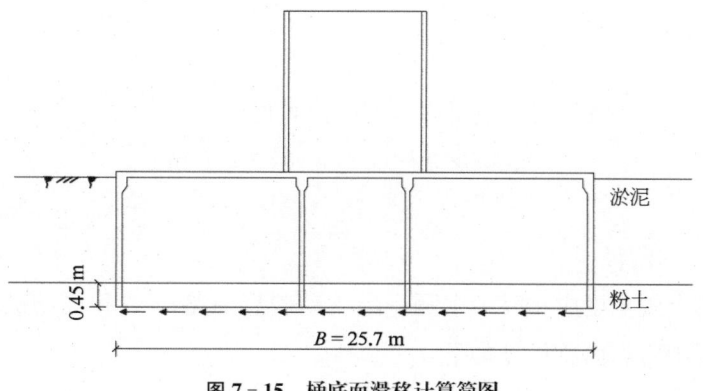

图 7-15 桶底面滑移计算简图

将波浪荷载和抗力换算成断面延米受力，并将相关参数代入式(3-5)，可得

$$1.0 \times 1.3 \times 17\,485/20 = 1\,136.5 \text{ kN} \leqslant 1.0 \times (26\,000 \times \tan 20° + 29\,081.84 \times \tan 20°)/20 +$$
$$1.0 \times 24 \times 25.7 + (1.0 \times 495.95 \times 0.7 - 1.0 \times 247.45) = 1\,718.91 \text{ kN}$$

验算结果表明结构抗滑稳定性满足要求。

7.3.3.2 沿破裂角到土层交界滑移

桶式基础结构在荷载作用下,由于竖向荷载小,可能沿着沿破裂角到土层交界滑移,其计算示意如图 7-16 所示。

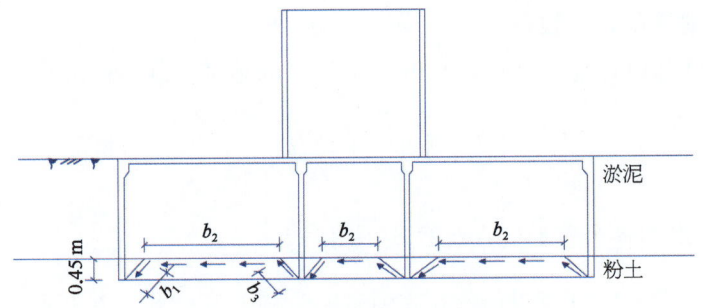

图 7-16 交界面滑移计算简图

验算稳定性前,应先计算滑移路径。由图 7-16 可知,每个隔仓有 3 段路径,即 b_1、b_2 和 b_3,b_1 和 b_3 每个隔仓都相同,b_2 通过隔仓尺度进行计算。

1) 粉质黏土层滑移路径

(1) 按主、被动破裂面计算。粉质黏土摩擦角为 20°,主动破裂面路径 b_1 和被动破裂面路径 b_3 计算结果如下:

$$b_1 = 0.45/\sin(45° + 20°/2) = 0.549 \text{ m}$$

$$b_3 = 0.45/\sin(45° - 20°/2) = 0.784 \text{ m}$$

(2) 桶内 3 个隔仓粉质黏土土层中剪切面总长度为

$$0.549 \times 3 + 0.784 \times 3 = 3.999 \text{ m}$$

2) 交界面滑移路径

桶式基础的有效宽度应扣除 3 个隔仓的主动破裂面路径 b_1 和被动破裂面路径 b_3,计算得桶内淤泥层中剪切面总长度如下:

$$25.7 - 0.45/\tan(45° + 20°/2) \times 3 - 0.45/\tan(45° + 20°/2) \times 3 - 0.3 \times 4 = 21.627 \text{ m}$$

3) 抗滑力计算

(1) 桶式基础内土体自重在粉质黏土剪切面上产生的摩阻力,其中自重按平均值计算,计算结果如下:

$$(6 \times 10.05 + 8.6 \times 0.45/2) \times \tan 20° \times 3.999 = 90.58 \text{ kN}$$

(2) 桶式基础结构内土体在粉质黏土剪切面上的黏聚力为

$$24 \times 3.999 = 95.976 \text{ kN}$$

(3) 桶式基础内土体在交界面上的摩阻力，按淤泥层内摩阻力计算，计算结果如下：

$$6 \times 10.05 \times \tan 2.74° \times 21.627 = 62.41 \text{ kN}$$

(4) 桶式基础内土体在交界面上的黏聚力，按淤泥层内黏聚力计算，计算结果如下：

$$5.56 \times 21.627 = 120.18 \text{ kN}$$

(5) 桶式基础与粉质黏土之间的摩阻力为

$$26\,000 \times \tan 20°/20 = 473.16 \text{ kN}$$

4) 稳定性验算

验算结构表明，将波浪荷载和抗力换算成断面延米受力，并将相关参数代入式(3-5)，可得

$$1.0 \times 1.3 \times 874.25 = 1\,136.5 \text{ kN} > 1.0 \times (473.16 + 90.58 + 62.41) + 1.0 \times (95.976 + 120.18) + (1.0 \times 495.95 \times 0.7 - 1.0 \times 247.45) = 942.03 \text{ kN}$$

沿破裂角到土层交界滑移稳定性验算不满足，但极限滑移稳定性还是满足的。

7.3.3.3 沿破裂角滑移

桶式基础结构在荷载作用下，由于竖向荷载相对更小，可能沿着破裂角滑移，计算示意如图 7-17 所示。

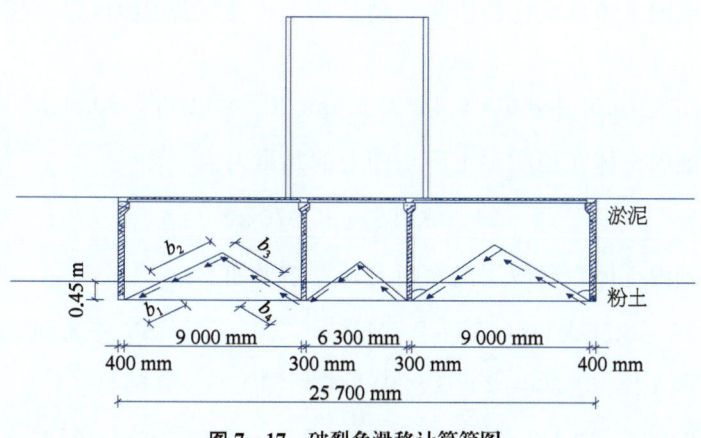

图 7-17 破裂角滑移计算简图

1) 计算滑移路径

(1) 验算稳定性前应先计算滑移路径。由图 7-17 可知，每个隔仓有 4 段路径，即 b_1、

b_2、b_3 和 b_4，b_1 和 b_3 每个隔仓都相同，b_2 和 b_4 通过隔仓尺度进行计算。根据几何关系求出以下方程：

$$b_1 = 0.45/\sin(45°+20°/2) = 0.549 \text{ m}$$

$$b_2 \times \cos(45°+2.74°/2) + b_3 \times \cos(45°-2.74°/2) + b_1 \times$$
$$\cos(45°+20°/2) + b_4 \times \cos(45°-20°/2) = 9.0 \text{ m}$$

$$b_2 \times \sin(45°+2.74°/2) = b_3 \times \sin(45°-2.74°/2)$$

$$b_2 = 5.550 \text{ m}$$

$$b_3 = 5.822 \text{ m}$$

$$b_2 \times \cos(45°+2.74°/2) + b_3 \times \cos(45°-2.74°/2) + b_1 \times$$
$$\cos(45°+20°/2) + b_4 \times \cos(45°-20°/2) = 6.3 \text{ m}$$

$$b_4 = 0.45/\sin(45°-20°/2) = 0.784 \text{ m}$$

求出 b_1、b_2、b_3 和 b_4：$b_1 = 0.549$ m，$b_2 = 3.691$ m，$b_3 = 3.872$ m，$b_4 = 0.784$ m。

（2）桶内粉质黏土层中剪切面总长度为

$$0.549 \times 3 + 0.784 \times 3 = 3.999 \text{ m}$$

（3）桶内淤泥层中剪切面总长度为

$$2 \times 5.550 + 2 \times 5.822 + 3.691 + 3.872 = 30.307 \text{ m}$$

2）抗滑力计算

（1）桶式基础内土体自重在粉质黏土剪切面上产生的摩阻力，自重按平均值计算，计算结果如下：

$$(6 \times 10.05 + 8.6 \times 0.45/2) \times \tan 20° \times 3.999 = 90.58 \text{ kN}$$

（2）桶式基础内土体在粉质黏土剪切面上的黏聚力为

$$24 \times 3.999 = 95.976 \text{ kN}$$

（3）桶式基础内土体在淤泥层内摩阻力计算结果如下：

$$6 \times [10.05 - 5.55 \times \sin(45°+2.74°/2) + 5.55 \times \sin(45°+2.74°/2)/2] \times$$
$$\tan 2.74° \times (2 \times 5.550 + 2 \times 5.822) + 6 \times [10.05 - 3.691 \times$$
$$\sin(45°+2.74°/2) + 3.691 \times \sin(45°+2.74°/2)/2] \times \tan 2.74° \times$$
$$(3.691 + 3.872) = 71.443 \text{ kN}$$

（4）桶式基础内土体在淤泥层内黏聚力计算结果如下：

$$5.56 \times 30.307 = 168.507 \text{ kN}$$

(5) 桶式基础与粉质黏土之间的摩阻力为

$$26\,000 \times \tan 20°/20 = 473.16 \text{ kN}$$

3) 稳定性验算

将波浪荷载和抗力换算成断面延米受力,并将相关参数代入式(3-5),可得

$$1.0 \times 1.3 \times 874.25 = 1\,136.5 \text{ kN} \leqslant 1.0 \times (473.16 + 90.58 + 71.443) + 1.0 \times (95.976 +$$
$$168.507) + (1.0 \times 495.95 \times 0.7 - 1.0 \times 247.45)$$
$$= 999.38 \text{ kN}$$

验算结果表明,沿破裂角滑移稳定性验算不满足,但极限滑移稳定性还是满足的。

7.3.4 抗倾稳定性验算

根据图7-12,转动中心设置在桶底面,转动中心距倾覆侧桶壁的距离可按式(3-4)计算,其他相关参数计算结果如下:

$$O_L = (26\,000 + 1\,071 + 29\,081.84)/(2 \times 20 \times 484.93) = 2.89 \text{ m}$$

$$M_{pw} = 17\,485/20 \times 20.4 = 17\,834.7 \text{ kN} \cdot \text{m/m}$$

$$M_{Gst} = 26\,000/20 \times (25.7/2 - 2.89) = 12\,948 \text{ kN} \cdot \text{m/m}$$

$$M_{Gsl} = 29\,081.84/20 \times (25.7/2 - 2.89) = 14\,482.76 \text{ kN} \cdot \text{m/m}$$

$$M_{Ea} = 247.45 \times 3.95 = 977.43 \text{ kN} \cdot \text{m/m}$$

$$M_{Ep} = 495.95 \times 3.32 = 1\,646.55 \text{ kN} \cdot \text{m/m}$$

代入抗倾稳定性计算公式,即式(3-6)得

$$1.0 \times 1.3 \times 17\,834.7 = 23\,185.11 \text{ kN} \cdot \text{m/m} \leqslant 1/1.25 \times [1.0 \times (12\,948 +$$
$$14\,482.76) + 1.0 \times 1\,646.55 \times 0.7 - 1.35 \times 977.43]$$
$$= 27\,263.81 \text{ kN} \cdot \text{m/m}$$

验算结果表明,桶式基础结构倾覆稳定性满足要求。

7.3.5 沉降计算

桶式基础结构没有对地基进行处理,因此桶式基础结构内淤泥沉降可以按单向排水计算,桶式基础底面以下土层的沉降量可按《水运工程地基设计规范》(JTS 147—2017)计算。结合桶式基础结构特点可知,桶式基础内部淤泥没有排水通道导致固结速度缓慢,且防波堤的外荷载很小,因此淤泥几乎不固结,故可以忽略桶式基础内部土体压缩引起的沉降。桶底粉土沉降通过计算约为15 cm。

7.3.6 结构内力计算

7.3.6.1 材料参数

(1) 混凝土材料参数：C40 混凝土,弹性模量为 3.25×10^4 MPa,密度为 $2\,500$ kg/m³,泊松比为 0.167。

(2) 土体参数：淤泥层土体,弹性模量为 2 MPa,泊松比为 0.35,内摩擦角为 2.5°,黏聚力为 5 560 Pa,密度为 1 650 kg/m³；粉质黏土,弹性模量为 8 MPa,泊松比为 0.35,内摩擦角为 20°,黏聚力为 24 000 Pa,密度为 1 860 kg/m³。

7.3.6.2 计算工况

(1) 陆域运输荷载工况。

工况 1-1：自重。

(2) 海上运输荷载工况。

工况 2-1：气浮荷载(0.53 个标准大气压,分项系数为 1.05)。

(3) 下沉荷载工况。

① 工况 3-1：自重+负压荷载(自重入土深度为 4.5 m)。

② 工况 3-2：自重+负压荷载(入土深度为 6 m)。

③ 工况 3-3：自重+负压荷载+压载(入土深度为 8 m)。

④ 工况 3-4：自重+纠偏负压荷载(0.23 个标准大气压,各个隔仓的压力差,入土深度为 4.5 m)。

⑤ 工况 3-5：自重+负压荷载+纠偏负压荷载(0.23 个标准大气压,各个隔仓的压力差,入土深度为 6 m)。

⑥ 工况 3-6：自重+负压荷载+纠偏负压荷载(0.2 个标准大气压,各个隔仓的压力差,入土深度为 80 m)。

(4) 使用期间荷载工况。

工况 4-1：自重+波浪荷载。

7.3.6.3 各工况有限元模型边界条件、荷载分布

1) 陆域运输荷载工况

模型边界条件：约束下桶外壁竖直平板段最下端的竖向位移(Z 向)；合理约束 XOY 平面内刚体位移(利用对称性约束对称位移或设置虚拟连接),并使其不影响结构应变。

工况 1-1 荷载：重力。

2) 海上运输荷载工况

模型边界条件：利用结构的"自平衡"体系特点,用较弱弹性约束下桶外壁和顶板交接

处结点的竖向位移(Z向),并校核约束点反力,保证其接近于0;利用结构对称及外力分布对称的特点,合理约束 XOY 平面内刚体位移(利用对称性约束对称位移或设置虚拟连接),并使其不影响结构应变。

工况2-1荷载:下桶壁板和顶板承受均布压力,工况示意如图7-18所示。

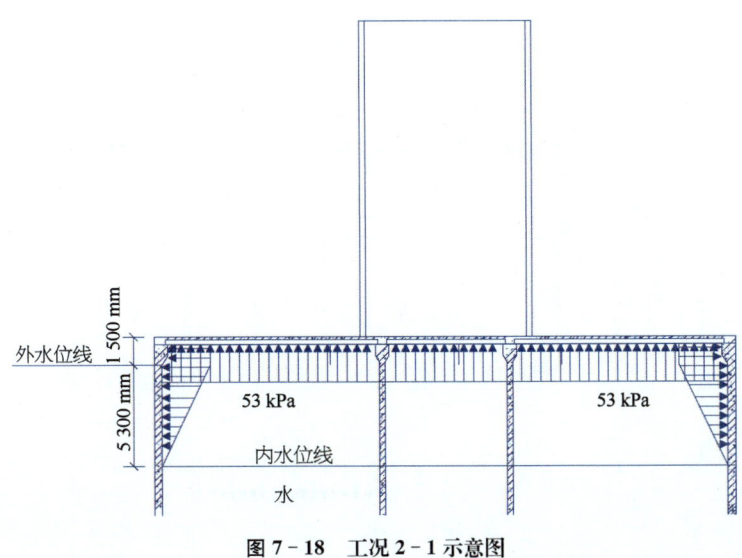

图7-18 工况2-1示意图

3)下沉荷载工况

模型边界条件:约束下桶最下端所有结点的竖向位移(Z向);合理约束 XOY 平面内刚体位移(利用对称性约束对称位移或设置虚拟连接),并使其不影响结构应变。

(1)各隔仓压力相同的工况,工况示意如图7-19~图7-20所示。

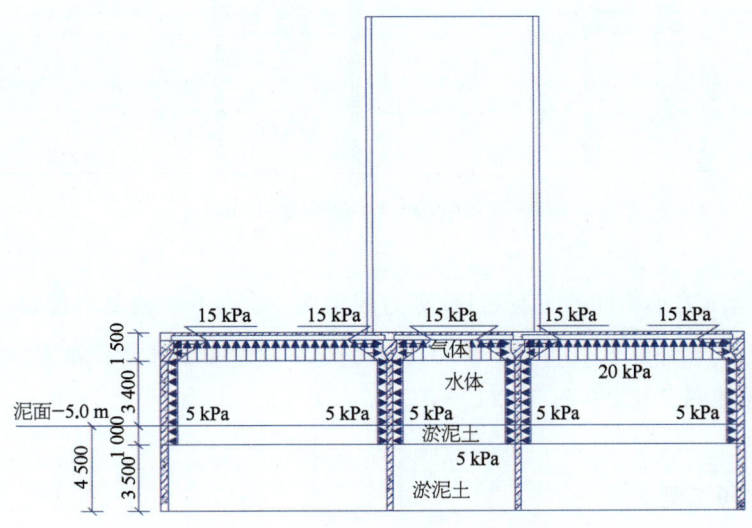

图7-19 工况3-1示意图(单位:mm)

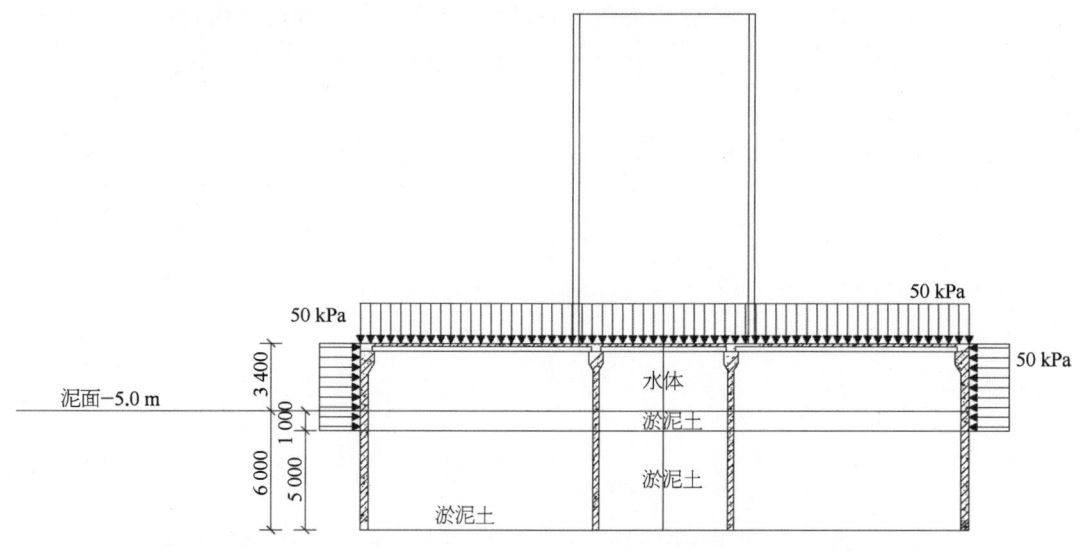

图 7-20 工况 3-2 示意图(单位: mm)

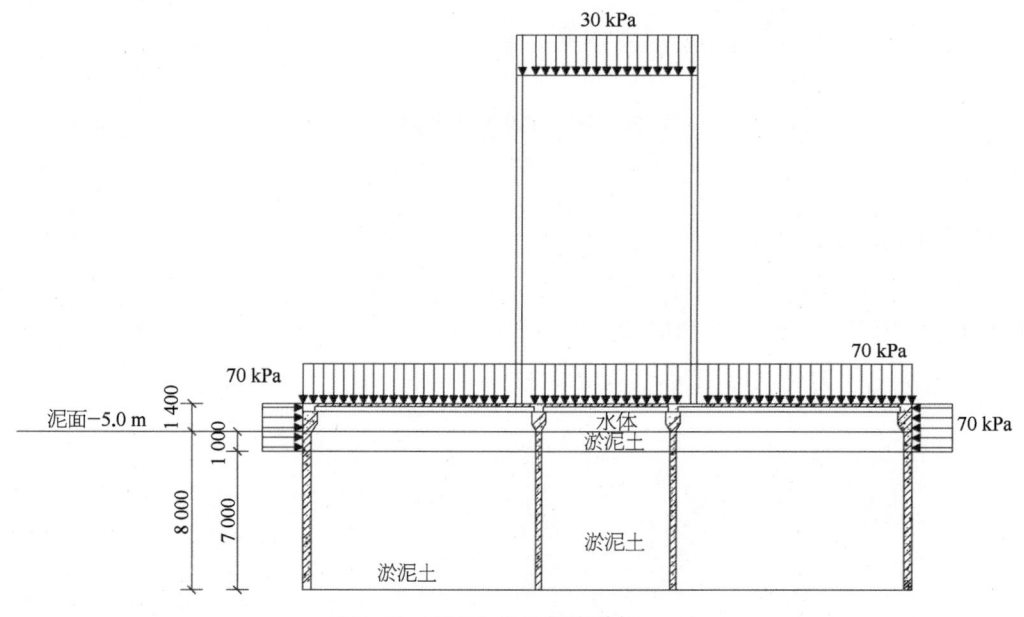

图 7-21 工况 3-3 示意图(单位: mm)

(2) 各隔仓压力不相同的工况,目标吸力强度为 P,由于纠偏要求使得部分隔仓压强度偏大($\Delta P = 0.2$ 个标准大气压);计算中采用棋盘分布,隔仓内压强为 $P + 0.2$ 个标准大气压,分布形式如图 7-22～图 7-24 所示。

4) 使用期间工况

波浪荷载作用下的工况示意如图 7-25 所示。

第7章 桶式基础结构防波堤工程实例

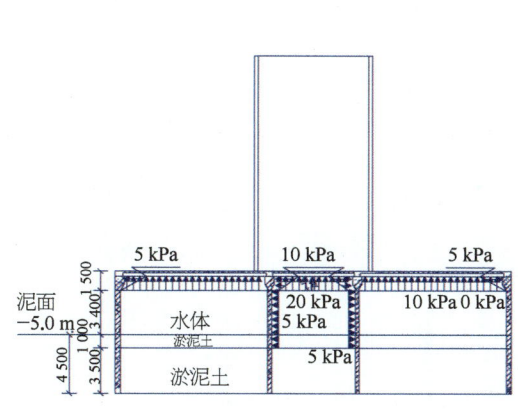
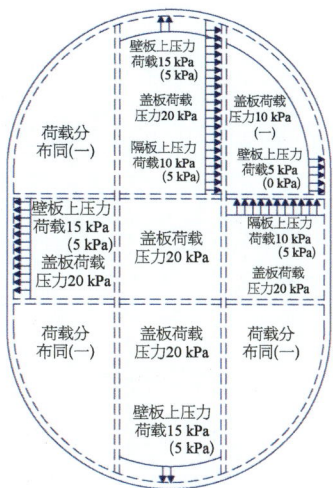

图 7-22 工况 3-4 示意图（单位：mm）

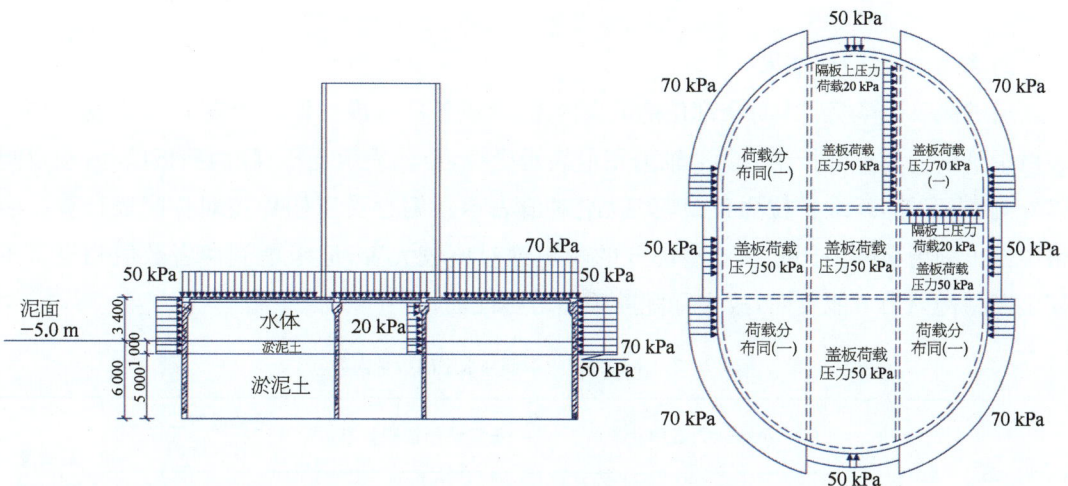

图 7-23 工况 3-5 示意图（单位：mm）

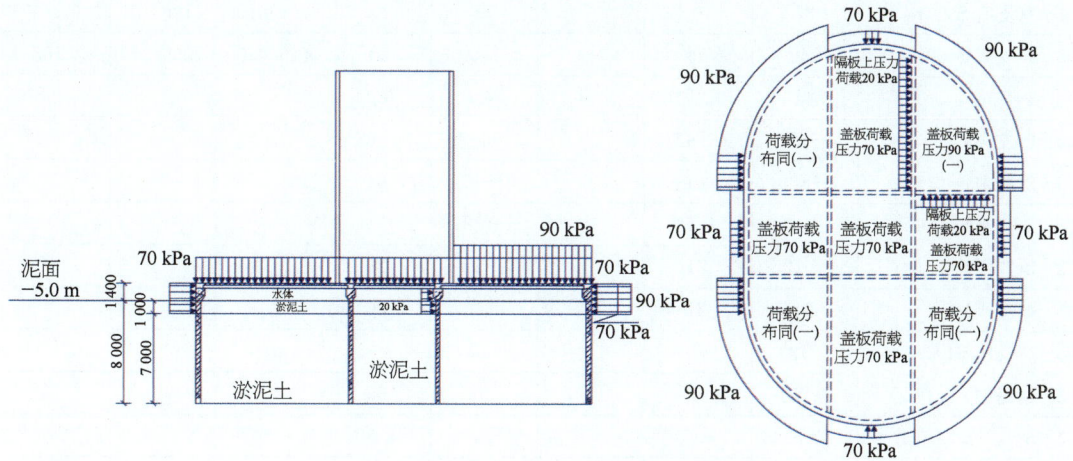

图 7-24 工况 3-6 示意图（单位：mm）

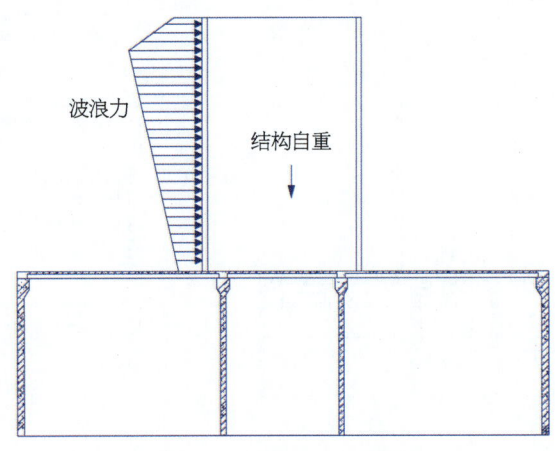

图 7-25 工况 4-1 示意图

5) 结构内力计算结果

通过提取计算模型中每个部位的最大内力,形成各部分内力汇总于表 7-7～表 7-20。表格中给出的为单宽板带内力:轴力正值表示受拉,负值表示受压;除内隔板以外,板弯矩以外侧(或下侧)纤维受拉为正;剪力以绝对值表示。偏心受压构件按对称配筋计算。表格中给出的为板跨中部分或支座部分的弯矩绝对值较大者,但考虑到两者数值相当且不同工况结构内力可能反向,故实际配筋采用对称配筋。

表 7-7 下桶外壁平板部分水平向板带内力

部 位	承载能力极限状态			正常使用极限状态		可能控制工况计算配筋		裂缝宽 w(mm)
	轴力 N (kN)	弯矩 M (kN·m)	剪力 V (kN)	轴力 N (kN)	弯矩 M (kN·m)	外侧 (mm²)	内侧 (mm²)	
1-1(支座 S300)	87	100		73	83	ϕ18@100	ϕ18@100	0.154
2-1(支座 S400)	240	88		229	84	ϕ16@100	ϕ16@100	0.183
3-1	44	21		42	20			
3-2(支座)	−192	−92		−183	−88			
3-2(跨中)	−100	64		−95	61			
3-3(支座)	−40	−58		−38	−55			
3-3(跨中)	−12	21		−11	20			
3-4(支座)	64	21		61	20			
3-5(支座 S400)	−183	−98		−174	−93			
3-5(跨中)	−231	58		−220	55			
3-6	−59	−55		−56	−52			
3-7	−166	25		−158	24			

（续表）

部位	承载能力极限状态			正常使用极限状态		可能控制工况计算配筋		裂缝宽 w(mm)
	轴力 N (kN)	弯矩 M (kN·m)	剪力 V (kN)	轴力 N (kN)	弯矩 M (kN·m)	外侧 (mm²)	内侧 (mm²)	
4-1								
4-2								
4-3								
4-4								

实配钢筋（外侧/内侧）：
下部 3 m：跨中 HRB400ϕ18@200，支座 HRB400ϕ18@100
上部 6 m：跨中 HRB400ϕ16@200，支座 HRB400ϕ16@100
最大裂缝：0.183 4 mm

表 7-8　下桶外壁平板部分竖直向板带内力

部位	承载能力极限状态			正常使用极限状态		可能控制工况计算配筋		裂缝宽 w(mm)
	轴力 N (kN)	弯矩 M (kN·m)	剪力 V (kN)	轴力 N (kN)	弯矩 M (kN·m)	外侧 (mm²)	内侧 (mm²)	
1-1	−251	110		−209	92			
2-1(边缘 S700)	52	108		50	103	ϕ16@200	ϕ16@200	0.200
2-1(跨中)	20	−44		19	−42			
3-1	0	14		0	13			
3-2(支座)	−323	−141		−308	−134			
3-2(跨中)	−102	49		−97	47			
3-3(支座)	−250	−136		−238	−130			
3-3(跨中)	−100	35		−95	33			
3-4	−6	10		−6	10			
3-5(支座)	−300	−146		−286	−139			
3-5(跨中)	−173	52		−165	50			
3-6(支座)	−339	−139		−323	−132			
3-6(跨中)	−258	35		−246	33			
4-1								
4-2								
4-3								
4-4								

实配钢筋：
外侧/内侧：HRB400ϕ16@200，钢筋实配 1 005 mm²
最大裂缝：0.200 mm
弯矩较大区域仅仅分布于上边缘较小区域，此部分板厚较大

表 7-9 下桶外壁柱壳部分水平向板带内力

部 位	承载能力极限状态		正常使用极限状态		可能控制工况计算配筋		裂缝宽 w(mm)
	轴力 N (kN)	弯矩 M (kN·m)	轴力 N (kN)	弯矩 M (kN·m)	外侧 (mm²)	内侧 (mm²)	
1-1(支座 S300)	294	97	245	81	φ18@100	φ18@100	0.221
2-1	184	55	175	52			
	379	−10	361	−10	φ16@200	φ16@200	0.196
3-1	80	6	76	6			
3-2	−300	49	−286	47			
3-3	−102	58	−97	55			
3-4	84	22	80	21			
3-5	104	−98	99	−93	φ16@100	φ16@100	0.196
3-6	−56	−71	−53	−68			
4-1							
4-2							
4-3							
4-4							

实配钢筋(外侧/内侧):
下部 3 m:跨中 HRB400φ18@200,支座 HRB400φ18@100
上部 6 m:跨中 HRB400φ16@200,支座 HRB400φ16@100
最大裂缝:0.221 mm

表 7-10 下桶外壁柱壳部分竖直向板带内力

部 位	承载能力极限状态		正常使用极限状态		可能控制工况计算配筋		裂缝宽 w(mm)
	轴力 N (kN)	弯矩 M (kN·m)	轴力 N (kN)	弯矩 M (kN·m)	外侧 (mm²)	内侧 (mm²)	
1-1							
2-1(边缘 S700)	110	71	105	68			0.212
3-1	0	5	0	5			
3-2	−85	64	−81	61			
3-3	−225	−95	−214	−90			
3-4	17	5	16	5			
3-5	−109	−81	−104	−77			
3-6	30	−94	29	−90			
4-1							
4-2							
4-3							
4-4							

实配钢筋:
外侧/内侧:HRB400φ16@200,钢筋实配 1 005 mm²
最大裂缝:0.212 mm

表 7-11 下桶内部隔板部分水平向板带内力

部 位	承载能力极限状态			正常使用极限状态		可能控制工况计算配筋		裂缝宽 w(mm)
	轴力 N (kN)	弯矩 M (kN·m)	剪力 V (kN)	轴力 N (kN)	弯矩 M (kN·m)	外侧 (mm²)	内侧 (mm²)	
1-1	1 763	0		979	0	ϕ20@100	3 142	0.247
2-1	1 038	0		989	0			
				0	0			
3-1	52	3		50	3			
3-2(短轴)	242	0		230	0			
3-3	485	−10		462	−10			
3-4	202	−3		192	−3			
3-5(长轴)	73	63		70	60	ϕ16@100		0.172
3-6	499	1		475	1			
4-1								
4-2								
4-3								
4-4								

实配钢筋：
短轴(两侧)：下部 6 m 段为 HRB400ϕ16@200，与短肋连接处为 HRB400ϕ16@100，上部 1 m 为 HRB400ϕ16@200
长轴向(两侧)：下部 2 m 段为 HRB400ϕ20@100，中间 2 m 段为 HRB400ϕ16@100，上部 5 m 段为 HRB400ϕ16@200
最大裂缝：0.247 mm

表 7-12 下桶内部隔板部分竖直向板带内力

部 位	承载能力极限状态			正常使用极限状态		可能控制工况计算配筋		裂缝宽 w(mm)
	轴力 N (kN)	弯矩 M (kN·m)	剪力 V (kN)	轴力 N (kN)	弯矩 M (kN·m)	外侧 (mm²)	内侧 (mm²)	
1-1								
2-1								
3-1	0	6		0	6			
3-2	110	8		105	8			
3-3	186	15		177	14			
3-4(支座)	7	57		7	54			
3-5	−97	63		−92	60			0.288
3-6	−361	26		−344	25			
4-1	1 800							
4-2								
4-3								
4-4								

实配钢筋(两侧)：HRB400ϕ16@200，与上筒连接区域为 HRB400ϕ25@100
最大裂缝：0.288 mm
以上配筋按照工况 3-4 跨中内力计算，是因为工况 3-4 上边缘内力尽管较大，但是仅分布于上边缘较小区域，此部分板厚较大

表7-13 下桶盖板部分短轴向板带内力

部 位	承载能力极限状态			正常使用极限状态		可能控制工况计算配筋		裂缝宽 $w(\text{mm})$
	轴力 N (kN)	弯矩 M (kN·m)	剪力 V (kN)	轴力 N (kN)	弯矩 M (kN·m)	外侧 (mm^2)	内侧 (mm^2)	
1-1								
2-1(支座)	183	110		174	105			
2-1(跨中)	152	−49		145	−47			
3-1	89	5		85	5			
3-2	−146	−141		−139	−134			
3-3	−113	−161		−108	−141			
3-4	25	34		24	32			
3-5	−176	−147		−168	−140			
3-6	−161	−150		−153	−143			
4-1(跨中)	0	195		0	−73	φ18@150	φ20@200	0.241
		−195						
4-2(支座)	−80	−293	474	−67	−244		φ20@100	0.271
4-2(跨中)	−207	119		−173	99	φ18@150		0.226
4-3								
4-4								

实配钢筋：
外侧：下层通长为 HRB400φ18@150，钢筋实配 1 696 mm^2
内侧：上层跨中为 HRB400φ20@200，钢筋实配 1 571 mm^2；上层支座为 HRB400φ20@100，钢筋实配 3 142 mm^2
最大裂缝：0.271 mm

表7-14 下桶盖板部分长轴向板带内力

部 位	承载能力极限状态			正常使用极限状态		可能控制工况计算配筋		裂缝宽 $w(\text{mm})$
	轴力 N (kN)	弯矩 M (kN·m)	剪力 V (kN)	轴力 N (kN)	弯矩 M (kN·m)	外侧 (mm^2)	内侧 (mm^2)	
1-1								
2-1	74	118		70	112			
3-1	34	15		32	14			
3-2								
3-3	−92	−156		−88	−135			
3-4	39	23		37	22			
3-5	−87	−120		−83	−114			
3-6	−71	−152		−68	−145			
4-1(跨中)	0	334		0	126	φ20@100	φ20@100	0.235
4-2(支座)	0	−212		0	−98	φ20@100	φ20@100	0.25

(续表)

部 位	承载能力极限状态			正常使用极限状态		可能控制工况计算配筋		裂缝宽 w(mm)
	轴力 N (kN)	弯矩 M (kN·m)	剪力 V (kN)	轴力 N (kN)	弯矩 M (kN·m)	外侧 (mm²)	内侧 (mm²)	
4-2(跨中)	-88	170		-44	78			
4-3								
4-4								

实配钢筋：
外侧：HRB400ϕ22@150，钢筋实配 2 094 mm²
内侧：HRB400ϕ22@150，钢筋实配 2 094 mm²
最大裂缝：0.235 mm

表 7-15　上筒部分水平环向板带内力

部 位	承载能力极限状态		正常使用极限状态		配 筋	裂缝宽 w(mm)	备 注
	轴力 N (kN)	弯矩 M (kN·m)	轴力 N (kN)	裂缝宽 w (mm)	外侧/内侧 (mm²)		
4-1	47	80	24	40	ϕ16@200		标准段上筒筒壁
4-2		231			ϕ16@100/200		非标准段上筒筒壁与肋板连接处加密
4-3							
4-4							

表 7-16　上筒部分竖直向板带内力(底部 3 m 长度段，标高为 -4.6~1.6 m)

部 位	承载能力极限状态			正常使用极限状态		可能控制工况计算配筋		裂缝宽 w(mm)
	轴力 N (kN)	弯矩 M (kN·m)	剪力 V (环向,kN)	轴力 N (kN)	弯矩 M (kN·m)	外侧 (mm²)	内侧 (mm²)	
4-1	3 511	-150	1 276	1 638	-70	ϕ25@100	ϕ25@100	0.265
4-2								
4-3								
4-4								

实配钢筋：
外侧：HRB400ϕ25@100，钢筋实配 4 909 mm²
内侧：HRB400ϕ25@100，钢筋实配 4 909 mm²
最大裂缝：0.265 mm

表 7-17　上筒部分竖直向板带内力(中间 4 m 长度段，标高为 -1.6~3.5 m)

部 位	承载能力极限状态		正常使用极限状态		可能控制工况计算配筋		裂缝宽 w(mm)
	轴力 N (kN)	弯矩 M (kN·m)	轴力 N (kN)	弯矩 M (kN·m)	外侧 (mm²)	内侧 (mm²)	
4-1	753	0	377	0	ϕ25@200	ϕ25@200	
4-2							

(续表)

部　位	承载能力极限状态		正常使用极限状态		可能控制工况计算配筋		裂缝宽 w(mm)
	轴力 N (kN)	弯矩 M (kN·m)	轴力 N (kN)	弯矩 M (kN·m)	外侧 (mm²)	内侧 (mm²)	
4-3							
4-4							

实配钢筋：HRB400φ25@100，钢筋实配 2 454 mm²
最大裂缝：0.300 mm

表 7-18　弧形挡浪墙水平环向板带内力

部　位	承载能力极限状态		正常使用极限状态		配筋(mm²)	裂缝宽 w(mm)	备　注
	轴力 N (kN)	弯矩 M (kN·m)	轴力 N (kN)	弯矩 M (kN·m)	外侧/内侧		
4-1	304	288			φ22@100/200	0.195	标准段
4-1	500	245			φ22@100/200	0.169	非标准段
4-1		83			φ16@200	0.20	标准段上筒筒壁
4-1		231			φ16@100	0.18	非标准段上筒筒壁

表 7-19　弧形挡浪墙竖直向板带内力

部　位	承载能力极限状态		正常使用极限状态		配筋(mm²)	裂缝宽 w(mm)	备　注
	轴力 N (kN)	弯矩 M (kN·m)	轴力 N (kN)	弯矩 M (kN·m)	外侧/内侧		
4-1		176			φ25@200	0.173	标准段
4-1		92			φ25@200		非标准段

表 7-20　桶式基础结构配筋结果汇总

部　位	水平(环)向钢筋		竖直向钢筋	
	外侧/内侧	备　注	外侧/内侧	备　注
下桶外壁平板部分	跨中 HRB400φ18@200 支座 HRB400φ18@100		HRB400φ16@200	
下桶外壁柱壳部分	跨中 HRB400φ18@200 支座 HRB400φ18@100		HRB400φ16@200	
长轴向内隔板	HRB400φ16@200	下部 6 m 段	HRB400φ16@200 与上筒连接区域钢筋 HRB400φ20@200+φ16@200	
	HRB400φ16@100	与短肋连接处		
	HRB400φ16@200	上部 1 m		
短轴向内隔板	HRB400φ20@100	下部 2 m 段	HRB400φ16@200 与上筒连接区域钢筋 HRB400φ20@200+φ16@200	
	HRB400φ16@100	中间 2 m 段		
	HRB400φ16@200	上部 5 m 段		

(续表)

部 位	短轴向钢筋		长轴向钢筋	
	上侧/下侧	备注	上侧/下侧	备 注
下桶顶板	上层 跨中 HRB400ϕ20@200 上层 支座 HRB400ϕ20@100		上层通长 HRB400ϕ20@100	
	下层 通长 HRB400ϕ18@150		下层通长 HRB400ϕ20@100	
肋板	纵筋：底/顶 15 根 HRB400ϕ25 箍筋：双支 HRB400ϕ16@200/100			
标准段上筒（S400）	水平环向钢筋		竖直向钢筋	
	外侧/内侧	备注	外侧/内侧	备 注
上筒底部 3 m 长度段	HRB400ϕ16@100		HRB400ϕ25@100	
上筒上部 9.0 m 长度段	HRB400ϕ16@200		HRB400ϕ25@200	
标准段弧形挡浪墙	HRB400ϕ22@200 竖向肋板连接处（一侧 2 m 范围）ϕ22@100		HRB400ϕ25@200	

7.4 结构施工

7.4.1 预制厂选址与布置

桶式基础结构单元为一种大型无底钢筋混凝土结构，考虑构件体积大、自重大，因此应就近建设具备与工程要求相匹配的专业化预制厂。预制厂设计的主要内容包括预制厂选址、生产规模和能力、预制厂组成和布置形式、出运码头等。

7.4.1.1 预制厂选址和生产能力

预制厂的选址应尽可能地靠近工程现场，具备满足生产能力要求的陆域面积和临水岸线，水深具备构件出运至半潜驳的条件，尽可能减少港池和航道的挖泥量。

预制厂预制生产桶式基础结构的能力应与工程的建设强度相匹配。比如，连云港港徐圩港区桶式基础结构预制厂按平均每月预制 20 只桶的生产能力设计，高峰期能满足每月预制 30 只桶的生产能力。

7.4.1.2 预制厂组成和工艺流程

桶式基础结构预制厂一般包括：出运码头、生产台线、搬运轨道、搅拌站、办公及生活设施、起重设备、水电设施等。

桶式基础结构预制厂的一般生产工艺流程为：底模板铺设，基础桶体钢筋绑扎，侧模板架设，混凝土浇筑、养护，安装基础桶体盖板的预制叠合板，现浇钢筋混凝土、养护，上层筒体结构的钢筋绑扎，上层模板架设，混凝土浇筑、养护，桶体场内搬移，码头出运装船。

预制厂根据生产能力要求，在桶体生产线配置一定数量的龙门吊，龙门吊设置转向轮，可进行换线作业；同时需配置流动起重设备，如履带吊、汽车吊等；另外，还需要配置与工程建设进度相适应的搅拌站、罐车、汽车泵等。

7.4.1.3 预制厂设计

1) 预制厂平面布置

预制厂一般平面布置可参照图7-26，基本可以分为桶体预制生产区、办公生活区、码头区、材料供给区（钢筋加工、预制板预制、混凝土生产区，包括砂石料堆存等功能区）。各功能区布置应相对独立，利于安全生产管理，同时尽可能满足物料进出方便、运距短等要求。

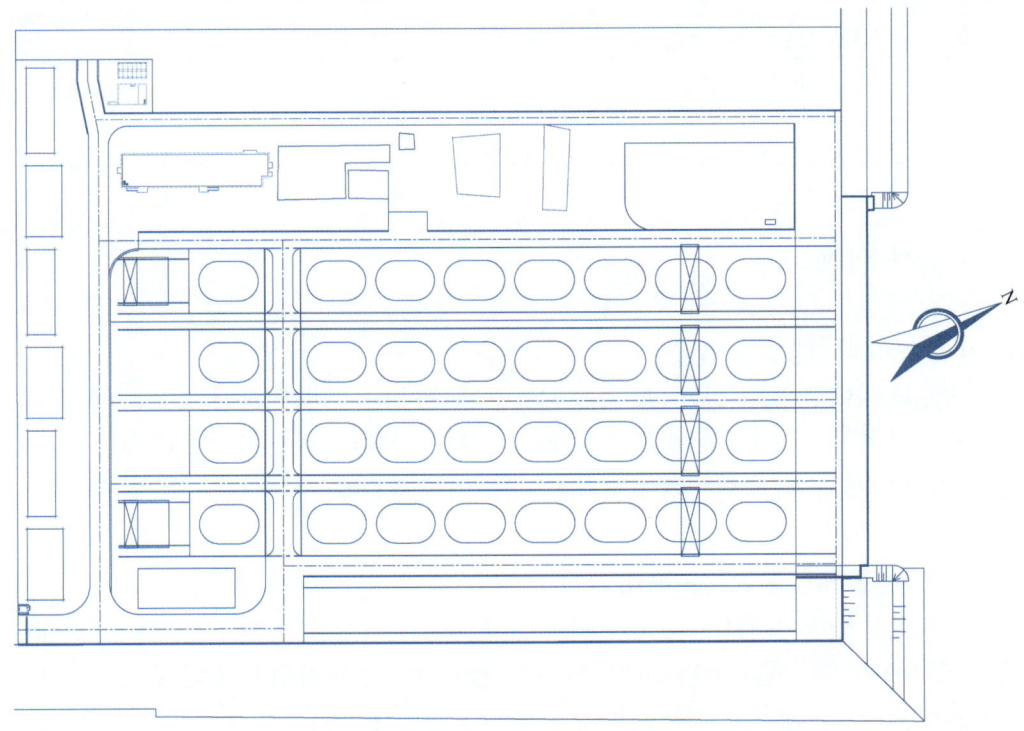

图7-26 预制厂平面布置简图

2) 桶式基础结构场内水平运输

超大型构件常用的场内搬运方式有气囊搬运、台车搬运、水垫车运输等。

水上运输分为直接下水浮运和先用半潜驳运到现场再浮运就位两种方式。

从预制厂下水或装船的方式主要有气囊或台车搬运上船、滑道下水、大型起重设备吊装装船或下水。

桶式基础结构具体搬运、装船、下水、水上运输方式的选择需综合考虑预制厂到安装现场的运输条件、预制厂的布置形式等因素，进行技术、经济比选。

采用气囊搬运对各类船舶均适用,不同结构码头也都可以适配该工艺,对地基适应性强,但是由于需要布置前后受力及保护钢丝缆、卷扬机等,与周边工序交叉较多。

采用台车上船运输速度快,与周边工序交叉影响小,可以适用于经常性搬运,形成固定工序流水施工,但需半潜驳平稳靠泊于装船码头。

根据具体工程预制、运输条件,也可采用台车在场内移动、气囊搬运上船相结合的工艺。

3) 出运码头

出运码头长度可根据码头上重件出运工艺和使用船型确定。徐圩港区桶式基础结构预制厂出运码头长度按 1 个 3 000 吨级泊位设计,并考虑 5 m 富裕长度,故出运码头长度 $L_b=5+33.6+5=43.6$ m。

考虑到生产工艺要求,每条生产线直接通过气囊滚装上码头,码头长度除考虑半潜驳靠泊范围外,还要计入生产线宽度,保证每条生产线上的重件不需要横移即可直接上船。生产线总宽度为 156 m,两侧各留 6 m 富裕长度,同时考虑在生产区西侧停靠交通船,需要泊位长度 12 m,故总计泊位有效长度为 180 m。

水深可以按照《海港总体设计规范》(JTS 165—2013)确定。码头结构形式可根据地质条件选择重力式、板桩或高桩码头结构等。

4) 办公区和生活区

办公区和生活区应选择在相对安静的上风向布置。办公区是厂区的管理中心和服务中心,集中了厂区对内服务、业务管理、行政办公、会议等多项功能;生活区应布置工人宿舍楼、食堂及必要的文体活动设施等。

7.4.2 预制工艺

7.4.2.1 模板工程

基础桶体的底模板和内、外侧模板及上筒的内、外侧模板尺度大,应采用钢模板,需进行专项设计。

1) 底模板

在预制厂采用固定底模板与活动底模板相结合的方式。桶体底模板沿桶体长度方向分成三块,两侧用固定钢底模板;中间部分(放置出运托盘区域)采用活动钢底模板,安放千斤顶,便于钢底模板卸落和拆除,如图 7-27 所示。

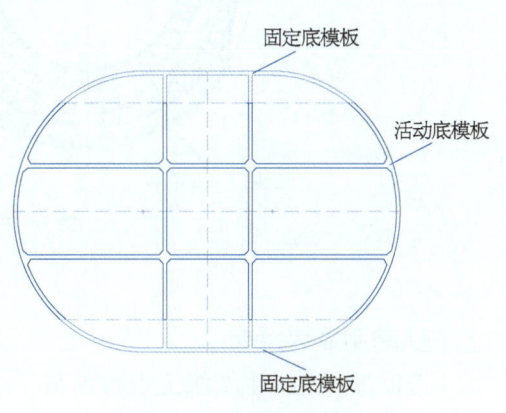

图 7-27 底模板工艺图

2) 侧模板

桶体基础结构整体尺寸较大,基础桶体内、外侧模板采用分层支立,底层模板宜高,其他层高不宜超过 2 m。上筒与基础桶体盖板连接的趾板和部分上筒宜一次浇筑。具体如图 7-28 所示。

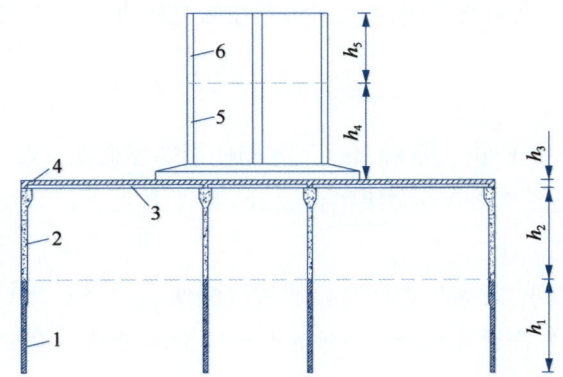

图 7-28 桶式基础结构模板和混凝土分层浇筑示意图
1—现浇下桶体第一层;2—现浇下桶体第二层;3—预制顶盖板安装;
4—现浇下桶体面层;5—现浇上筒一层;6—现浇上筒二层

3) 上筒模板

上筒单个圆筒内模板由多片内模和 1 片拆模块组成;外模板由多片外模组成。上筒作为整体同步施工,具体如图 7-29 所示。

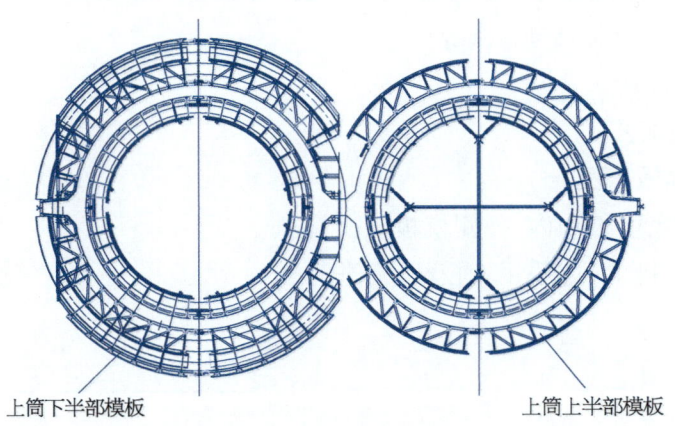

上筒下半部模板　　　　　　　　　　上筒上半部模板

图 7-29 上筒模板示意图

4) 预制盖板模板

盖板在预制板生产线上进行预制。盖板底模板采用混凝土地坪,侧模板采用钢模板,具体如图 7-30 所示。

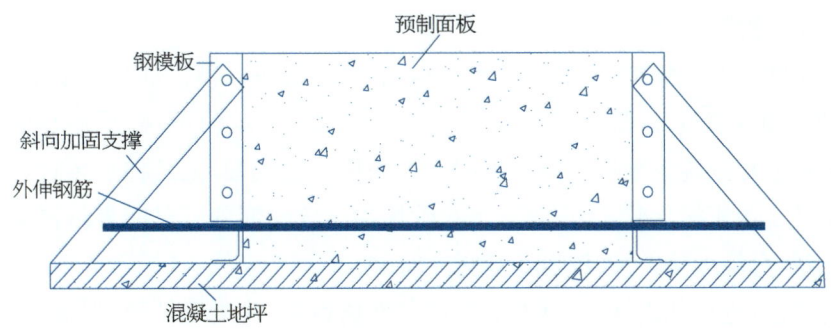

图 7-30 盖板断面示意图

5) 模板安装与拆除

预制桶式基础结构高、大,配置的模板大部分单片形体大、重量重,宜采用龙门吊进行模板的安装与拆除。模板安装时先安装外模板,后安装内模板;模板拆除时先拆除内模板,后拆除外模板。

7.4.2.2 钢筋工程

桶式基础结构的钢筋加工制作在钢筋车间进行。钢筋原材料堆存用混凝土支垫。钢筋接长采用对焊,钢筋接头采用闪光对焊。成型后的钢筋用平板车或龙门吊运往钢筋绑扎区或绑扎台座。

桶式基础结构的基础桶体钢筋笼在底模板安装后直接在底模板上绑扎成型,设置专用的活动钢筋绑扎架,具体如图 7-31 所示。上筒钢筋笼用专用绑扎架进行绑扎施工,在盖板强度达到要求后进行吊装焊接施工,具体如图 7-32 所示。

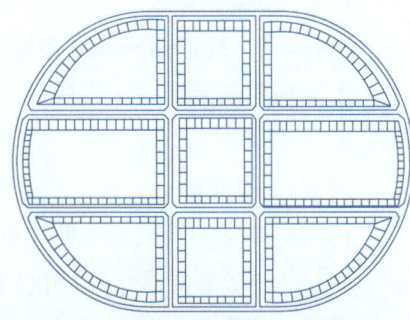

图 7-31 基础桶体钢筋绑扎架平面示意图

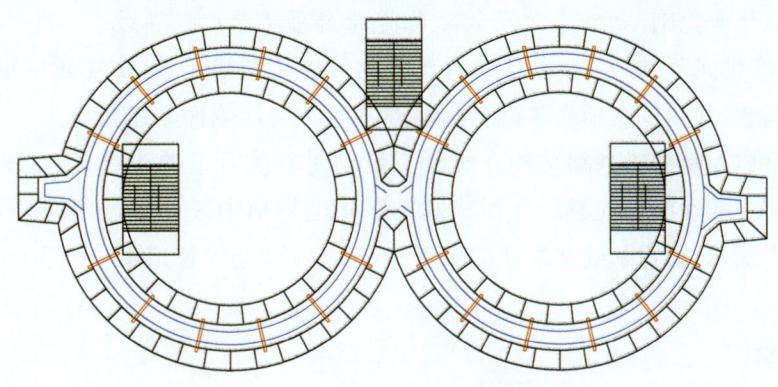

图 7-32 上筒钢筋绑扎架平面示意图

7.4.2.3 混凝土工程

混凝土采用拌和站集中拌和,罐车水平运输,泵车泵送入模。混凝土泵送前泵车管道用同标号砂浆润滑管道,混凝土浇筑时沿着桶式基础环形均匀下灰,采用竖向分层,水平方向先外墙后肋板的浇筑顺序。浇筑混凝土时采用一次成型,呈阶梯形推进,从模板上部直接下灰浇筑。由于构件较高,混凝土输送管前端的软管部分尽可能靠近混凝土浇筑面,采用分层下灰、分层振捣,分层厚度不超过 40 cm。

浇筑完成后,进行顶面混凝土的抹面,接茬处抹粗面,并凿毛处理,保证新老混凝土接合面的质量。及时用保水性较好的土工布等材料覆盖,防止风干日晒失水。结硬后立即开始保湿养护。

混凝土养护时在顶部敷设水管,采取滴水养护。同时辅助喷水养护,采用扬程 35 m 的高压水泵喷水。

拆除模板前 12 h,拧松侧模板的紧固螺帽,让养护水顺模板与混凝土脱开面渗下,养护混凝土侧面。在气温较低时,注意覆盖保温材料,保持混凝土湿润和温度。在整个养护期间,尤其是从终凝到拆除模板的养护初期,确保混凝土处于有利于硬化及强度增长的温度和湿度环境中。在常温下至少养护 15 d,气温较低时,适当延长湿润养护时间。

7.4.3 运输技术

7.4.3.1 桶式结构搬运方法

预制桶式基础混凝土强度满足设计要求,并完成其他工序后,方可进行搬运。

1) 施工前准备

在桶式基础结构长边外侧中间位置设吃水水尺,以桶式基础结构底面为高度起点,每 10 cm 为一刻度单位,涂红白相间油漆,以备桶式基础结构负压下沉安装时使用。

采用气囊搬运工艺的,搬运前检查气囊是否有破皮、拉线、压扎等破损痕迹。气囊作业前要进行试压,以检查气囊、各连接管件、阀门、压力表是否漏气,气压表指针读数是否正常。在搬运作业范围 20 m 外设安全警戒线,非作业人员严禁靠近。

搬运前,在桶式基础结构平行于纵移轴线两侧提前划好记号,使气囊可按照设计要求的位置正确摆放。同时,在桶式基础结构前进方向的墙体侧面划出长为 0~2.5 m 的刻度尺,以此为参照,控制桶式基础结构在气囊上滑动时每次行进的距离,确定桶式基础结构牵引过程中何时准确放入气囊。在桶式基础结构上划出中线位置,纵移道沿着出运码头中心标示出中轴线,桶式基础结构横移牵引时,至其中线与纵移道中轴线重合为止。

2) 托盘就位

移动托盘采用钢结构,托盘带有滑轮。用卷扬机将托盘拖运到桶式基础结构正下方,就位时注意托盘中心和桶式基础结构中心吻合。利用5t单柄开口滑轮导向、2t小叉车牵引,在托盘下穿入气囊,气囊应摆放整齐、外露长度一致、相互平行。

3) 桶式基础结构顶升

托盘就位后穿入气囊,现场指挥人员检查气囊就位无误后,指令连接供气管道并启动空压机,由桶式基础结构中间向两侧逐个交替对气囊进行充气,当气囊起重高度为0.4 m时,即将基础桶体整体顶升约5 cm。具体如图7-33所示。

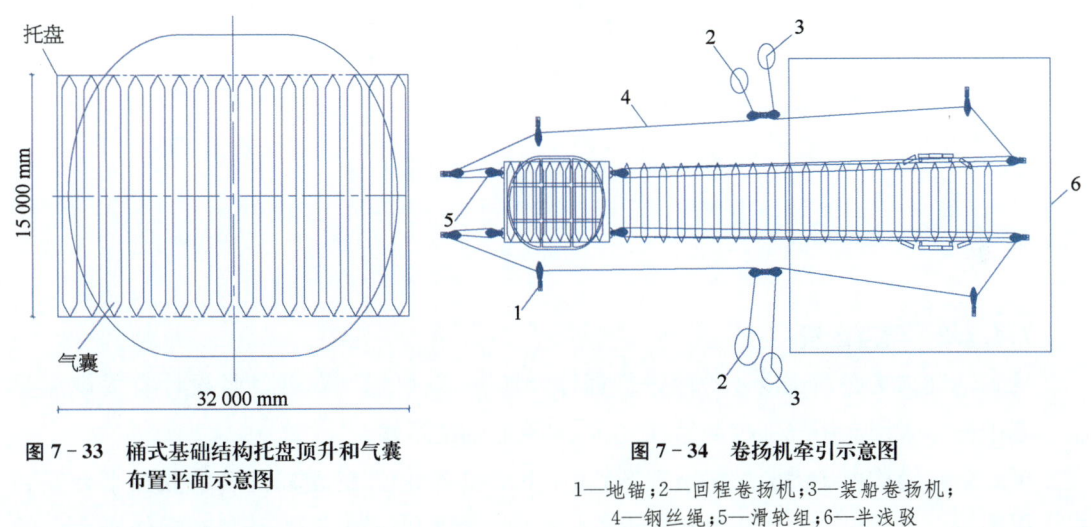

图7-33 桶式基础结构托盘顶升和气囊布置平面示意图

图7-34 卷扬机牵引示意图
1—地锚;2—回程卷扬机;3—装船卷扬机;
4—钢丝绳;5—滑轮组;6—半潜驳

4) 桶式基础结构移动

桶式基础结构顶升后,在场内向码头方向移动。桶式基础结构搬运时,两侧20 m设警戒线,无关人员严禁靠近。卷扬机牵引的钢丝绳与托盘连接,并与托盘的轴线对称,确保在移动过程中沿轴线前进。具体如图7-34所示。

5) 桶式基础结构上船

半潜驳靠泊码头搭岸抛锚,通过气囊将桶体搬运至半潜驳甲板上。出运码头前沿接船部分设有与船匹配的接岸台座。半潜驳垂直靠岸,对正桶式基础结构待装船岸壁,并初步就位。将半潜驳舱内注水调整船艏、船艉吃水至平衡状态,当船艏高于岸壁承台支座20 cm左右时,准确调整船位使半潜驳上钢支垫与已搬运到码头的桶式基础结构直线段的中心线吻合,然后注水使船艏支承于岸壁承台支座,同时将船体调平。具体如图7-35所示。

根据潮水情况,桶式基础结构上船趁涨潮时进行。当潮水开始上涨达到预定高度时,半潜驳靠岸,甲板高程与码头前沿高程一致,通过牵引系统、气囊将桶式基础结构往半潜驳上牵引上船。桶式基础结构移动到半潜驳上的停放支垫时,各个气囊缓慢放气,使桶

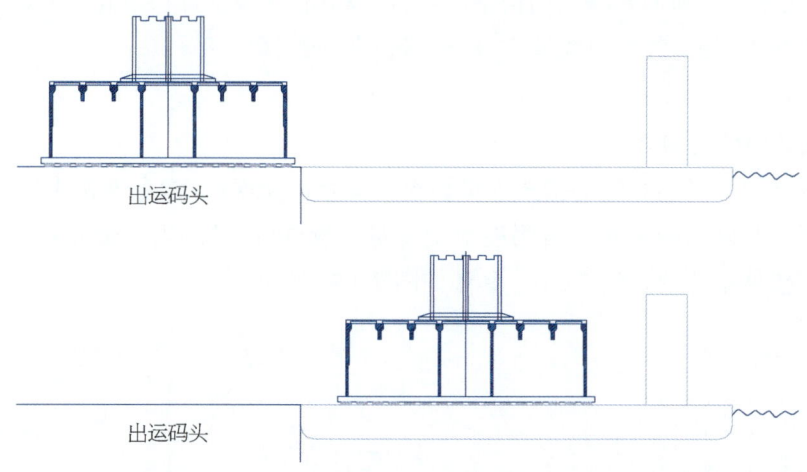

图 7‑35　桶式基础结构上船示意图

式基础结构平稳地落在支垫上。

7.4.3.2　气浮运输

桶式基础结构必须在设计阶段进行桶体浮游稳定性的计算,并满足设计有关规定要求。基础桶体采用专用气浮控制系统气浮、起重船辅助运输。

桶式基础结构由半潜驳运输至现场后,在下潜位置驻位,起重船配合将操控平台安装在上层圆筒上、安装排污泵,连接相应编号的水管、气管和控制阀,展开装在操作平台上的两组橡胶软管连接到空压机接口,系好基础桶体结构上的控制锚缆。涨潮后半潜驳开始下潜,起重船就位助浮,而后基础桶体充气上浮,气浮达到设计稳定吃水后关闭充气阀门,气浮达到设计高度观察并确保稳定后由起重船带出,而后辅助拖轮就位,共同拖带桶体沿基槽驶向安装位置。

7.4.4　下沉施工

7.4.4.1　定位施工

起重船起锚后由拖轮拖向待安装相位附近重新抛锚,通过绞缆进行定位。实施顺序如下:

(1)起重船由拖轮拖运至安装相位附近,使用 GPS 初步定位并重新抛锚。

(2)起重船顶托基础桶体在轴线方向定位,操作起重船的锚机,收缩连接桶体缆绳进行横向定位。

(3)安装下一个桶体时,可利用上一个桶体上的拉环作为左前锚进行定位,后续以此类推。

定位示意如图 7‑36 所示。

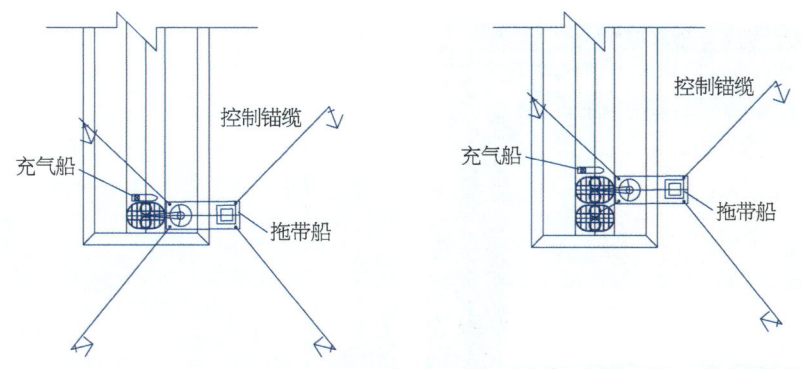

图 7-36 桶式基础结构施工定位示意图

7.4.4.2 下沉施工方法

(1)当桶体定位确定无误后,操作自动化控制系统打开排气阀门,在自重作用下桶体开始下沉。具体情况如图 7-37 所示。

图 7-37 排气示意图

(2)由悬浮状态下沉至泥面上 30 cm 后,关闭排气阀门,停止排气,测量人员再次通过 GPS 精确定位,通过二维测倾仪检查桶体垂直度,确认满足设计要求后,再次打开阀门排气,最终入土下沉。具体情况如图 7-38 所示。

(3)由于原泥面的高差及土质不均,桶体入土下沉会产生倾斜位移。通过测倾仪监控侧倾状况,如发现超过要求(两侧高差超过 10 cm 时),关闭下沉较大侧隔仓的排气阀门,同时观察桶体的平衡状况,待桶体平衡后,再次打开全部排气阀门进行排气下沉,确保桶体顺直、平稳地完成第一阶段下沉。

(4)完成上述工作后,根据桶内水位情况交替启动排污泵或真空泵,进行负压下沉,不间断地观测桶壁水位刻度线,随时反馈。具体情况如图 7-39 所示。

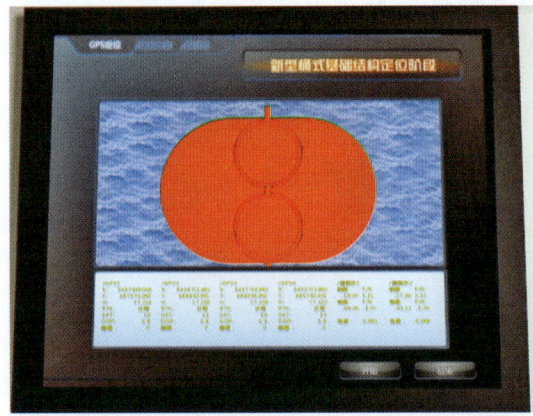

图 7-38　桶体基础结构下沉示意图

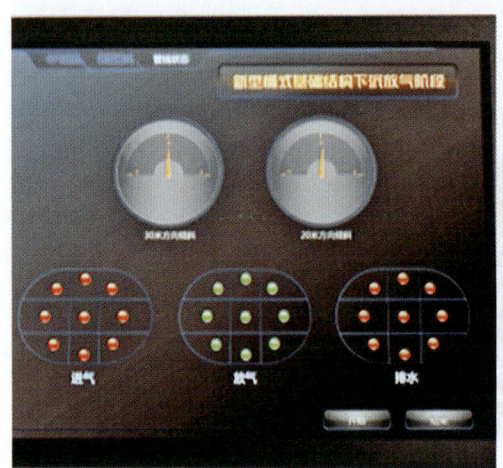
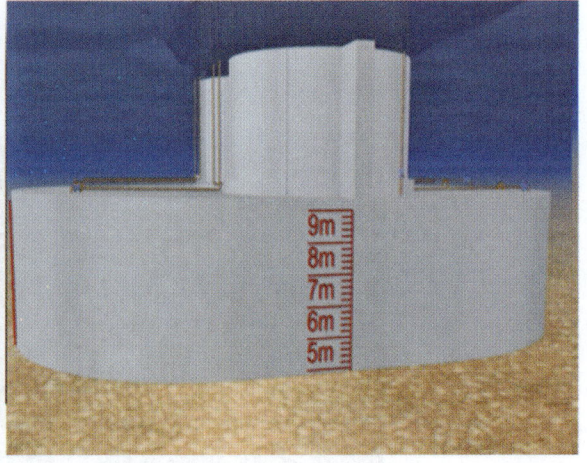

图 7-39　下沉操作示意图

（5）当下沉倾斜超过要求（10 cm 高差）时，暂停下沉较大一侧隔仓的水泵（或真空泵），下沉较小一侧的继续工作，直至桶体下沉处于均衡状态，其后继续负压下沉作业。具体情况如图 7-40 所示。

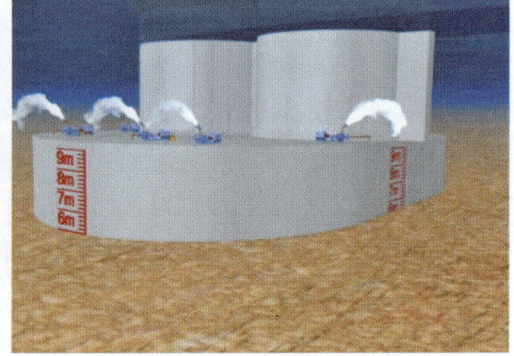

图 7-40　纠偏示意图

（6）下沉作业通过操作平台阀门进行控制，随时调整各台泵开关，确保桶体的平稳下沉，当排污泵出口处无水排出并有泥浆出现，关闭各排污泵，校核下沉深度达到设计要求后，下沉作业完成。

7.4.5 施工监测技术
7.4.5.1 试验段工程概况

结合施工便利、具有代表性和受力荷载等因素，桶式基础结构试验段工程经过技术、经济分析后最终确定在连云港港徐圩港区防波堤工程东斜坡堤与直立堤连接的区段，试验段工程位置如图 7-41 所示。

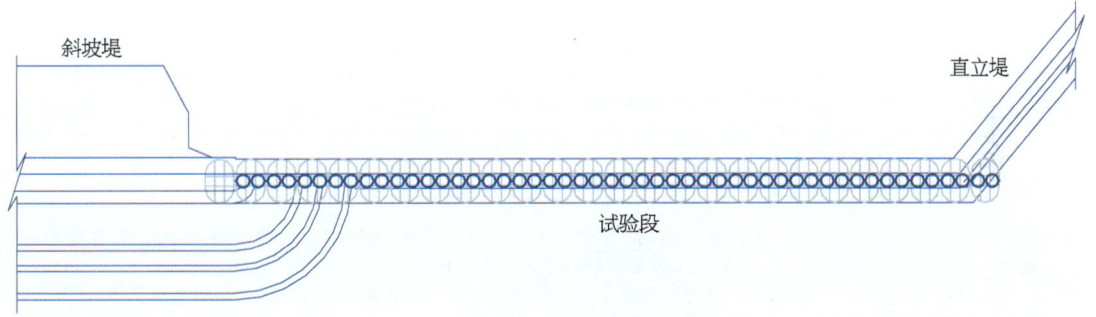

图 7-41 试验段工程位置

试验段工程规模为六组混凝土桶式基础结构单元，其结构设计、预制、出运、下沉、纠偏、回填等均与防波堤工程的设计和施工一致。六组桶单元分别于 2013 年 9 月 1 日出运，2013 年 11 月 13 日下沉施工到位。

7.4.5.2 原型观测内容

为收集桶式基础结构现场浮运、下沉、结构位移与应力、结构与软土相互作用等资料，更好地把握该桶式基础结构的真实状况，进一步完善结构设计，确定合理的施工参数、制定该结构相关验评标准等，原型观测共分三个阶段四个工况实施，具体观测内容见表 7-21。

表 7-21 原型观测内容

阶段	工况	内容
一阶段	工况1：出运、浮运	1. 收集浮运时的风、浪、流资料，测试浮运实时水位和水深 2. 桶式基础结构浮运时隔仓气压变化、吃水、桶内外水位、桶体垂直度和摇摆度 3. 桶体浮运速度 4. 出运、浮运过程中桶壁、基础桶盖板和连接墙内关键部位的钢筋应力、混凝土应变

(续表)

阶　段	工　况	内　容
一阶段	工况2：负压下沉	1. 收集负压下沉时的风、浪、流资料，测试浮运的实时水位和水深 2. 下沉及纠偏下沉时，实时测试桶内各个仓的气压变化、内液面水位变化及外液面水位变化、下沉速度、垂直度 3. 下沉时桶壁、隔板、基础桶盖板和连接墙等交叉位置应力、应变，以及跨中应力、应变 4. 桶式基础结构下沉时侧摩阻力、端阻力分布情况
	工况3：波浪-结构-地基相互作用	1. 收集风暴潮时的环境风、浪、流资料，测试水位和水深 2. 测试风暴潮前后桶体位移和垂直度变化 3. 波浪与上部结构的作用强度 4. 桶体与地基土之间的界面土压力和孔隙水压力 5. 桶式基础结构使用过程中桶壁、隔板、基础桶盖板和连接墙内关键部位钢筋应力和混凝土应变 6. 桶式基础结构两侧的冲刷及防护情况 7. 在波浪作用下，桶式基础结构的水平运动和摇摆位移的观测及下卧土孔隙水压力（位移、转角及内力）
二阶段	工况3：波浪-结构-地基相互作用	同一阶段工况3
	工况4：回填土-结构-地基相互作用	1. 测试港侧和海侧地基在天然地基和分级填土荷载作用下的强度、孔隙水压力、沉降和深层水平位移等变化情况 2. 桶体与地基土之间的界面土压力和孔隙水压力；桶式基础结构位移、沉降、垂直度 3. 桶式基础结构回填过程中桶壁、隔板、基础桶盖板和连接墙内关键部位钢筋应力、混凝土应变
三阶段	工况3：波浪-结构-地基相互作用	同一阶段、二阶段工况3

7.4.5.3　原型观测点布置方案和观测结果

1）土压力及孔隙水压力

桶式基础结构防波堤主要依靠桶体与软土共同作用来抵抗外载荷的，故在计算基础结构的稳定性时，土压力和孔隙水压力的计算是核心内容，其大小和分布规律对基础结构稳定性的计算结果起到控制作用。实际工程中，土压力和孔隙水压力的计算通常是在原型基础结构的同一位置处布置土压力计和孔隙水压力计，以便同时获得该位置的土压力和孔隙水压力，然后通过水土合算与水土分算获得有效土压力和超孔隙水压力。然而，由于土体本身存在不均匀性、土压力计和孔隙水压力计埋设产生偏差及实际安装位置与标准安装位置不一致等因素，传感器所获得的监测数据无法完全反映同一位置观测点的土压力和孔隙水压力，最终导致观测数据出现偏差。

基于ET3桶体原型观测，对桶体盖板、侧壁及底端的土压力、孔隙水压力进行了监测。

在ET3桶体典型隔仓的盖板上共埋设6个土压力计和2个孔隙水压力计，其布置如图7-42所示。本次盖板测试的土压力计、孔隙水压力计成活率较高，测试结果变化与现

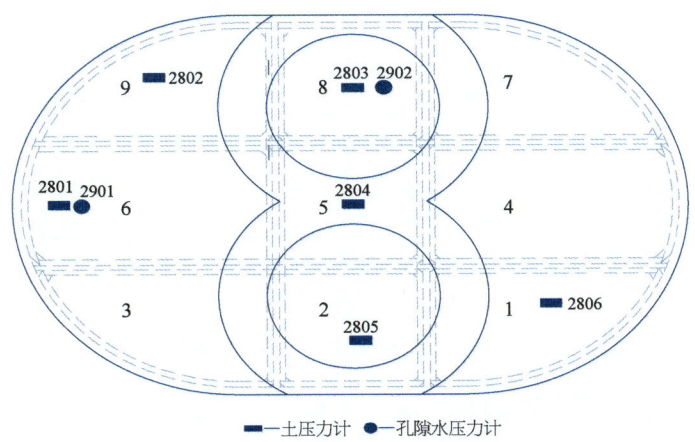

图 7-42 ET3 桶体盖板土压力计、孔隙水压力计布置

场工况吻合,规律性良好。

盖板土压力计和孔隙水压力计的测试最大值(气压)均出现在 2013 年 10 月 18 日凌晨气浮过程中,最大值分别为 177 kPa 和 190 kPa,分别发生于 2 号仓和 8 号仓。负压下沉稳定后,土压力计测试平均值为 90 kPa,孔隙水压力计测试平均值为 94 kPa,两者基本相同。同一隔仓土压力计♯2801 与孔隙水压力计♯2901 测试值分别为 95 kPa 和 82 kPa,♯2803 和♯2902 测试值分别为 97 kPa 和 105 kPa(表 7-22,图 7-43,图 7-44)。

表 7-22 盖板土压力、孔隙水压力监测结果 (单位:kPa)

压力	编号	浮运 10.13	下沉 10.13	下沉后 10.13—10.17	气浮 10.17—10.19	负压下沉 10.19	下沉后 10.20—11.4	压力	编号	浮运 10.13	下沉 10.13	下沉后 10.13—10.17	气浮 10.17—10.19	负压下沉 10.19	下沉后 10.20—11.4
土压力	2801	47	94	86	150	90	95	孔隙水压力	2901	56	80	89	147	117	82
	2802	44	103	83	136	98	94								
	2803	46	152	80	150	122	97		2902	50	127	88	190	125	105
	2804	38	128	68	119	50	78								
	2805	43	133	82	177	100	95								
	2806	45	110	93	170	95	82								

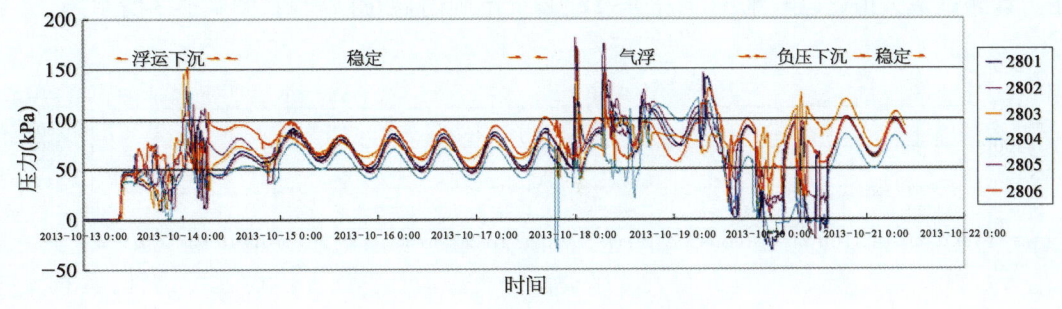

图 7-43 盖板土压力变化曲线图

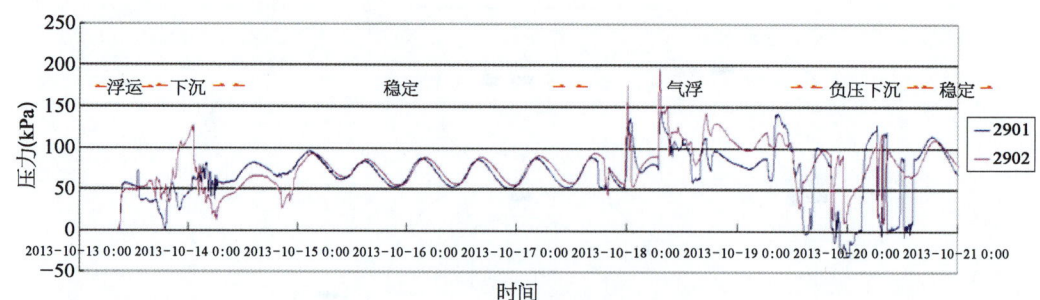

图 7-44　盖板孔隙水压力变化曲线图

浮运前 ET3 盖板土压力计、孔隙水压力计测试值均为零。

在浮运工况下,土压力计测试值(气压)在 38~47 kPa 范围内,孔隙水压力计测试值(气压)在 50~56 kPa 范围内,如图 7-45、图 7-46 所示。

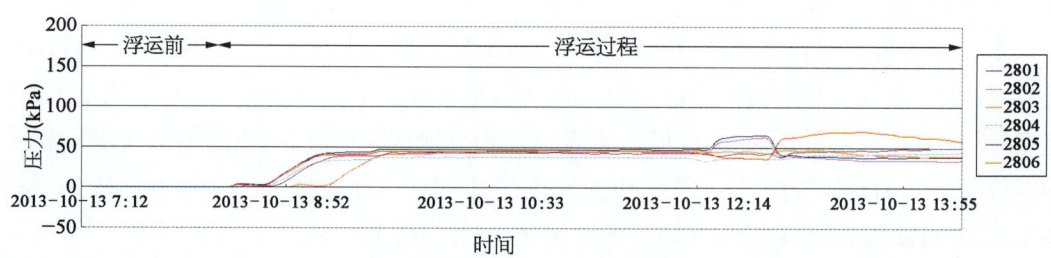

图 7-45　盖板浮运土压力变化曲线图

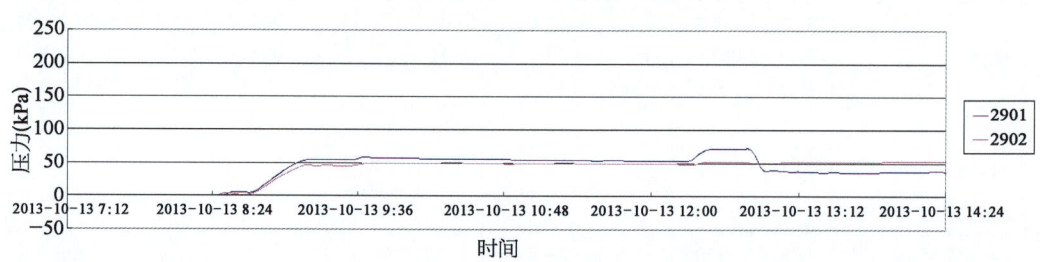

图 7-46　盖板浮运孔隙水压力变化曲线图

在下沉纠偏工况下,土压力计测试最大值(气压、水压)在 94~152 kPa 范围内,孔隙水压力计测试最大值(气压、水压)在 80~127 kPa 范围内,如图 7-47、图 7-48 所示。

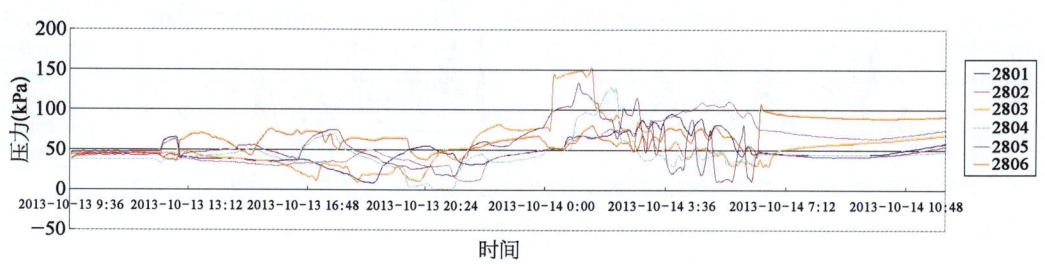

图 7-47　盖板下沉纠偏土压力变化曲线图

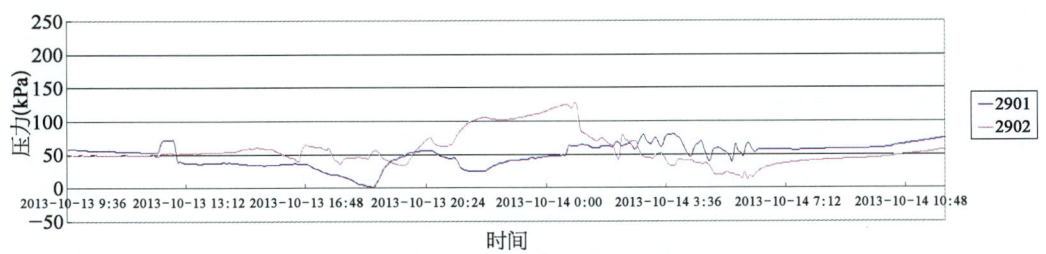

图 7-48 盖板下沉纠偏孔隙水压力变化曲线图

在起浮工况下,为方便起浮,先进行负压下沉、破坏土体,各隔仓土压力计测试值有升有降,孔隙水压力计所在的两个隔仓测试值变小。18 日凌晨由于起浮影响,出现数个数值峰值,土压力计测试最大值(气压)在 120~177 kPa 范围内,孔隙水压力计测试最大值(气压)在 147~190 kPa 范围内,如图 7-49、图 7-50 所示。

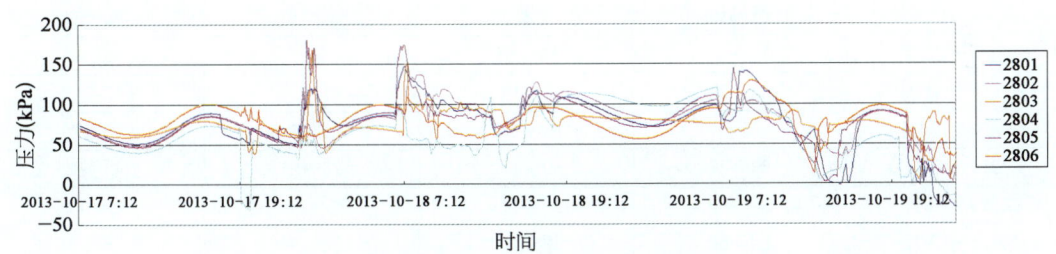

图 7-49 盖板起浮土压力变化曲线图

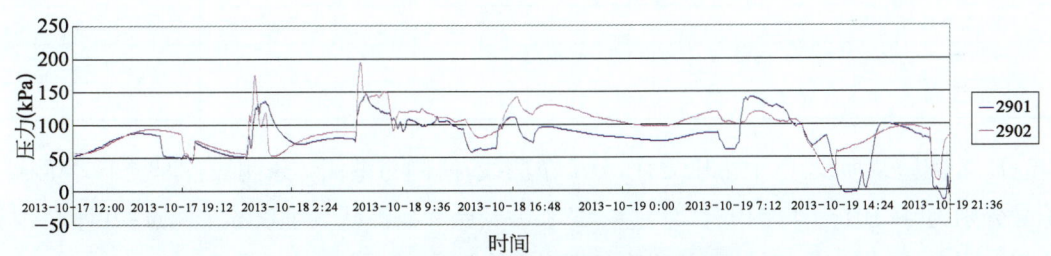

图 7-50 盖板起浮孔隙水压力变化曲线图

在负压下沉工况下,土压力计测试最大值(水压)在 90~122 kPa 范围内,孔隙水压力计测试最大值在 117~125 kPa 范围内,如图 7-51、图 7-52 所示。

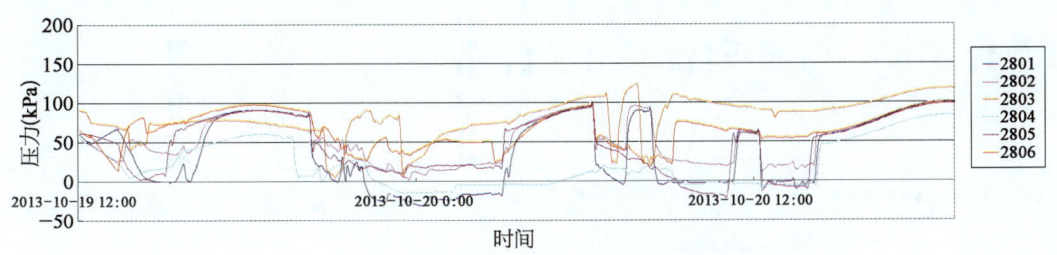

图 7-51 盖板负压下沉土压力变化曲线图

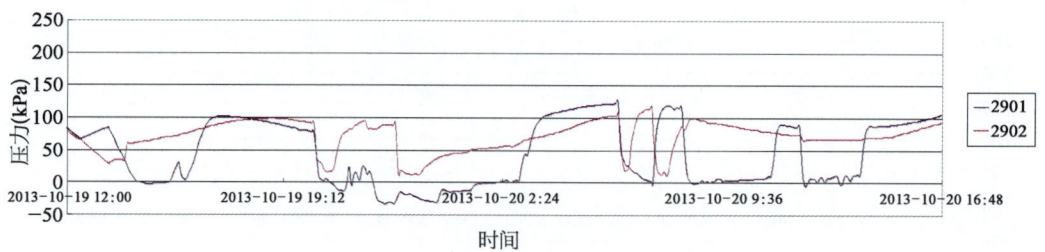

图 7-52 盖板负压孔隙水压力变化曲线图

运行至 2014 年 8 月,土压力计测试值(水压)在 27(低潮位)~135 kPa(高潮位)范围内,孔隙水压力计测试值在 64(低潮位)~137 kPa(高潮位)范围内,如表 7-23 所示。

表 7-23 盖板土压力、孔隙水压力各月监测结果 （单位:kPa）

时间	土压力		孔隙水压力	
	低潮位	高潮位	低潮位	高潮位
负压下沉后	—	82~95	—	82~105
2013 年 11 月	34~79	60~119	64~90	94~129
2013 年 12 月	35~97	64~135	71~90	95~129
2014 年 1 月	29~87	60~123	73~91	100~135
2014 年 2 月	34~88	60~119	76~100	100~136
2014 年 3 月	33~63	62~100	74~94	97~130
2014 年 4 月	31~66	59~98	75~90	100~126
2014 年 5 月	31~67	57~101	68~85	97~121
2014 年 6 月	32~73	61~103	65~84	101~118
2014 年 7 月	30~70	58~105	69~87	100~127
2014 年 8 月	27~77	60~110	66~101	101~137

ET3 侧壁共埋设 50 个土压力计,分 7 条测线,海侧与港侧 2 条测线各埋设 10 个测点,编号分别为♯2101~♯2110、♯2141~♯2150,其余 5 条测线各埋设 6 个测点;共埋设 9 个孔隙水压力计,分 3 条测线,每条测线各埋设 3 个测点,如图 7-53 所示。

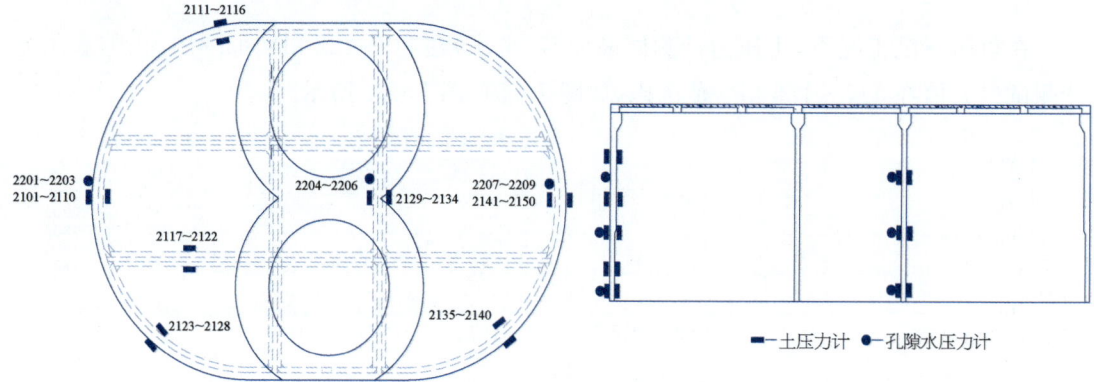

图 7-53 桶体侧壁土压力计、孔隙水压力计布置图

ET3 侧壁土压力计、孔隙水压力计成活率较高，测试结果变化与现场工况吻合，规律性良好。

浮运前 ET3 侧壁土压力计、孔隙水压力计测试值均为零。

浮运工况下，土压力计♯2102、♯2104、♯2112、♯2117、♯2118、♯2124、♯2129、♯2130、♯2136、♯2142、♯2144 测试值（气压）在 33～53 kPa 范围内，孔隙水压力计♯2204、♯2207 测试值（气压）在 51～52 kPa 范围内，与仓内气压基本相符，其余土压力计、孔隙水压力计测试值与理论水压力基本相符，如表 7-24、表 7-25、图 7-54 所示。

表 7-24 侧壁土压力监测结果　　　　　　　　　　　　（单位：kPa）

编号	浮运 10.13	下沉 10.13	下沉后 10.13—10.17	起浮 10.17—10.19	下沉 10.19	下沉后 10.20—11.4	下沉后 10.20—11.4
2101	35	95	84	148	101	107	162
2102	53	118	91	151	107	114	244
2103	45	158	169	175	214	204	272
2104	51	185	186	220	184	191	154
2105	42	176	177	179	182	161	172
2106	44	172	183	183	197	166	127
2107	73	242	213	255	214	210	146
2108	79	203	220	275	224	218	187
2109	80	253	230	270	255	221	212
2110	83	222	225	288	236	227	141
2111	24	117	139	140	145	150	118
2112	50	100	133	161	168	173	219
2113	54	153	180	178	196	195	212
2114	75	238	231	250	241	242	225
2115	80	278	270	275	232	235	223
2116	81	260	256	267	261	247	124
2117	40	121	116	172	118	124	110
2118	48	86	136	210	149	161	158
2119	51	157	164	217	175	185	175
2120	59	183	192	252	203	215	181
2121	57	207	211	286	210	220	172
2122	83	213	213	258	233	217	211
2123	18	86	113	145	152	155	220
2124	33	106	101	124	136	140	200
2125	62	173	197	196	221	220	221

（续表）

编号	浮运 10.13	下沉 10.13	下沉后 10.13—10.17	起浮 10.17—10.19	下沉 10.19	下沉后 10.20—11.4	下沉后 10.20—11.4
2126	43	128	146	143	160	162	
2127	81	238	235	230	300	244	
2128	94	268	263	257	310	272	
2129	41	91	101	124	111	154	
2130	44	102	113	144	125	172	
2131	44	161	148	162	122	127	
2132	52	183	169	170	140	146	
2133	70	208	195	217	211	187	
2134	77	234	220	245	238	212	
2135	22	112	129	135	138	141	
2136	38	111	102	111	118	118	
2137	56	179	180	187	200	219	
2138	64	212	197	223	215	212	
2139	81	250	226	330	260	225	
2140	79	268	231	320	217	223	
2141	24	91	102	108	115	124	
2142	38	116	90	156	108	110	
2143	46	133	144	150	153	158	
2144	46	196	161	193	162	175	
2145	58	190	178	181	187	181	

表7-25 侧壁孔隙水压力监测结果 （单位：kPa）

编号	浮运 10.13	下沉 10.13	下沉后 10.13—10.17	起浮 10.17—10.19	下沉 10.19	下沉后 10.20—11.4
2201	30	122	140	145	170	165
2202	72	163	197	206	221	210
2203	90	196	201	236	216	220
2204	51	206	150	183	100	164
2205	75	219	206	236	154	220
2206	106	234	226	267	180	224
2207	52	170	150	192	162	169
2208	78	161	196	215	218	220
2209	82	166	202	223	225	231

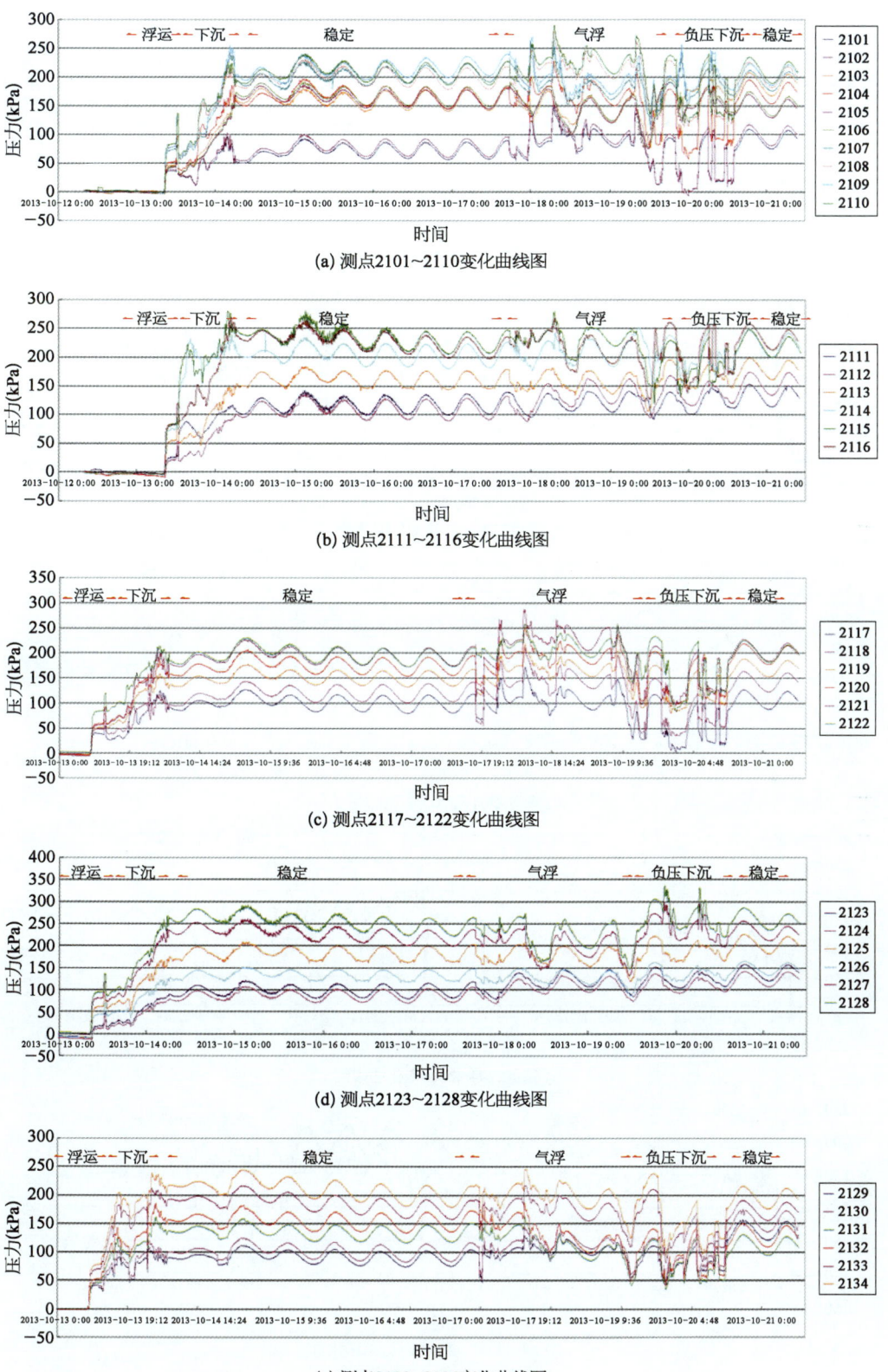

(a) 测点2101~2110变化曲线图

(b) 测点2111~2116变化曲线图

(c) 测点2117~2122变化曲线图

(d) 测点2123~2128变化曲线图

(e) 测点2129~2134变化曲线图

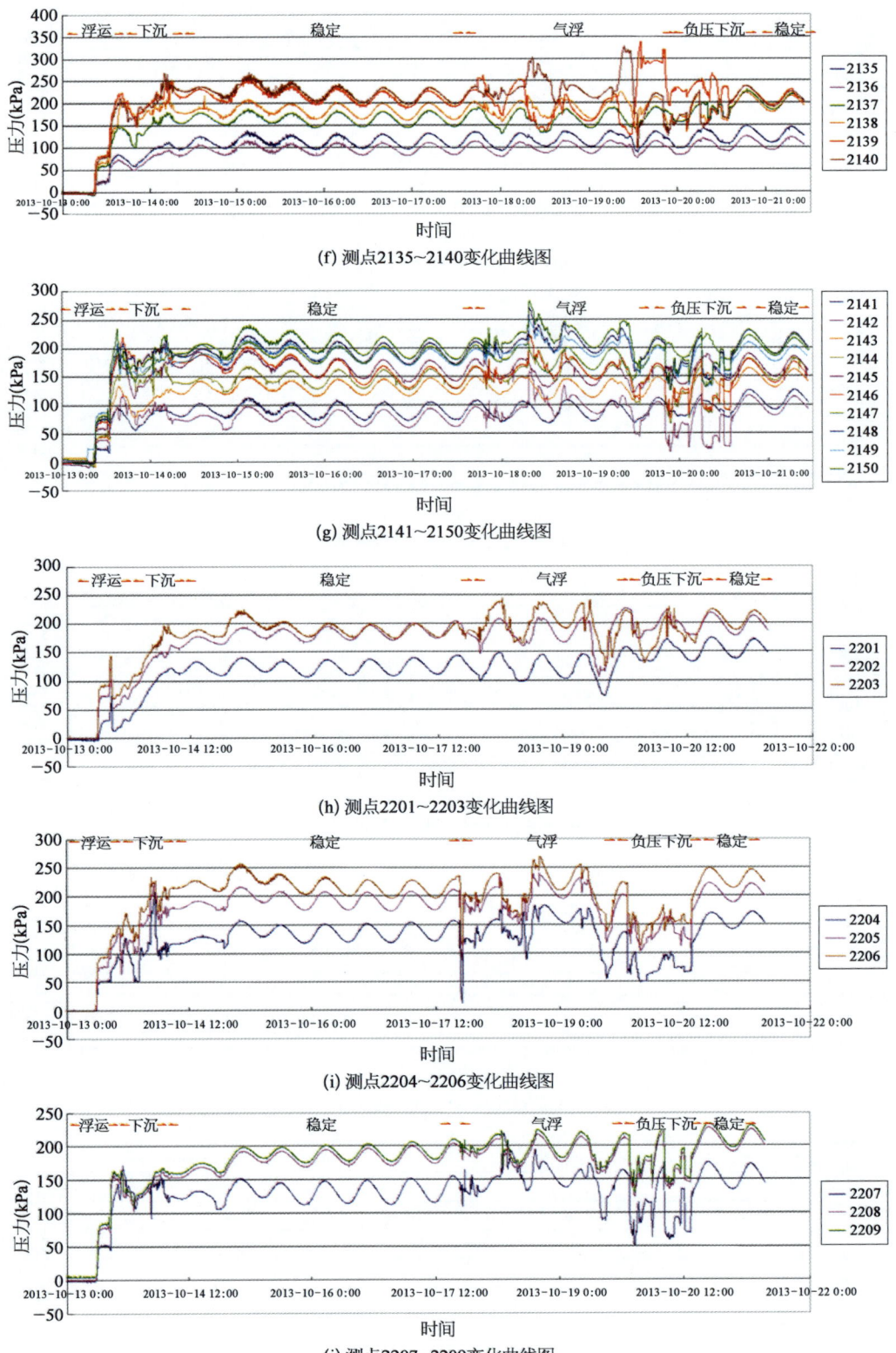

图 7-54 侧壁土压力、孔隙水压力变化曲线图

在下沉纠偏工况下,土压力计测试最大值(水压、土压)在86~278 kPa范围内,孔隙水压力计测试最大值在122~234 kPa范围内。

在起浮工况下,出现数个数值峰值,土压力计测试最大值(气压、水压、土压)在111~330 kPa范围内,孔隙水压力计测试最大值(气压、水压)在145~267 kPa范围内。

在负压下沉工况下,土压力计测试最大值在101~310 kPa范围内,孔隙水压力计测试最大值在100~225 kPa范围内。

ET3侧壁土压力计测试最大值出现于2013年10月19日14时的起浮过程中,值为330 kPa;孔隙水压力计测试最大值出现于2013年10月18日18时08分的起浮过程中,值为267 kPa。

侧壁各高程断面土压力、孔隙水压力在各工况下的测试平均值见表7-26、表7-27。负压下沉稳定后,同高程海侧、陆侧土压力、孔隙水压力基本相等,无倾倒趋势;各高程断面土压力、孔隙水压力测试平均值从上向下呈梯形分布,实测值与理论基本相符,如图7-55所示。

表7-26 ET3侧壁各断面土压力、孔隙水压力平均值 （单位：kPa）

压力	编号	浮运 10.13	下沉 10.13	下沉后 10.13—10.17	气浮 10.17—10.19	负压 下沉 10.19	下沉后 10.20—11.4	压力	编号	浮运 10.13	下沉 10.13	下沉后 10.13—10.17	气浮 10.17—10.19	负压 下沉 10.19	下沉后 10.20—11.4
土压力	盖板下3 m	31	80	92	141	108	115	孔隙水压力	盖板下3 m	—	—	—	—	—	—
	盖板下5 m	29	68	118	147	136	149		盖板下5 m	44	115	147	173	144	166
	盖板下7 m	47	127	165	185	178	184		盖板下7 m	—	—	—	—	—	—
	盖板下9 m	55	127	179	196	187	187		盖板下9 m	75	137	200	219	198	217
	盖板下10 m	76	166	211	252	218	217		盖板下10 m	—	—	—	—	—	—
	盖板下10.7 m	80	162	228	269	242	226		盖板下10.7 m	93	157	210	242	207	225

表7-27 侧壁各断面土压力、孔隙水压力平均值

高程	土压力平均值				孔隙水压力平均值			
	低潮位		高潮位		低潮位		高潮位	
	负压下沉后	2014.8	负压下沉后	2014.8	负压下沉后	2014.8	负压下沉后	2014.8
−9.0 m	—	91	115	125	—	—	—	—
−11.0 m	—	100	149	146	—	130	166	169
−13.0 m	—	138	184	176	—	—	—	—
−15.0 m	—	161	187	193	—	158	217	192

(续表)

高 程	土压力平均值				孔隙水压力平均值			
	低潮位		高潮位		低潮位		高潮位	
	负压下沉后	2014.8	负压下沉后	2014.8	负压下沉后	2014.8	负压下沉后	2014.8
−16.0 m	—	173	217	207	—	—	—	—
−16.7 m	—	171	226	206	—	177	225	205

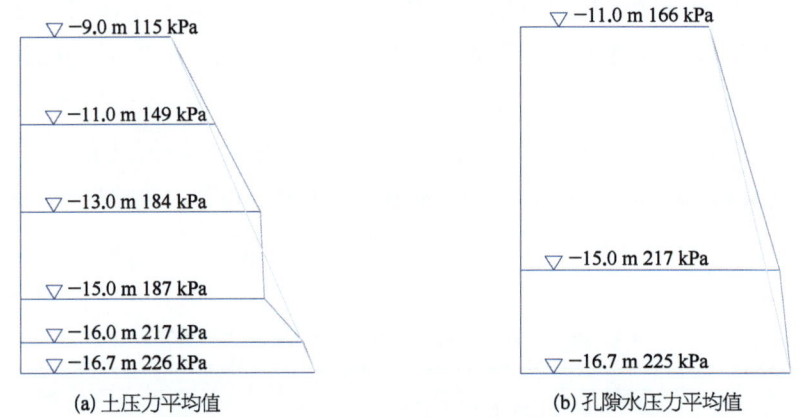

(a) 土压力平均值　　　　　(b) 孔隙水压力平均值

图 7-55　侧壁各断面土压力、孔隙水压力测试平均值示意图

运行至 2014 年 8 月，侧壁土（孔）压力测试值基本不变，土压力计测试最大值在 125～207 kPa 范围内，孔隙水压力计测试最大值在 169～205 kPa 范围内。

ET3 底端共埋设 16 个土压力计，4 个孔隙水压力计，如图 7-56 所示。

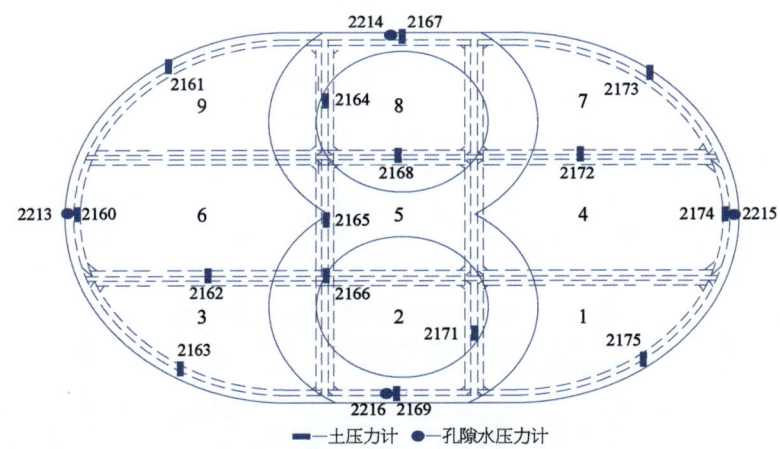

图 7-56　ET3 桶体底端土压力计、孔隙水压力计布置图

ET3 底端土压力计、孔隙水压力计成活率较高，测试结果变化与现场工况吻合，规律性良好。

浮运前 ET3 侧壁土压力计、孔隙水压力计测试值均为零。

浮运工况下,土压力计测试值(水压)在78~131 kPa范围内,孔隙水压力计测试值在96~100 kPa范围内,如图7-57所示。

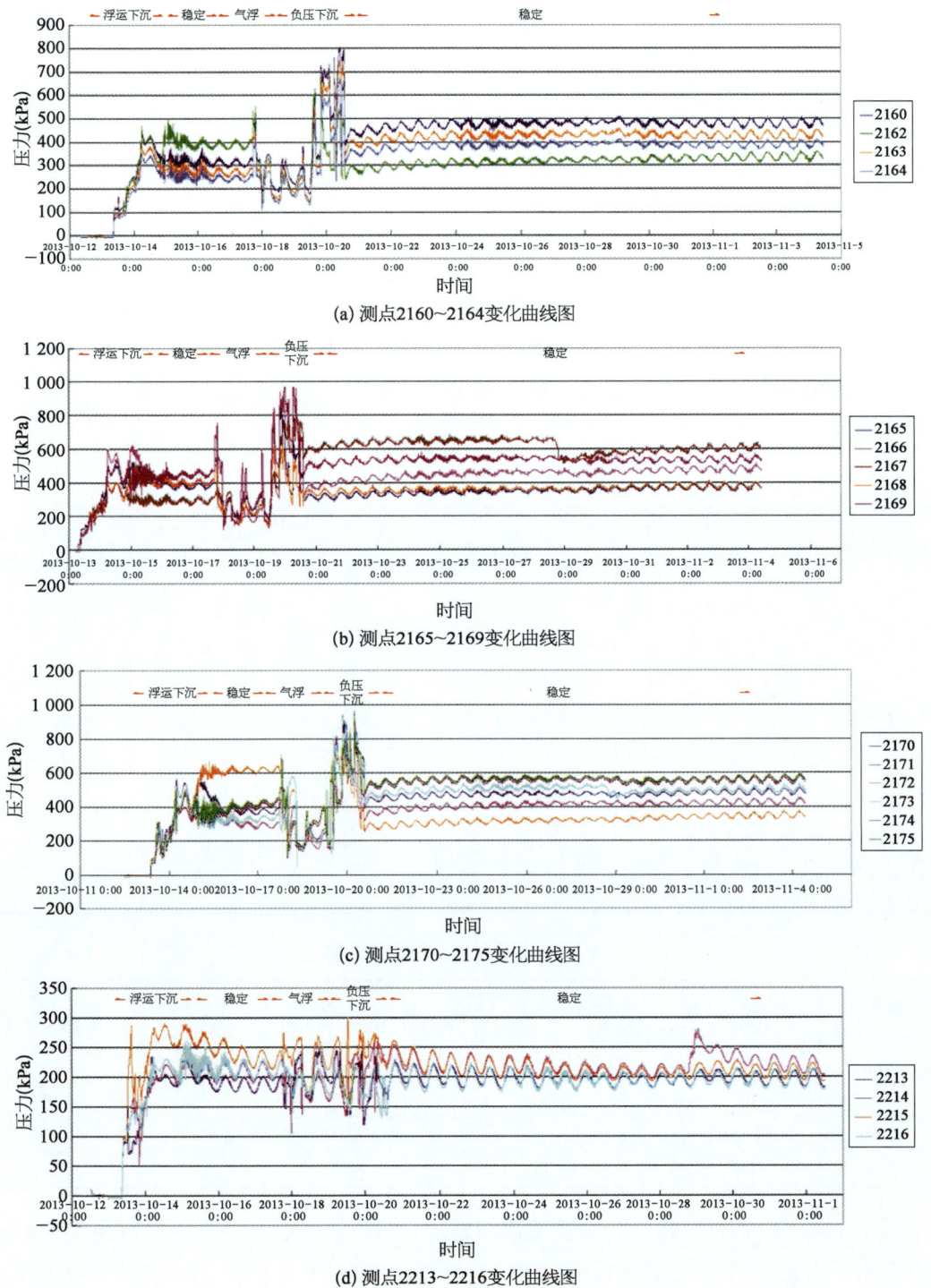

图7-57 底端土压力、孔隙水压力变化曲线图

下沉纠偏工况下,土压力计测试最大值在 361～600 kPa 范围内,孔隙水压力计测试最大值在 200～280 kPa 范围内。

起浮工况下,为方便起浮,于 2013 年 10 月 17 日 18 时至 19 时有个负压下沉、破坏土体的过程,土压力计测试值均变大,出现第一个峰值。18 日凌晨开始由于起浮影响,出现数个数值明显减小的过程。土压力计测试最大值在 400～745 kPa 范围内,孔隙水压力计测试最大值 212～270 kPa 范围内。

负压下沉工况下,土压力计测试最大值在 533～970 kPa 范围内,孔隙水压力计测试最大值在 217～293 kPa 范围内。

ET3 底端土压力计测试最大值出现于 2013 年 10 月 20 日零时的下沉过程中,值为 970 kPa,发生于 2 号仓;孔隙水压力计测试最大值出现于 2013 年 10 月 19 日 13 时 16 分的下沉过程中,值为 293 kPa,发生于 4 号仓。负压下沉稳定后土压力计测试平均值为 467 kPa,孔隙水压力计测试平均值为 229 kPa,与下沉完毕理论压力值基本相符(表 7-28、表 7-29、图 7-57)。

表 7-28 底端土压力监测结果 (单位:kPa)

编号	浮运 10.13	下沉 10.13	下沉后 10.13—10.17	气浮 10.17—10.19	负压下沉 10.19	下沉后 10.20—11.4	编号	浮运 10.13	下沉 10.13	下沉后 10.13—10.17	气浮 10.17—10.19	负压下沉 10.19	下沉后 10.20—11.4
2160	116	446	332	500	790	495	2169	92	505	475	745	970	550
2162	92	468	406	524	533	335	2170	88	553	397	526	886	485
2163	90	400	288	451	731	436	2171	105	456	313	489	958	440
2164	82	361	260	400	672	399	2172	97	488	641	710	800	312
2165	131	504	404	553	850	389	2173	101	510	350	568	913	525
2166	93	600	422	659	920	497	2174	78	493	432	590	922	556
2167	94	405	309	500	760	630	2175	96	502	443	700	924	582
2168	93	403	418	511	626	381							

表 7-29 底端孔隙水压力监测结果 (单位:kPa)

编号	浮运 10.13	下沉 10.13	下沉后 10.13—10.17	气浮 10.17—10.19	下沉 10.19	下沉后 10.20—11.4
2213	97	233	202	234	230	223
2214	96	200	230	212	258	240
2215	100	280	247	270	293	240
2216	98	236	228	213	217	213

截至 2014 年 8 月,土压力计测试值逐渐增大,土体逐步恢复,测试平均值为 528 kPa;超孔隙水压力逐步消散,孔隙水压力测试值逐渐减小,测试平均值为 216 kPa,有效土压力增大至 252 kPa(表 7-30、表 7-31、图 7-58)。

表 7-30　底端土压力、孔隙水压力各月监测结果　　　　　　　　　　　　　（单位：kPa）

时　间	土压力平均值		孔隙水压力平均值	
	低潮位	高潮位	低潮位	高潮位
负压下沉后	—	455	—	233
2013 年 11 月	450~463	485~499	178~184	214~216
2013 年 12 月	462~472	500~504	175~179	208~214
2014 年 1 月	466~478	501~515	171~182	208~216
2014 年 2 月	476~480	509~522	175~185	206~217
2014 年 3 月	479~483	516~530	173~178	207~213
2014 年 4 月	477~483	514~521	175~181	209~210
2014 年 5 月	475~481	514~517	172~178	209~215
2014 年 6 月	475~483	509~519	173~181	205~215
2014 年 7 月	481~491	517~523	168~179	206~213
2014 年 8 月	482~490	517~528	174~182	208~216

表 7-31　底端有效土压力监测结果　　　　　　　　　　　　　　　　　　（单位：kPa）

日　期	底端有效土压力	日　期	底端有效土压力	日　期	底端有效土压力
2013-10-20	162	2014-2-12	243	2014-5-21	242
2013-11-4	178	2014-2-19	242	2014-5-28	245
2013-11-20	209	2014-2-26	244	2014-6-4	247
2013-11-27	216	2014-3-5	245	2014-6-11	244
2013-12-4	225	2014-3-12	248	2014-6-18	245
2013-12-11	230	2014-3-19	246	2014-6-25	244
2013-12-18	229	2014-3-26	250	2014-7-2	248
2013-12-25	234	2014-4-2	245	2014-7-9	251
2014-1-1	232	2014-4-9	246	2014-7-16	252
2014-1-8	234	2014-4-16	244	2014-7-23	248
2014-1-15	233	2014-4-23	248	2014-7-30	246
2014-1-22	234	2014-4-30	244	2014-8-6	249
2014-1-29	237	2014-5-7	246	2014-8-13	252
2014-2-5	239	2014-5-14	246	2014-8-20	252

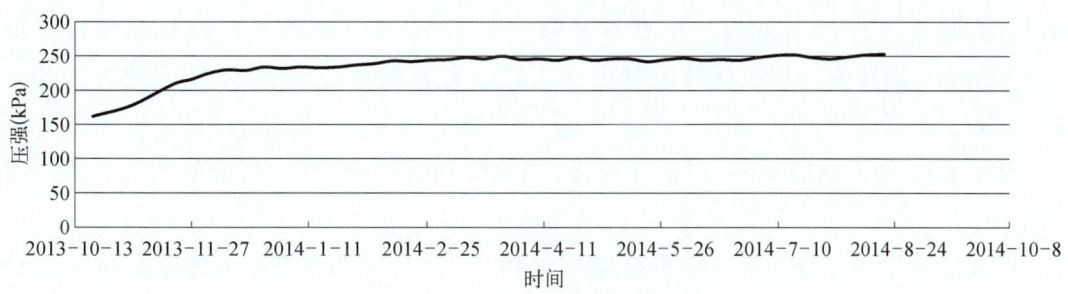

图 7-58　底端有效土压力变化曲线图

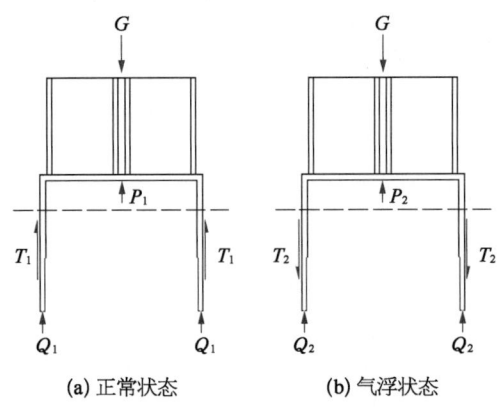

(a) 正常状态　　(b) 气浮状态

图 7-59　气浮工况简图

说明：
G——桶重，水中部分按浮重计算
P——仓内压力
Q——端阻力
T——侧摩阻力
水压等作用力各向平衡，图中未标示。

根据 ET3 桶体下沉底端测试数据，底端土压力平均值为 455 kPa、孔隙水压力平均值为 233 kPa，由此计算所得桶端阻力为 12 099 kN、桶体总重量为 32 000 kN(浮重为 19 690 kN，混凝土容重取 26 kN/m³)、桶总侧阻力为 7 591 kN 左右。

桶体正常工况和气浮工况下的受力情况如图 7-59 所示。

正常状态：$G = P_1 + T_1 + Q_1$

气浮状态：$G + T_2 = P_2 + Q_2$

推导可得：$T_1 + T_2 = (P_2 - P_1) - (Q_1 - Q_2)$

正常状态：仓内气压均值 82 kPa；端土压力均值 332.6 kPa。

气浮状态：仓内压力均值 135 kPa；端土压力均值 180.5 kPa。

盖板面积：451.5 m²

底端面积：54.5 m²

计算得到：$T_1 + T_2 = 15\,640$ kN

假设 $T_1 = T_2 = T$，则侧摩阻力 $T = 15\,640$ kN$/2 = 7\,820$ kN。

此计算值与侧摩阻力分析的计算结果 7 591 kN 基本一致。

2）钢筋混凝土应力

应力监测采用应变传感器量测钢筋和混凝土应变，在弹性范围内可根据实测应变和钢筋、混凝土材料弹性模量计算应力。

根据《水运工程混凝土结构设计规范》(JTS 151—2011)，HRB400 抗拉强度设计值为 360 N/mm²，弹性模量为 2.0×10^5 N/mm²。

混凝土是一种弹塑性材料，受拉开裂时表现出一定的塑性，按《水运工程混凝土结构设计规范》(JTS 151—2011)，取塑性系数 $\gamma = 1.55$。C40 混凝土的抗拉强度标准值 2.39 N/mm²，则按弹性理论计算混凝土开裂的应力为 3.7 N/mm²，弹性模量为 3.25×10^4 N/mm²。

基于 ET2 桶体原型观测，对桶体盖板、侧壁及隔板的钢筋应力、混凝土应力进行了监测。

ET2 盖板有 22 个应力应变传感器，编号 ♯1601～♯1612 为钢筋应力传感器，♯1701～♯1710 为混凝土应变传感器，如图 7-60 所示。

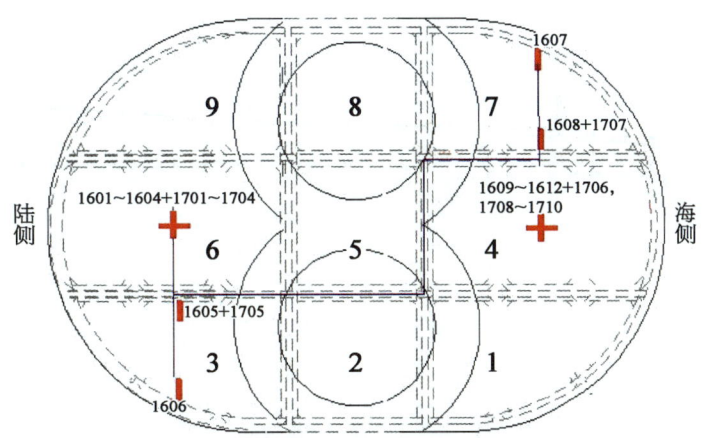

图 7-60　ET2 桶体盖板钢筋应力计、混凝土应变计布置图

ET2 盖板应力应变计成活率较高，测试结果与现场工况吻合，规律性良好。

ET2 盖板钢筋应力最大峰值为 23.2 MPa，发生于负压下沉工况，其最大应力发生在 7 号仓♯1608 的位置，如表 7-32、图 7-61 所示；ET2 盖板个别混凝土应力最大峰值＞3.7 MPa，发生于负压下沉工况，其最大应力发生在 7 号仓♯1707 的位置，如表 7-33、图 7-62 所示。

表 7-32　ET2 盖板钢筋应力监测结果　　　　　　　　　　　　　（单位：MPa）

编号	浮运前及浮运 10.1—10.4	下沉 10.4—10.5	负压 10.9—10.10	编号	浮运前及浮运 10.1—10.4	下沉 10.4—10.5	负压 10.9—10.10
1601	−9.7～5.5	1.5～7.6	−1.3～4.1	1608	−9.6～2.1	−5.8～6.1	1.6～23.2
1603	−8.3～4.6	−8.0～2.5	0.4～8.2	1609	−8.0～2.5	−2.6～4.6	−2.9～2.8
1604	−3.6～2.9	−4.6～5.7	4.7～9.3	1610	−11.6～1.5	−3.0～1.6	−8.4～1.7
1605	−11.2～5.2	−0.8～16.1	8.3～11.4	1611	−2.4～2.9	−4.9～2.5	−1.8～2.6
1606	−5.6～3.8	0.4～23.1	12.9～17.2	1612	−1.5～4.5	−1.5～4.0	4.4～13.3
1607	−2.4～1.8	−1.1～6.7	3.5～8.1				

注：正为拉，负为压，下同。

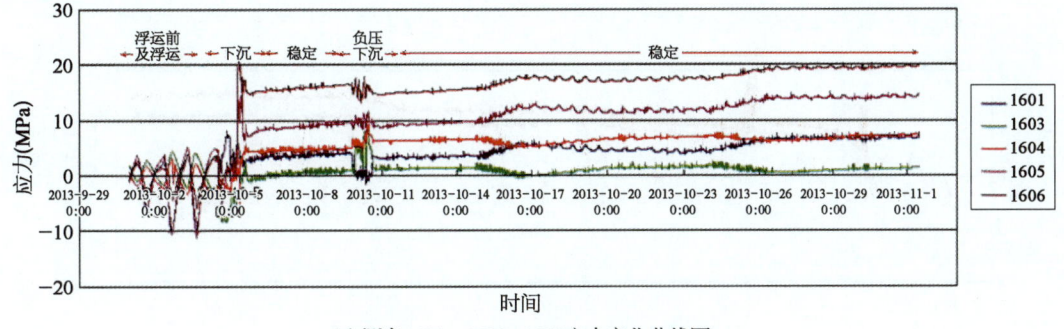

(a) 测点1601、1603～1606应力变化曲线图

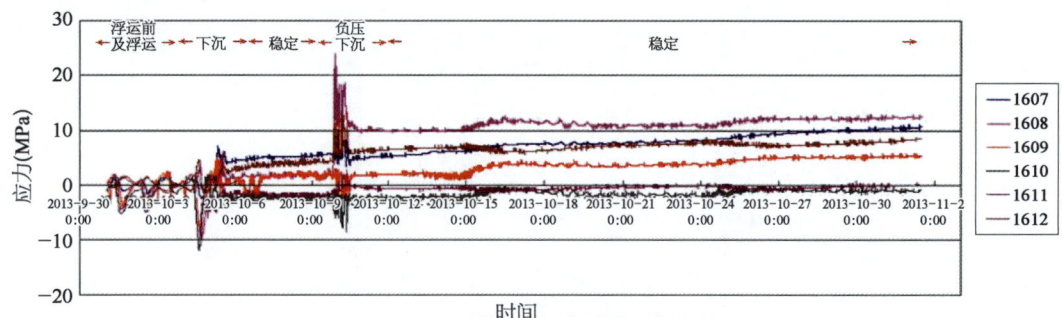

(b) 测点1607~1612应力变化曲线图

图 7-61 ET2 盖板钢筋应力变化曲线图

表 7-33 ET2 盖板混凝土应力监测结果 （单位：MPa）

编号	浮运前及浮运 10.1—10.4	下沉 10.4—10.5	负压 10.9—10.10	编号	浮运前及浮运 10.1—10.4	下沉 10.4—10.5	负压 10.9—10.10
1701	−1.3~0.8	0.1~1.1	−0.4~0.5	1706	−2.7~0.7	−0.0~1.8	−1.5~0.7
1702	−1.2~0.8	0.2~1.7	0.1~1.3	1707	−3.0~0.9	−1.3~3.0	1.8~>3.7 (148.3)
1703	−1.4~0.6	−1.4~0.4	0.0~1.4	1708	−3.5~1.0	−0.3~1.6	−2.6~0.5
1704	−0.9~0.9	−0.7~1.4	1.1~2.3	1709	−0.5~0.8	0.0~1.1	1.3~2.3
1705	−1.6~0.7	−0.3~2.5	1.5~2.1	1710	−1.0~1.8	−1.2~1.1	1.3~>3.7 (147.1)

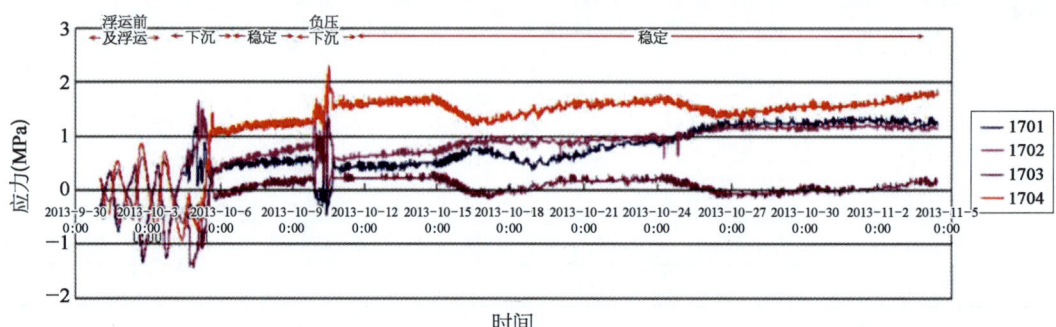

(a) 测点1701~1704应力变化曲线图

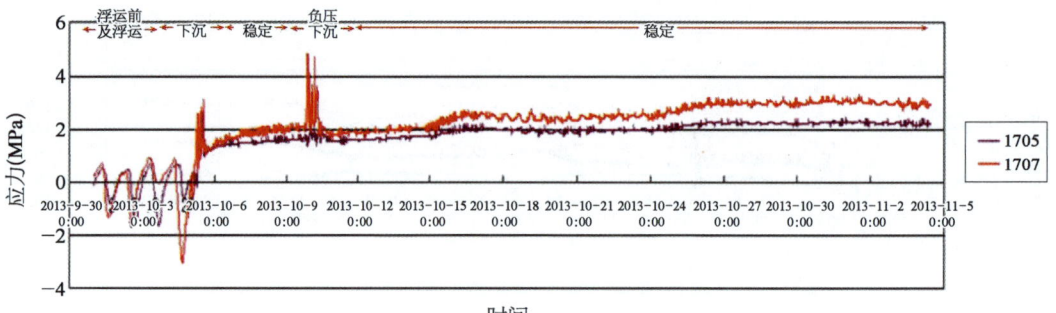

(b) 测点1705、1707应力变化曲线图

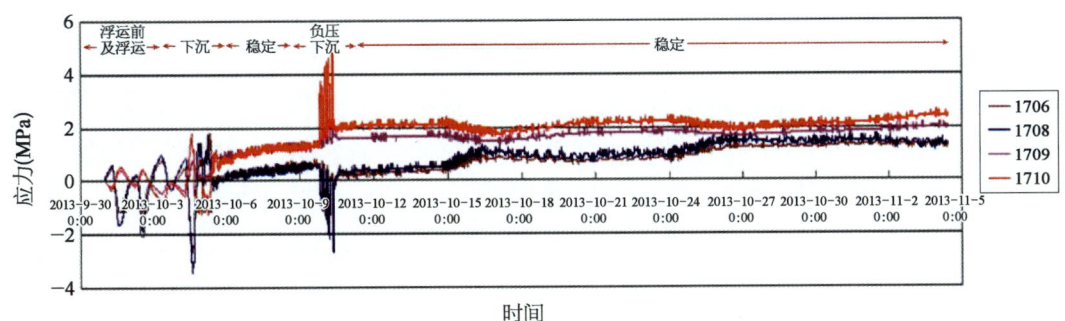

(c) 测点1706、1708~1710应力变化曲线图

图 7-62 ET2 盖板混凝土应力变化曲线图

如上分析可知,浮运前及浮运工况结构的混凝土应力小于混凝土开裂的拉应力;下沉工况结构的混凝土应力小于混凝土开裂的拉应力;负压下沉工况结构的混凝土应力 2 个测点的应力峰值大于混凝土开裂的拉应力,其余各测点应力小于混凝土开裂的拉应力;桶体结构安装完成后应力值趋于稳定,均未超过混凝土开裂的拉应力。

ET2 下桶桶壁安装了 30 个传感器,均为钢筋应力传感器,分 6 条测线布置(竖向钢筋、环向钢筋各 3 条),每条测线 5 个测点,如图 7-63 所示。

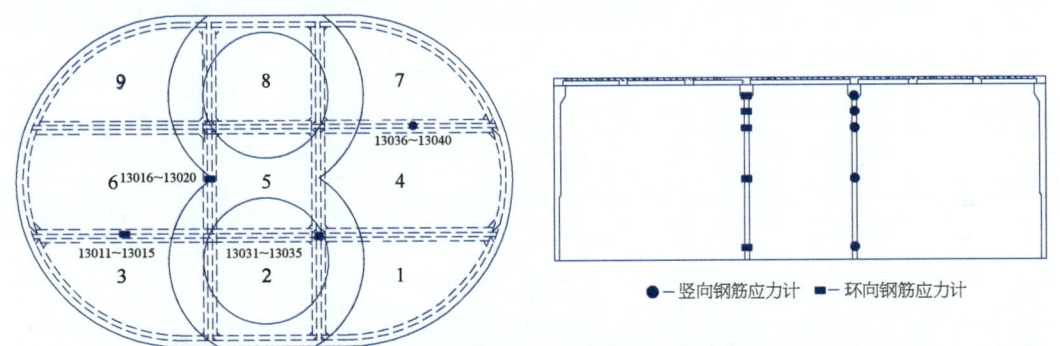

图 7-63 ET2 桶体侧壁钢筋应力计布置图

ET2 下桶桶壁应力计成活率较高,测试结果与现场工况吻合,规律性良好。

ET2 下桶桶壁 6 条测线上各个工况的最大钢筋应力见表 7-34。

表 7-34 ET2 下桶桶壁 6 条测线最大应力 （单位：MPa）

编号	钢 筋					
	浮运前及浮运 10.1—10.4		下沉 10.4—10.5		负压 10.9—10.10	
	最大应力	测点	最大应力	测点	最大应力	测点
13001~13005	9.8	13005	15.2	13005	31.7	13005
13006~13010	8.2	13007	21.6	13009	15.3	13010
13021~13025	10.1	13025	17.1	13025	30.7	13023

(续表)

编号	钢筋					
	浮运前及浮运 10.1—10.4		下沉 10.4—10.5		负压 10.9—10.10	
	最大应力	测点	最大应力	测点	最大应力	测点
13026～13030	4.3	13029	114.8	13029	49.2	13029
13041～13045	10.9	13043	17.3	13045	42.6	13045
13046～13050	8.4	13048	28.0	13046	33.2	13046

下桶桶壁钢筋应力最大峰值为 114.8 MPa，发生于下沉工况，其最大应力发生在 2 号仓♯13029 的位置（盖板下 6 m），见表 7-35、图 7-64。

表 7-35 ET2 下桶桶壁钢筋应力监测结果 （单位：MPa）

编号	浮运前及浮运 10.1—10.4	下沉 10.4—10.5	负压 10.9—10.10	编号	浮运前及浮运 10.1—10.4	下沉 10.4—10.5	负压 10.9—10.10
13002	−15.7～1.9	−9.8～1.0	−7.5～−2.9	13026	−7.8～4.0	−2.6～40.6	7.1～24.5
13003	−11.6～2.0	−3.3～4.3	−4.9～0.9	13027	−6.8～3.5	−1.2～102.1	12.6～45.3
13004	−15.1～3.9	1.1～12.0	5.8～11.9	13028	−4.4～3.0	0.8～76.8	3.8～38.9
13005	−9.9～9.8	9.2～15.2	17.6～31.7	13029	−9.2～4.3	2.3～114.8	−14.5～49.2
13006	−6.2～6.7	0.3～7.5	7.8～12.6	13041	−14.9～3.8	−0.6～3.9	3.8～6.2
13007	−10.3～8.2	−2.2～11.9	−2.2～13.9	13042	−26.2～6.8	−3.0～7.3	−4.9～6.2
13008	−6.9～5.6	−14.2～15.9	−18.8～3.5	13043	−19.5～10.9	0.4～11.0	−2.9～14.7
13009	−5.2～3.7	−38.8～21.6	−48.6～9.1	13044	−15.8～2.4	0.6～12.6	−15.3～14.0
13010	−3.7～2.1	−30.6～15.0	−41.5～15.3	13045	−2.5～5.6	2.5～17.3	−6.6～42.6
13021	−10.0～2.7	−27.4～−1.2	−12.1～21.1	13046	−19.6～4.6	−7.9～28.0	15.1～33.2
13022	−11.9～3.3	−17.8～1.6	1.7～25.3	13047	−19.9～6.4	−6.4～11.3	13.5～21.6
13023	−14.1～4.8	−4.4～6.7	11.2～30.7	13048	−14.4～8.4	−6.2～8.2	−3.2～5.8
13024	−8.3～4.3	−26.7～11.6	6.3～19.8	13049	−4.2～8.3	5.7～15.6	14.7～21.9
13025	−0.1～10.1	10.3～17.1	12.1～27.0	13050	−4.3～8.1	5.8～11.9	17.5～24.9

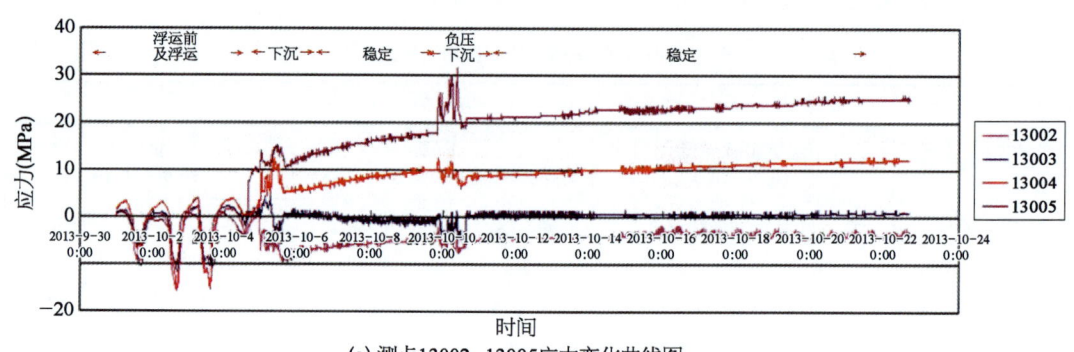

(a) 测点13002～13005应力变化曲线图

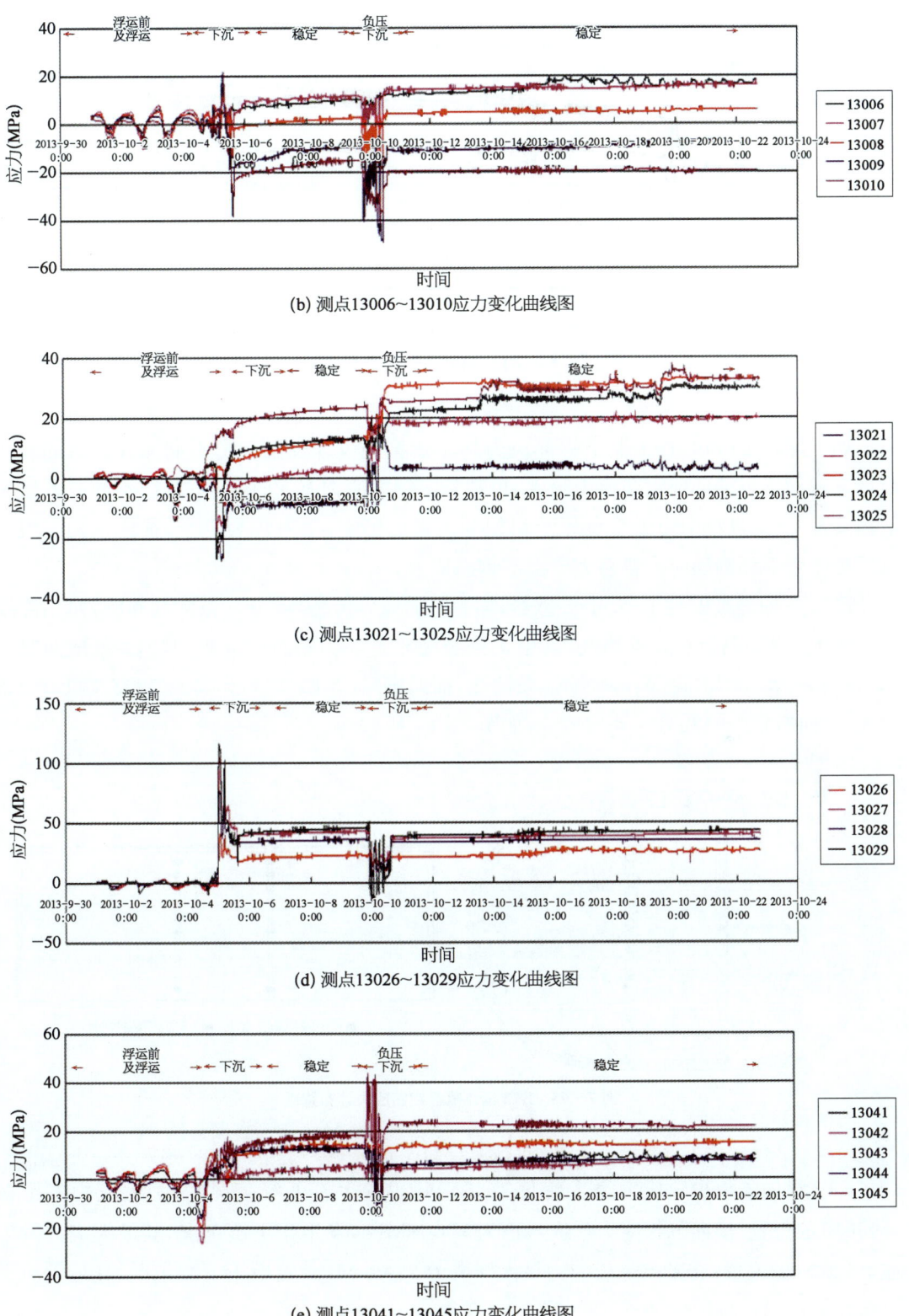

(b) 测点13006~13010应力变化曲线图

(c) 测点13021~13025应力变化曲线图

(d) 测点13026~13029应力变化曲线图

(e) 测点13041~13045应力变化曲线图

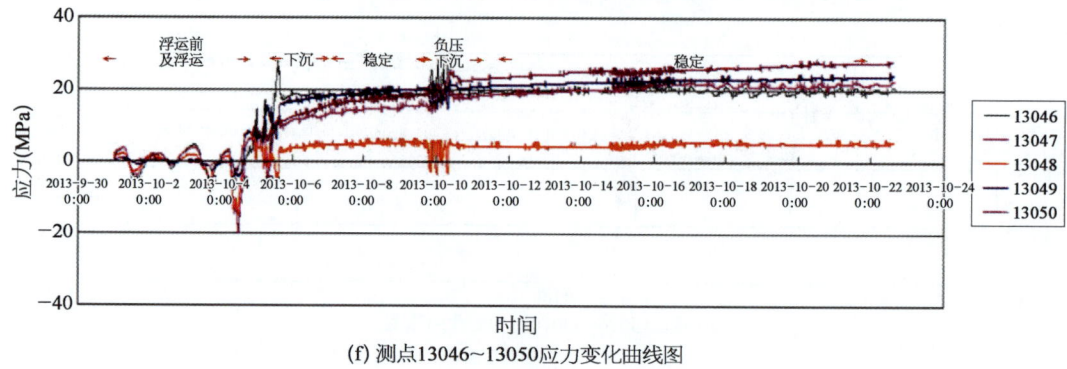

(f) 测点13046~13050应力变化曲线图

图7-64 ET2下桶桶壁应力变化曲线图

如上述分析可知,各工况下钢筋应力均小于钢筋设计强度。由不同测线位置的监测数据发现桶体短轴环向钢筋应力最大,短轴竖向钢筋应力其次;由同一测线不同高程监测数据发现,下沉过程中由于受负压及纠偏等因素的影响,受力较为复杂,桶体结构安装完成后桶体中下部钢筋应力普遍大于上部钢筋应力。

ET2下桶隔板安装了20个传感器,均为钢筋应力传感器,分4条测线布置,每条测线5个测点。纵向隔板有2条测线,其中1条竖向布置(♯13011~♯13015),1条横向布置(♯13036~♯13040);横向隔板有1条测线,横向布置(♯13016~♯13020);交叉点有1条测线,竖向布置(♯13031~♯13035),如图7-65所示。

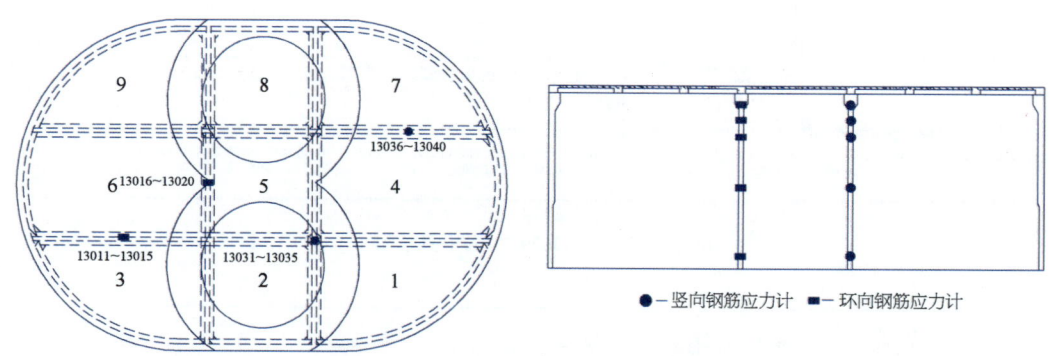

图7-65 ET2桶体隔板钢筋应力计布置图

ET2纵向隔板少数应力最大峰值>360 MPa,发生于下沉工况,其最大应力发生在♯13015的位置;横向隔板应力最大峰值为194.9 MPa,发生于下沉工况,其最大应力发生在♯13020的位置;交叉点隔板应力最大峰值为239.9 MPa,发生于下沉工况,其最大应力发生在♯13034的位置(表7-36、图7-66)。

表 7-36 下桶隔板钢筋应力监测结果 （单位：MPa）

编号	浮运前及浮运 10.1—10.4	负压 10.9—10.10	下沉 10.4—10.5	编号	浮运前及浮运 10.1—10.4	负压 10.4—10.5	下沉 10.9—10.10
13013	−1.2～4.5	−98.5～107.4	−8.0～58.8	13032	−0.7～2.0	−0.7～33.4	28.2～59.9
13014	−2.9～2.7	−5.1～>360 (>3 000)	257.4～348.3	13033	−0.8～1.3	−0.8～170.5	44.0～78.3
13015	−7.4～1.8	−15.9～>360 (>3 000με)	>360 (>3 000με)	13034	−1.4～0.9	−1.4～239.9	23.8～102.9
13016	0.8～6.5	0.7～17.2	12.1～19.6	13035	−0.8～6.9	−0.7～32.5	30.8～49.1
13017	−0.8～2.5	−45.1～25.1	−1.5～20.5	13036	−0.7～4.4	−3.8～28.1	−7.1～28.0
13018	−0.9～2.0	−51.9～59.7	9.5～52.8	13037	−1.7～9.3	−10.5～>360 (2 396.0με)	131.7～>360 (2 246.9με)
13019	−2.7～0.5	−73.8～59.7	11.7～51.0	13038	−1.5～6.2	−0.1～306.5	128.9～346.8
13020	−9.3～0.2	−47.9～194.9	−3.0～95.9	13039	−1.9～2.1	−24.2～89.9	−18.6～255.3
13031	−0.5～1.4	0.1～15.4	7.3～14.1	13040	−1.5～6.6	−17.6～8.2	−14～17.6

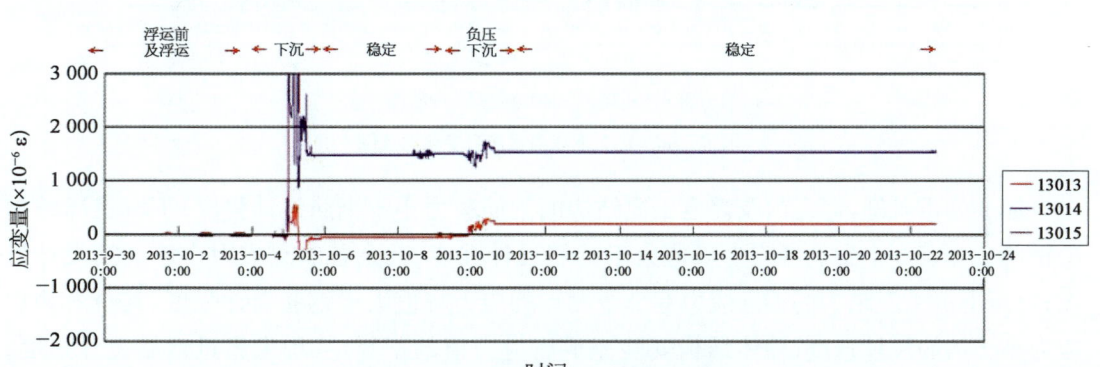

(a) 测点13013~13015应变变化曲线图

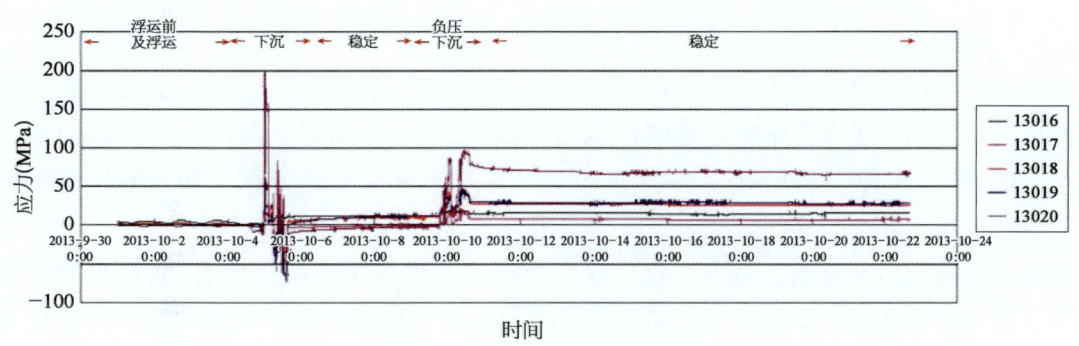

(b) 测点13016~13020应力变化曲线图

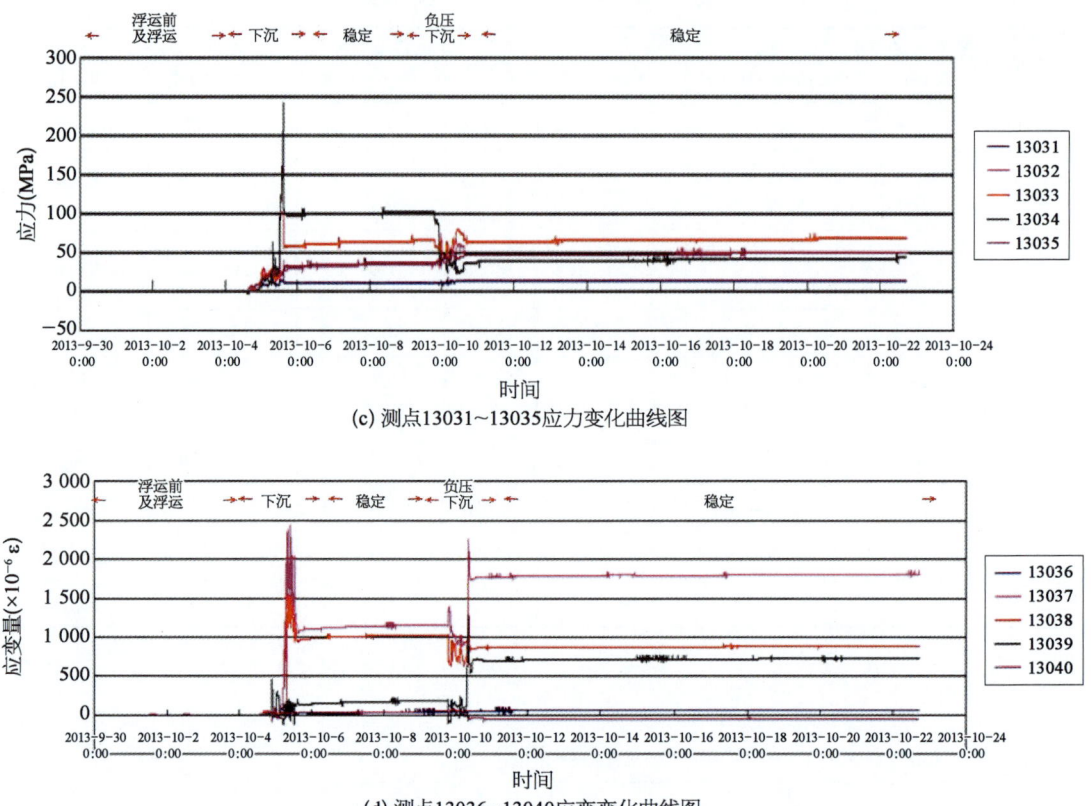

(c) 测点13031~13035应力变化曲线图

(d) 测点13036~13040应变变化曲线图

图 7-66　ET2 下桶隔板应变变化曲线图

如上分析可知,浮运前及浮运工况结构的钢筋应力小于钢筋设计强度;下沉工况结构的钢筋应力有 3 个测点的应力峰值大于钢筋设计强度,其余各测点应力小于钢筋设计强度;负压下沉工况结构的钢筋应力有 2 个测点的应力峰值大于钢筋设计强度,其余各测点应力小于钢筋设计强度;桶体结构安装完成后应力值趋于稳定,均未超过钢筋设计强度。由同一测线不同高程监测数据发现,桶体结构安装完成后,环向钢筋应力从上到下逐渐递增,竖向钢筋在隔板中间位置出现最大拉应力。

3)桶体沉降和位移

由于港口建设的需要,2014 年 12 月底对部分防波堤港侧进行回填,使得这部分防波堤的功能相当于直立岸壁。港侧回填后,回填土体一方面对上筒产生向海侧的推力与弯矩,另一方面对基础桶体产生向下的压力与向港侧的弯矩,这两个相反的作用使得问题变得较为复杂。这些荷载通过结构作用于土体,主要由土体的摩擦力、侧向土压力和水平抗剪切力来承担。要搞清楚防波堤结构的变形和整体稳定情况,最重要的是真实了解结构的变形与受力情况。港侧回填期间 ET4♯桶体和 ET5♯桶体的倾角变化如图 7-67 所示。

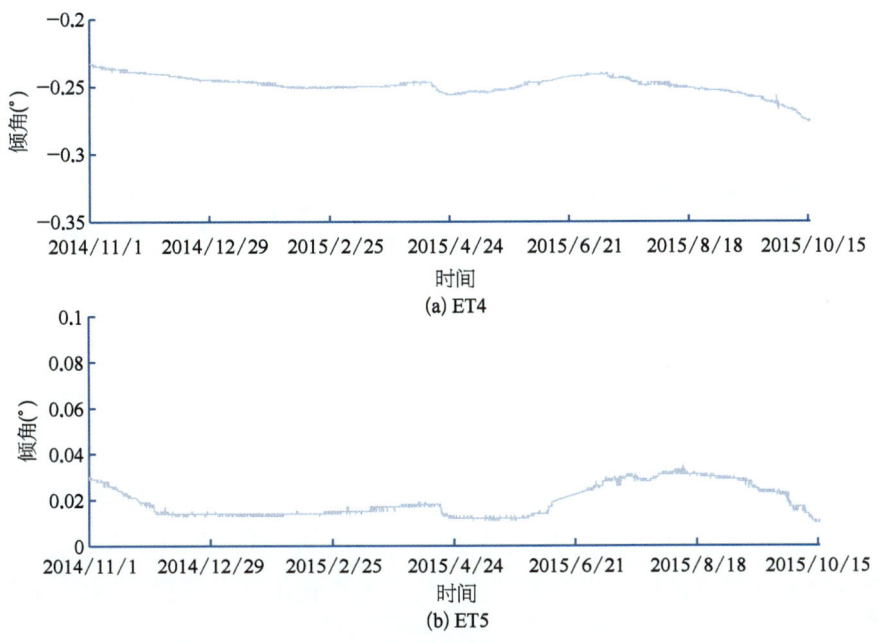

图 7-67　回填期间桶体倾角变化曲线

从图中可以看出，ET4♯桶向港内倾斜，ET5♯桶向港外倾斜，两个桶体倾角变化非常小。ET4♯桶平均倾角值为 $-0.25°$，变化范围为 $-0.233°\sim-0.276°$，变化幅度不超过 $0.043°$；ET4♯桶平均倾角值为 $+0.201°$，变化范围为 $+0.01°\sim+0.035°$，变化幅度不超过 $0.024°$。试验桶体倾角在 2015 年 5—8 月份出现微小的波动，这正是回填施工频繁的时间。

综上所述，港侧回填对桶体倾角的影响不大，桶体仍旧比较稳定。

图 7-68 和图 7-69 为单侧回填段试验桶体的位移沉降变化曲线图和月平均位移变化曲线图。

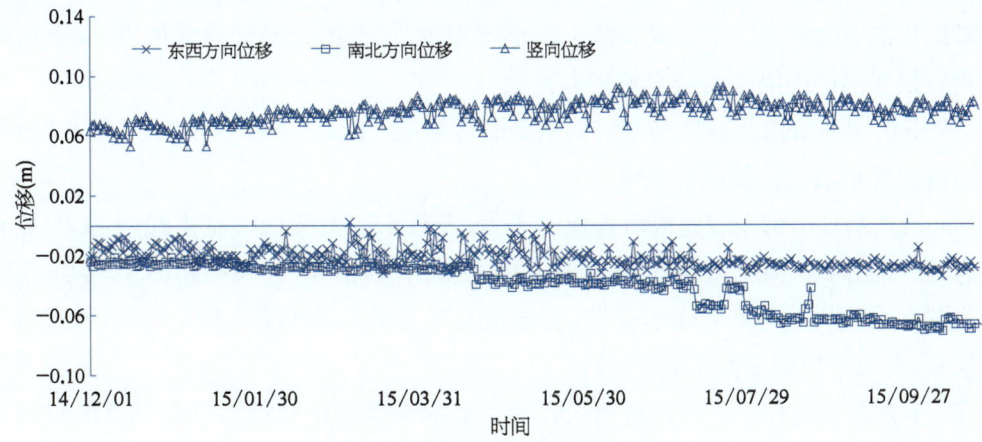

图 7-68　试验桶位移沉降变化曲线

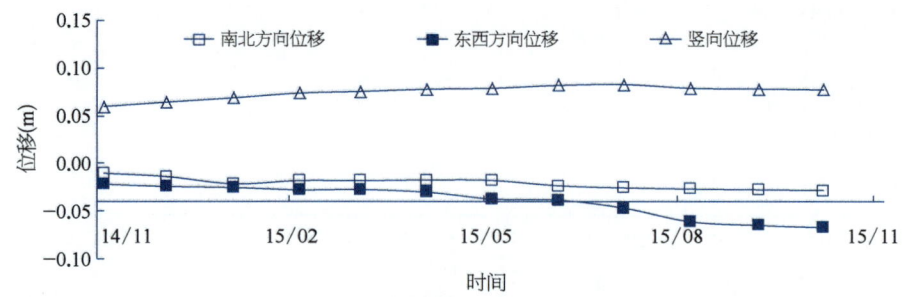

图 7-69 试验桶月平均位移变化曲线

从图中可以看出,试验桶体位移随波浪呈周期性变化,竖向沉降在 7 月份之前呈上升趋势,之后出现下降趋势。从下沉完至 10 月底,试验桶累计沉降量约 7.72 cm,南北方向累计位移约 2.82 cm,东西方向累计位移约 6.70 cm。单侧回填期间,沉降量增加了 1.3 cm,南北方向位移增加了 1.4 cm,东西方向位移增加了 4.3 cm。可以看出在港侧进行抛石回填引起了桶体的上抬趋势的同时向海侧移动,不过这些变化都在安全范围之内,桶体仍旧十分稳定。

7.4.5.4 原型观测结论

桶式基础结构试验段工程的原型观测利用先进的无线数据传输技术实现了海量监测数据的自动采集、传输和管理。应力测点、土压力测点、倾角测点等均实现了 90% 以上的成活率,获取了珍贵的试验数据,为新型桶式基础结构的设计与施工技术的验证和完善提供了第一手资料。根据试验成果得出以下结论和建议:

(1) 多隔仓倒扣式杯体结构具有浮运稳定性,正常工况下倾角≤0.5°,解决了重心高于浮心的施工难点。如遇特殊工况,桶体发生较大角度倾斜,亦可通过调节各隔仓内气压调整桶体平衡。

(2) 通过预制阶段在桶体埋设钢筋应力计和实时监测可以真实反映各施工工况下桶式基础结构的应力情况。上层筒体和下层桶体顶板、外壁的钢筋受力总体较小,下层桶体纵向内隔板和横向内隔板的应力均较大。

(3) 下沉纠偏阶段是桶式基础结构钢筋受力的最大阶段,其中长轴向内隔板部分测点应力峰值超过钢筋抗拉强度设计值。

(4) 桶式基础结构安装完成后盖板土压力、孔隙水压力测试值基本相同,无明显有效土压力;侧壁同高程海侧、陆侧土压力、孔隙水压力基本相等,各高程断面土压力、孔隙水压力测试平均值从上向下呈梯形分布,实测值与理论值基本相符;下沉结束后,底端土体逐渐恢复,有效土压力逐渐增大。

(5) 桶式基础结构可以进行适当的优化。如取消盖板下肋梁后下层桶体的顶板可以满足桶体结构的施工要求,也可以适当调整纵向内隔板的厚度和配筋。

7.5 工程效果

本工程区域为开敞式淤泥质浅滩,建堤区域最大水深为 10 m,淤泥层厚为 10~20 m,最大波高近 7 m。采用新型桶式基础直立式结构(桶体预制尺寸约为 30 m×21 m×20 m,重达 3 200 t),长度为 8.1 km;大部分防波堤兼作护岸结构;设计使用寿命为 100 年。工程主体预制安装新型桶式基础结构 389 个。

该段堤若采用斜坡堤结构,耗用砂石料将增加 1 300 万 m³,且因风大浪高离岸远,建设工期将增加 3 年以上,同时还将增加大量施工期防护费用。采用桶式基础结构,一个月可以预制安装 20 个以上桶体,月进尺达到 500 m 以上,而采用斜坡堤月进尺 200 m 左右,相比较施工速度大大提高。

桶式基础结构堤方案与传统的砂石料堤方案比较能节约投资 4.3 亿元,海域使用面积减少 70%,砂石材料用量节约 80%。

2013 年至今,徐圩港区共经历麦德姆、灿鸿、莫兰蒂、安比、摩羯 5 次台风,最大风力 11 级、风速 30 m/s、浪高 5.0 m,直立式防波堤未见明显位移变化,未发生不均匀沉降,挡浪墙及堤身未见破坏,累计沉降量不大于 10 cm,堤脚无明显冲刷,工程质量可靠,表观效果良好。

7.5.1 预制效果

桶式基础结构采用工厂化制作、流水化施工,立面上采用分层浇筑,平面上采用依次递进式施工,外观效果良好(图 7-70 和图 7-71)。

图 7-70 桶式基础结构预制一层

(a) 桶体生产线

(b) 桶体出运

(c) 专家参观预制厂

图 7-71 桶式基础结构预制效果

桶式基础结构采用装配化施工：基础桶体钢筋在台座上分层整体绑扎；下桶体顶板为叠合板工艺；上筒钢筋绑扎后整体吊装；模板采用定制化大型桁架式钢结构。

为了保证桶体气密性，混凝土采用粉煤灰、矿粉双掺工艺，不设混凝土体内对拉，螺栓接缝处进行凿毛、压槽处理，并安装止水带延长通气长度。

7.5.2 出运效果

桶式基础结构场内移动采用电动台车，上船采用高压气囊顶升移动。台车场内转运与其他工序交叉少、互不干扰，提高了施工效率和安全性能。气囊上船实现了常规船舶通用性，如图 7-72 和图 7-73 所示。

使用半潜驳、浮船坞运输重 2 600~3 100 t 的桶式基础结构稳定性好，抗风浪能力强，对航道要求低，如图 7-74 和图 7-75 所示。

7.5.3 浮运效果

桶式基础结构是单桶多隔仓结构，依托基础桶体内封闭的气体将桶体浮在水面上，通过不同隔仓充气、排气进行调平纠偏。下沉过程分为排气、排水、负压三阶段。浮运和下沉工艺依靠抽排气体或水完成，消耗能源少、对环境影响小，绿色环保。

拖带过程前后均有缆绳进行控制，出驳时由拖带船舶缆绳和半潜驳上的控制缆绳共同控制桶体位置（图 7-76~7-79），拖带过程中由拖带船舶和后拉船舶控制，桶体移动依托船舶爬锚移动，移动过程稳定可控，能够控制桶体按照 GPS 指定保证水深的路线航行。

图 7-72 台车转运

图 7-73 气囊搬运上船

第7章 桶式基础结构防波堤工程实例

图 7-74 半潜驳运输

图 7-75 半潜驳运输到下潜坑

图 7-76 半潜驳下潜

图 7-77 拖带出驳(1)

图 7-78　拖带出驳(2)

图 7-79　桶体远程拖带

7.5.4 安装效果

桶体定位及下沉过程中采用双船对拉,两侧船舶分别通过两根交叉缆控制桶体,通过绞锚、松放控制缆精确移动桶式基础结构位置。该工艺能够控制桶式基础结构在复杂的风浪、水流等环境下完成定位任务,如图7-80和图7-81所示。

图7-80 桶体定位

图7-81 桶体排水下沉

桶体安装线条平顺、场景壮观,项目实施后水体更加清澈,如图 7-82 所示。接高采用定型钢模板,接高效果良好,如图 7-83 所示。

图 7-82 桶体安装完成后效果

图 7-83 桶体接高后效果

桶体上部采用硅烷浸渍和涂料防腐,防腐完成后直立式防波堤与周边环境形成海天一色,自然美观,如图 7-84 和图 7-85 所示。

图7-84 直立堤挡浪墙

图7-85 桶式基础结构防波堤

参 考 文 献

[1] 李绍武,张稳军.桶形基础结构断面物理模型试验[R].天津:天津大学,2012.
[2] 李绍武,张稳军.桶形基础结构断面物理模型补充试验[R].天津:天津大学,2013.
[3] 夏俊桥,练学标.新型桶式基础结构1∶6模型原位试验[R].上海:中交第三航务工程局有限公司,2013.
[4] 沈雪松,祁小辉.连云港港徐圩港区防波堤工程[J].中国港湾建设,2016,36(3):1-5.

第8章
展　望

桶式基础结构是依托实际工程提出的一种新型结构,通过工程实践,已经探索出了一套能够适应工程建设的成套技术,交通运输部水运局已经立项了《水运工程桶式基础结构设计与施工规程》,对于扩大该结构的推广应用具有重要意义。截至2019年,桶式基础结构在连云港港徐圩港区已安装了616个桶体,从工程实施效果看,现场预制质量好,出运和安装施工效率高,海上施工对周边环境影响小,节能效果明显,环保效益显著。

虽然桶式基础结构在连云港地区工程中得到了成功应用,取得了系列成果,可以指导该地区的防波堤和护岸工程的设计施工。但是桶式基础结构在防波堤和护岸工程上的使用还存在优化空间,如桶式基础结构盖板厚度、桶壁厚度、隔板厚度及隔仓尺度等具体细节设计都存在优化空间。目前,工程应用实例较少,桶式基础结构施工积累的经验还不足,如桶式基础结构定位、下沉等工艺还比较单一,仅适用于连云港地区,其他工程区域施工还需进行典型施工来确定施工工艺和施工控制参数(风、浪、流)。

综上所述,桶式基础结构虽然推广前景好,但还需进行以下几方面的深化研究:

(1)在应用范围方面,如驳岸工程、码头接岸结构及码头结构等领域尚需深化研究桶式基础结构竖向位移如何适应工程使用要求。

(2)在机理研究方面,还需深入研究桶式基础结构桶壁和盖板荷载分配模式、隔板的空间作用、桶体下沉时渗流对结构安装的影响、随时间的沉降计算及钢质桶式基础的屈曲计算等内容。

(3)在设计方面,应深度优化桶式基础结构断面尺度、上部构件的位置和构件尺寸,使结构安全控制在合理范围内,进一步提高结构的经济性。

(4)在施工方面,应向多工艺深化研究,研究不同波浪流组合条件的浮运、定位及下沉工艺,使桶式基础结构适应盖板上水及其他条件的施工。

(5)在工程上,桶式基础结构仅在防波堤和护岸上应用,在码头和驳岸上还未有实际案例,有些质量检验标准还需深化研究。

以上是作者根据桶式基础结构的现有研究提出的拙见,仅供专家学者和技术人员参考。相信,随着工程技术的不断创新,桶式基础结构通过不断的深化研究,必将成为水运工程技术应用的新亮点。